KB081464

배움의 공동체를 만들다

학교의
도전

학교의
도전

2012년 8월 20일 처음 펴냄
2017년 12월 15일 4쇄 펴냄

지은이 사토 마나부
옮긴이 손우정
펴낸이 신명철
펴낸곳 (주)우리교육
등록 제 313-2001-52호
주소 03993 서울특별시 마포구 월드컵북로 6길 46
전화 02-3142-6770
팩스 02-3142-6772
홈페이지 www.uriedu.co.kr

GAKKO NO CHOSEN
by SATO Manabu
Copyright ⓒ 2006 SATO Manabu
All rights reserved.
Originally published in Japan by SHOGAKUKAN INC., Tokyo.
Korean translation rights arranged with SHOGAKUKAN INC., Japan
through THE SAKAI AGENCY and BC Agency

ISBN 978-89-8040-683-8 03370

*이 책의 내용을 쓰고자 할 때는 저작권자와 출판사의 허락을 받아야 합니다.
*잘못된 책은 바꾸어 드립니다.
*책값은 뒤표지에 있습니다.

이 도서의 국립중앙도서관 출판시도서목록(CIP)는
e-CIP홈페이지(http://www.nl.go.kr/ecip)에서 이용하실 수 있습니다.
(CIP 제어번호:CIP2012003638)

배움의 공동체를 만들다

학교의
도전

우리교육

프롤로그

개혁의 비전

1. 개혁의 전제

'배움의 공동체'를 비전으로 하는 학교 개혁이 전국 각
지에서 추진되고 있다. 2005년 12월에 방문한 히로시마
시 기온히가시祇園東중학교도 그중 하나다. 기타가와 다케
코北川威子 교장은 수년 전부터 시즈오카 현 후지 시 가쿠
요岳陽중학교를 몇 번이나 방문해 가쿠요중학교에서 펼친
개혁을 배웠고, 2004년도부터 '활동적이고 협동적이며 표
현적인 배움'을 모든 교실에 도입하여 '배움의 공동체'
만들기라는 개혁에 착수했다. 내가 기온히가시중학교를
방문한 날은 공개연구회가 처음 개최된 날이다. 히로시
마시교육위원회 오카모토 시게노부岡本茂信 교육장을 비롯
해 시내 중학교 교장 3분의 1을 포함한 교사 300명이 이
제 막 탄생한 '배움의 공동체' 거점 학교의 모습을 참관
했다.

기온히가시중학교 교실 하나하나를 돌면서, 5년 전 후지 시 가쿠요중학교에서 '배움의 공동체' 만들기라는 학교 개혁이 실현되어, 어느 교실에서든 학생 단 한 명도 빠짐없이 대화를 통한 협력적 배움을 실현하고 있는 광경을 처음으로 목격했을 때의 일을 떠올렸다. "실현하고야 말았다, 어쩐다!"라는 말이 거짓말 않고 가장 첫 번째 든 생각이었다. 전신의 힘이 빠지며 두 다리가 떨렸고, 그 떨림이 얼마간 멎지 않았다. 당시 이미 '배움의 공동체' 만들기라는 학교 개혁의 철학과 비전은 가나가와 현 지카사키 하마노고浜之郷초등학교에서 제기되어 1천 개가 넘는 초등학교가 '하마노고 스타일'이라는 개혁에 도전하고 있었다. 그러나 '개혁하기 가장 어려울 것'으로 여긴 중학교에서 '배움의 공동체' 만들기라는 학교 개혁이 이 정도로 빨리 실현되리라고는 생각하지 못했다. 내 예상대로 가쿠요중학교에서 펼친 개혁은 교사들이 알아야 할 일이 되었고, 몇 년 뒤에는 전국 각지 약 300개 중학교가 '가쿠요 스타일' 학교 개혁을 추진하게 되었다. 기온히가시중학교도 그중 하나다.

'배움의 공동체' 만들기라는 개혁 철학을 제시해 보고자 한다. 학교는 어떤 곳이어야 할까? 좋은 학교는 어떤 학교일까? 그리고 학교 개혁의 목적은 무엇일까? 다른 학교보다도 '뛰어난 수업'을 실현하는 것일까? 그렇지 않다. 학교와 교사의 책임은 '뛰어난 수업'을 하는 것이 아니다. 학교와 교사의 책임은 학생 단 한 명도 빠짐없이 배울 권리를 실현하게 하고, 학생들이 질 높은 배움에 도전하도록 기회를 제공하는 것이다. 이에 대해 이견을 내놓을 이는 없을 것이다. 그런데 학생 단 한 명도 빠짐없이 배울 권리를 실현하고 있는 학교는 어느 정도 있을까? 유감스럽게도 그런 학교는 드물다. 학생들은 학년이 오를수록 배움에서 달아나고 독서에서도 멀어지고 있다. 교사의 노력이 부족한 것은 아니다. 교사의 노동시간은 주 50시간이 넘고, 그들의 헌신성은 한계에 다다르고 있다. 그런데도 왜 학교는 학생의 배울 권리를 실현하지 못하는 것일까? 나는 20년 넘도록 이 물음을 계속하고 있다.

학교가 학생 단 한 명도 소외됨 없이 배울 권리를 실현하게 하지 못하는 첫 번째 원인은 그 책임을 누구도 맡으려고 하지 않기 때문이다. 교육 활동은 '책임지는' 것에서 출발한다. 그런데 학생 한 명 한 명이 배울 권리를 실현하도록 하는 책임은 누가 맡아야 하는 것일까? 담임교사일까? 담임교사가 책임을 일부 지지만 책임의 중심은 아닐 것이다. 학교에서 학생 한 명 한 명이 배울 권리를 실현하도록 하는 책임의 중심에는 교장이 있다. 그렇기 때문에 유럽 초등학교는 학생 수를 150명 이하로 제한하고 있다. 일본 학교가 유럽에 비해서 규모가 큰 것은 교장이 학생이 배울 권리를 실현하도록 하는 책임을 지고 있지 않기 때문이다. 교장 다음으로 책임을 져야 하는 사람은 누구일까? 담임교사일까? 그렇지 않다. 학생 한 명한 명이 배울 권리를 실현하려면, 교사 개인의 노력으로는 불가능하다. 초등학교도 중학교도 같은 학년 교사들이 동료성을 갖고 서로 협력하지 않고서는 그 책임을 다할 수는 없다.

학교 개혁이 앞에서 말한 목적을 달성할 수 없었던 두 번째 이유는 교사만으로 개혁을 달성하려고 했다는 점이다. 아무리 우수한 교사라도 교사만으로 학생 한 명 한 명이 배울 권리를 실현하게 한다는 것은 불가능하다. 학생 한 명 한 명이 '주인공'이 되어 서로 배우는 관계를 만들고 교사와 협력하여 개혁을 추진하지 않고서는 학교 개혁의 목적을 달성할 수 없다. 그럼에도 불구하고 지금까지 학교 개혁은 학생을 교육개혁의 대상으로만 여기고, 개혁의 '주인공'으로서 학생의 역할과 책임을 무시해 왔다. 그러나 학생은 가장 신뢰할 수 있는 개혁의 동지이며, 종종 교사보다도 앞서서 교실에서 서로 배우는 관계를 만들어 교사의 수업 개혁을 지원하는 역할을 한다. 지금까지 2천 개에 가까운 학교 개혁에 협력해 왔지만, 학생에게 배신을 당한 기억은 전혀 없다. 학생들은 교실에서 친구들과 서로 배우는 기회를 보장하기만 하면 교사보다도 빨리 개혁의 비전을 체득하고 교사들보다 반걸음 앞서서 개혁을 이끄는 역할을 한다.

2. 개혁의 비전

　기온히가시중학교(학생 수 465명)는 '배움의 공동체' 만들기 첫걸음을 확실하게 내딛었다. 어느 교실을 참관해도 차분하게 서로 듣는 관계가 뒷받침되어 한 명도 빠짐없이 진지하게 배움에 몰입하고 있다. 나는 이 상태를 학교 개혁의 첫 단계로 본다. 이 단계가 되면 비행이나 교내 폭력은 거의 없어진다. 등교하지 않는 학생 수도 격감한다. 교사의 수업 수준이 높지 않아도 학생이 서로 배우는 관계가 뒷받침되어 어느 교실에서도 수업이 안정적으로 이루어진다. 이러한 상태를 만들기 위해서는 교실에서 실제로 이루어진 배움에 대해 상세하게 서로 이야기하는 수업사례연구를 50회 정도 축적해야 한다. 거기까지 가면 교육 전문가로서 함께 성장하는 '동료성'이 생기고, '발돋움과 점프가 있는 배움'을 실현하는 수업을 향한 도전이 시작된다. 기온히가시중학교는 정확히 이 첫 단계를 확실히 완수한 것이다.

　'배움의 공동체' 만들기는 학교 개혁의 철학이기도 하다. 그 철학은 '공공성'과 '민주주의' 그리고 '탁월성'이라는 세 가지 원리로 구성된다. '공공성' 원리는 학교가 다양한 사람이 서로 배우는 공공의 공간이고, 모든 학생이 배울 권리를 실현하여 민주주의 사회를 건설한다는 공공적 사명에 따라 조직된 것이라는 점을 의미한다.

'공공성' 원리는 '민주주의' 원리에 바탕을 두고 있다. 여기서 말하는 '민주주의'는 정치적 절차도 아니고, 다수결 원칙도 아니다. '다양한 사람들이 협동하는 삶의 방식 a way of associated living'(존 듀이)을 의미한다. 공교육으로서 학교 사명은 민주주의 사회를 실현하는 것이며, 따라서 학교는 그 자체가 '민주주의'에 의해서 구성된 사회여야 한다. 학생, 교사, 교장, 학부모 한 명 한 명이 '주인공 protagonist'이 되어 한 명 한 명 모두 배울 권리와 존엄이 존중되고, 다양한 사고방식이나 삶의 방식이 존중되어 개성이 서로 울려 퍼지는 장소여야 한다.

학교는 동시에 교사의 교육 활동이나 학생의 배움에서 '탁월성'을 추구하는 곳이어야 한다. 여기서 말하는 '탁월성'은 다른 사람에 비해 뛰어나다는 의미에서 우수함이 아니다. 예를 들어 어떤 힘든 상황에 있을지라도 최선을 다해 최고를 추구한다는 의미에서 '탁월성'이다. 예술이나 학문과 마찬가지로 수업도 배움도 창조적 실천이다. 끊임없이 보다 높은 '탁월성'을 추구하는 것이야말로 실제 풍부한 성과를 가져와 그 노고에 상응하는 즐거움을 낳을 수 있다. 수업과 배움에서는 언제가 되었든 '탁월성'이라는 깃발을 내려서는 안 되는 것이다.

이 세 가지 원리는 '배움의 공동체' 만들기의 철학적 기초를 이루고 있다. '공공성' 원리는 다른 사람의 말에 귀를 기울이고 다른 사람에게 열려 있을 것을 요구한다.

다른 사람에 대한 관용 정신과 다양성을 존중하는 정신이다. '민주주의' 원리는 학생, 교사, 교장, 학부모가 대등한 관계를 맺고 한 명 한 명이 학교의 '주인공'이 되어 그 권리를 실현하고 그 책임을 다할 것을 요구한다. '탁월성' 원리는 최상의 것을 추구하는 것으로서 교사에게는 ① 학생 한 명 한 명의 존엄성을 존중할 것 ② 교재의 발전성을 존중할 것 ③ 스스로의 교육철학을 존중할 것 등 세 가지 깃발을 내리지 말 것을, 학생에게는 '발돋움과 점프가 있는 배움'에 계속 도전할 것을 요구한다. 결코 유토피아를 말하는 것은 아니다. 이 책에 든 사례 하나하나를 읽으면 이해할 수 있듯 학교에 '공공성'과 '민주주의'와 '탁월성' 세 가지 원리로 유지되는 '배움의 공동체'를 만드는 일은 결코 꿈이 아니다. 학생 한 명도 빠짐없이 배울 권리를 실현하고, 교사 한 명도 빠짐없이 전문가로서 함께 성장하는 학교를 창조하는 일은 불가능하지 않다.

3. 활동 시스템 디자인

학생 한 명도 빠짐없이 배울 권리를 실현하는 학교를 만드는 일은 꿈이 아니다. 가쿠요중학교를 방문했을 때 받은 첫인상에서 기타가와 교장은 그렇게 확신했다. 교사

한 명도 빠짐없이 수업 전문가로서 성장하고, 교직이라는 직업에 자긍심을 갖고 보람을 느끼는 학교를 만드는 일도 꿈이 아닐 것이다.

기타가와 교장을 비롯해 히로시마 현 교사들은 10년 가까이 교육개혁의 혼란과 혼미 속에서 답답한 교직 생활을 해 왔다. 통합 학과 신설에 따른 고교 개혁과 입시 개혁의 혼란, 국기國旗, 국가團歌의 강제와 교장의 자살, 민간 교장 채용과 자살 등 지나친 개혁에 따른 희생이라고 말할 수 있는 아픈 사건들이 속출했다. 기타가와 교장은 기온히가시중학교에서 펼친 '배움의 공동체' 만들기 개혁은 '교사 존엄성의 설욕revenge'이라고 말한다.

'배움의 공동체' 만들기라는 학교 개혁은 특정한 이데올로기라든가 운동이라든가 처방전(매뉴얼)이 아니고, 어느 학교에서든 누구나 도전할 수 있는 '활동 시스템'으로 구성된다. '배움의 공동체' 활동 시스템은 학생, 교사, 교장, 학부모, 시민이 참여하여 실천함으로써 저절로 학교 개혁의 비전을 공유하고, '공공성', '민주주의', '탁월성' 철학을 체득하여 배움과 돌봄care의 윤리와 정해진 법칙을 몸에 익히도록 디자인되어 있다. 다음은 그 개요다.

① 교실에서 '활동적·협동적·반성적 배움'을 추구한다. 배움은 대상 세계와 나누는 대화(문화적 실천), 타자와 나누는 대화(대인적 실천), 자기와 나누는

15

대화(자기 내 실천) 이 세 가지가 삼위일체가 되는 활동이다. 그 기반은 부드러운 목소리와 신체에 의한 '교류', '서로 듣는 관계'에 기초한 대화적 커뮤니케이션에 있다. 그 구체적인 모습으로서 모든 수업(초등학교 3학년 이상)에 모둠(남녀 4명으로 구성)으로 이루어지는 협동적 배움을 도입한다.

② 배움을 학교생활의 중심으로 삼고, 배움에 불필요한 것을 모두 폐지한다.

③ 초등학교에서는 교실 벽을 극복하고, 중학교에서는 교과의 벽을 극복하여 같은 학년 교사들이 학생 한 명 한 명 모두 배울 권리를 실현하는 것을 목표로 한다.

④ 수업사례연구를 학교 경영의 핵심으로 설정한다. 모든 교사가 최소 연 1회 수업을 동료에게 공개한다. 수업사례연구는 수업 참관(비디오 기록 활용) 1시간과 협의 연수 2시간으로 조직하고, 교과 단위가 아닌 학년 단위에 의한 연수(매주 또는 격주)와 전원이 참여하는 교내 연수로 조직하여 실시한다. 수업사례연구를 할 수 있는 충분한 시간을 확보하기 위해 교무 분장이나 회의, 잡무를 가능한 한 줄인다.

⑤ 수업사례연구에서는 평소 수업을 검토하고, 사전 연구보다도 사후 연구를 중시한다. 수업 후에 실

시하는 검토회에서는 수업의 능숙함과 서투름, 발문 기술, 교재 검토보다도 교실에서 일어난 사실에 근거하여 어디에서 배움이 이루어지고, 어디에서 배움이 주춤거리는지를 중심으로 이야기한다. 참관자는 수업을 한 교사에게 조언하는 것이 아니라 수업의 사실로부터 배운 것을 중심으로 이야기를 주고받는다.

⑥ 수업 참관 방식을 폐지하고, 학부모도 교사와 협력하여 수업 실천에 참여하는 '학습 참가' 방식을 도입한다.

이 활동 시스템은 지금까지 1만 개가 넘는 교실을 참관하여 대략 같은 수의 교사들이 행한 수업에서 배우고, 약 2천 개 학교 개혁에 협력한 내 경험과 부족하지만 그동안 축적한 학문 연구를 바탕으로 디자인된 것이다. 그 옳고 그름에 대해서는 교사의 실천과 연구자의 비판에 맡겨야겠지만, 나로서는 이 '활동 시스템'을 도입하는 것밖에는 학교를 학교답게 만들고, 교사의 교육 활동과 학생의 배움을 행복하게 하는 방법을 알지 못하기 때문이다.

나는 학교 개혁의 낙천주의자도 아니고, 교육의 몽상가도 아니다. 오히려 가장 급진적인 현실주의자라고 생각해 왔다. 또한 동시에 현대인의 마음의 병의 원인이라고도 말할 수 있는 교육과 사회에 대한 허무주의나 냉소주의와 싸워 왔다. 일찍이 멕시코에서 가난한 인디언 아이를 위해 미술학교를 연 기타가와 다미지北川民次의 말을 빌리면 "절망했다"라는 말은 절망한 적이 없는 사람이 하는 말이다. 절망한 사람은 희망밖에 말하지 않는다. 그런 의미에서 나처럼 계속 교육 희망을 탐색하고 있는 이는 꼭 이 책에 소개된 학교를 방문했으면 좋겠다. 셀 수도 없을 만큼 많은 것을 배울 수 있을 것이다.

나는 내가 학교 개혁이 어렵다는 것을 가장 잘 알고 있는 사람 중 하나라고 생각한다. 일찍이 10년 하고도 수년에 걸쳐서 1천 개 이상 학교에서 학교 개혁에 계속 실패해 왔기 때문에 학교를 바꾸기가 어렵다는 것, 교실에서 서로 배우는 관계를 만들기가 어렵다는 것, 교사들 사이에 동료성을 구축하기가 어렵다는 것, 부모와 교사 사이에 신뢰와 협력 관계를 만들기가 어렵다는 것, 부모들 간 연대 관계를 만들기가 어렵다는 것, 학교와 교육위원회 간 파트너십을 만들기가 어렵다는 것, 그리고 연구자와 교사 간에 서로 배우는 관계를 만들기가 어렵다는 것을 뼈저리게 느껴 왔다. 그렇기 때문에 '배움의 공동체' 만들기 활동 시스템은 많은 학생들에게서 지지를 받고, 많은 교장이나 교사들에게서 창의적 도전을 유발하고 있는 것인지도 모른다. 이 책에 소개한 많은 학교의 도전은 그 증거일 것이다. 거기에 학교의 미래 희망을 맡겨 보고 싶다.

제1부
'협동하는 배움'
- 교실 풍경

学校の挑戦

변화하는 교실

　교실이 조용하게 변화하고 있다. 칠판과 교탁을 향해서 책상과 의자가 하나씩 하나씩 떨어져 일렬로 줄 서 있고, 교사가 교과서를 중심으로 칠판과 분필을 사용하여 설명하고, 교사의 질문과 학생의 응답으로 진행되는 교실 풍경. 우리들에게 익숙한 이런 교실 풍경은, 유럽 여러 나라에서는 박물관에서나 볼 수 있다. 바야흐로 교실에서 칠판과 교탁을 없애고, 책상과 의자는 네댓 명씩 함께 앉는 테이블 형태로 바꾸고, 교과서는 보조역이 되고 다양한 자료가 교실에 들어가고 교사는 배움의 디자이너와 촉진자(진행역)로서 역할이 변화하고 있다.

　이런 변화는 1970년경부터 세계적 규모로 서서히 진행되어 왔다. 어느 누가 제창한 것도 아니다. 각국에서 합의한 것처럼 '조용한 혁명'으로 진전되어 왔다. 21세기를 맞이한 지금 교실의 변화는 이미 흔들림 없이 정착되었다고 해도 좋을 것이다. 이러한 교실 변화는 역사적인 기원을 더듬어 보면 20세기 초 이래 신교육운동과 연계성을 갖는다. 그리고 이러한 교실 변화는 1970년대 열린 학교 open school 운동에 의한 신교육운동의 재생에 의해 세계적으로 확대되었다. 그러나 지금의 교실 변화는 신교육운동과 같은 개혁 의식이 존재하지 않는 곳에도 광범위하게 스며들고 있다. 이른바 '일제 수업—齊受業' 양식이 산업주의사회에서 큰 공장 시스템의 효율주의를 기초로 성립했다는 것은 널리 알려져 있다. 그 역사를 고려하면 지금의 교실 변화가 산업주의사회의 종언에 따른 새로운 사회의 대두를 배경으로 하고 있다는 사실은 분명하다. 이미 '일제 수업' 교실 시대는 끝난 것이다.

내가 교실의 변화라고 하는 '조용한 혁명'에 관심을 가진 것은 대략 20년 전 일이다. 그때에도 미국 학교를 방문해서, 신교육운동의 계보를 잇는 학교에서는 새로운 교실 풍경이 확대되어 새로운 배움이 등장하고 있는 것을 보았다. 그러나 이 새로운 교실 풍경과 새로운 배움이 가까운 장래에 세계 모든 교실의 표준이 되리라는 것을 확신한 것은 캐나다 학교 몇 군데를 방문해서 그 교실 실천을 관찰했을 때였다. 캐나다 학교에서는 20년 전에 이미 오늘날 세계 교실에 퍼지고 있는 '조용한 혁명'이 대부분 일상화되어 있었다.

캐나다에서 갑자기 나타난 교실 변화는 미국은 물론, 10년도 채 되지 않는 기간에 라틴아메리카 여러 나라와 유럽 여러 나라에서도 인정하게 되었다. '조용한 혁명'이 '세계 혁명'으로 진행되고 있는 것이다. 그러한 사실을 요 몇 년 동안 확신하게 되었다. 예를 들면 프랑스는 유럽 여러 나라 중에도 수업 스타일이 가장 전통적인 국가로 알려져 있지만, 그런 프랑스에서도 '일제 수업' 형식에서 '협동적 배움' 형식으로 착실하게 변화가 진행되고 있다. 더욱이 최근 PISA 조사에서 최고 성적을 얻어 높은 교육 수준으로 세계 각국의 주목을 받고 있는 핀란드는 프랑스와 같이 수업과 배움의 양식이 전통적인 것으로 알려져 있었는데, 그런 핀란드에서도 '프로젝트project' 중심의 교육과정curriculum과 '협동적 배움'이 급속히 침투되어 그 성과로서 높은 학력 수준을 달성할 수 있게 되었다고 한다.

이렇게 해서 교실의 '조용한 혁명'은 세계를 휩쓸고 있다. 이러한 변화를 20년간 세계 각국 학교에서 직접 봐왔던 나는, '일제 수업' 형식을 고집하고 있는 나라들은 지구상 일부인 동아시아 여러 나라(중국, 북한, 한국, 일본, 대만, 홍콩, 싱가포르)와 개발도상국뿐이라는 사실을 깨달았고, 몇몇 논문과 책에서 그 사실을 지적했다. 그러나 작년부터 그러한 인식을 수정할 필요를 느꼈다. 그 이유는, 동아시아 여러 나라 중에서 교실의 '조용한 혁명'은 일본이 가장 앞서 있고 그 외 나라는 일본을 뒤따르고 있다고 예측했는데, 그 예측과 맞지 않는 일이 일어나고 있기 때문이다.

　예를 들면 지금 IEA 국제 학력 조사에서 최고 성적을 얻은 싱가포르는 수년 전부터 국책으로 '협동적 배움'을 도입해 왔다. 싱가포르는 또 한편으로는 경쟁주의 배움을 강력하게 추진하고 있다. 그 '경쟁'과 '협동'이 어떻게 화합할지가 흥미를 더하지만, '협동적 배움'이 21세기에 필요한 학력 형성에 유효하다는 것을 인식한 교육정책 관계자가 미국에서 많은 교육학자를 초빙하여 '협동적 배움'의 도입을 적극적으로 전개해 왔다. 한국도 마찬가지다. 서울에서는 지금까지 학급당 학생 수가 40명을 넘나들던 교실을 30명으로 개선하고, '21세기 배움은 협동적 배움'이라는 정책 아래 교실을 네댓 명 모둠 편성으로 바꾸고 있다. 중국에서도 같은 개혁이 진행되고 있다. 지난해 방문한 상하이 학교에서는 1시간 수업 중에 몇 번이나 모둠을 만들어 협동하면서 서로 배우는 활동을 관찰했다.

　과연 '일제 수업'에서 '협동적 배움'으로의 전환이 싱가포르나 한국, 중국과 같이 위로부터의 교육정책에 의해서 효과적으로 달성할 수 있는 것인지 아닌지는 이후 검증을 기다려 봐야 한다. 나는 교실 변화는 교육정책에 따른 획일적인 개혁에 의해서보다는 교사들이 자율적이고 창의적으로 도전하여 '조용한 혁명'으로서 진행하는 것이 좋으며, 그 변화는 단번에 전환하는 것보다는 시간을 두고 서서히 진행하는 것이 좋다고 생각한다. 그러나 이

들 여러 나라에서 펼치고 있는 최근 정책적 대응을 보면,
'일제 수업' 형식을 고집해 온 동아시아 여러 나라에서도
가까운 장래에 '협동적 배움'이 급속히 보급되고 교실 풍
경이 바뀔 것이라는 점은 분명하다.

아시아에 퍼지는 '배움의 공동체'

협동하는 배움은 미국과 유럽 여러 나라에서 아시아 여러 나라로 계속 퍼지고 있다. 이 원고를 쓰기 시작했을 때, JICA(일본국제협력기구)의 사이토 아이스케^{齋藤英介} 선생에게서 인도네시아 학교에서 '배움의 공동체' 만들기를 실천하는 모습을 전하는 편지와 사진이 도착했다. 사이토 선생이 인도네시아 학교에서 '배움의 공동체' 만들기에 착수한 것은 2년 전이다. 3회에 걸쳐 교육장과 교육행정관, 대학의 교육 연구자와 학교 교사 여러 명이 일본에 와서, 내 연구실에서 강의를 듣고 여러 학교를 방문해 '배움의 공동체' 만들기라는 개혁에 대해 배웠다. 특히 지카사키 시 하마노고초등학교와 후지 시 가쿠요중학교에서 펼친 '배움의 공동체' 실천에서 강한 인상을 받았고, 인도네시아 곳곳에서 학교 개혁이라는 도전을 시작하고 있다고 한다.

최근에 받은 교실 사진은 렌반제1고교 수학 수업과 마

란국립대학부설고교 생물 수업을 중심으로 한 공개연구회 광경을 전하고 있다. 어느 사진을 보아도 학생 상호간에 유연한 배움인 협동이 생겨나고 있다는 것을 잘 알 수 있다. 깊이 사고하고 집중하고 있는 것을 전하는 사진도 많다. 사이토 선생의 협력과 확실한 조언에 따른 것이겠지만, 그렇다 치더라도 개혁에 막 착수한 학교에서 이 정도로 협동적 배움이 생겨난다는 것은 대단하다. 인도네시아에서는 7월에 3주간에 걸쳐 곳곳에서 '배움의 공동체' 만들기 세미나가 열리는데, 가쿠요중학교 전 교장인 사토 마사아키佐藤雅彰 선생이 직접 학교를 방문하여 개혁에 협력하며 조언할 예정이다.

올해(2005년) 1월에는 한국 부산대학교를 중심으로 교육 연구자와 교장, 교사가 방문단을 꾸려 '배움의 공동체' 만들기를 추진하고 있는 하마노고초등학교와 가쿠요중학교를 방문했다. 부산대학교에서는 '배움의 공동체'를 근간으로 하는 '배움과 돌봄의 학교 공동체'라는 대대적인 프로젝트를 시작했다. 나는 첫 워크숍에 초청되어 강당을 가득 메운 교육학자와 교사들에게 일본에서 진전되고 있는 '배움의 공동체' 만들기라는 개혁과 그 이론에 관해 강연을 했다. 한국에서 '배움의 공동체' 만들기는 2001년, 내가 쓴 《교육개혁을 디자인한다》가 번역 출판되면서 단번에 속도가 붙었다. 이 책은 출판 직후 교사단체의 추천 도서가 되어 개혁의 지침으로서 활용되고 있다.

올해 1월 방문단에 참가한 교육 연구자나 교사들은 그 대부분이 '배움의 공동체' 만들기라는 개혁에 착수하여 실천하고 있는 사람들이었다. 백문이 불여일견이라 했던가. 그들이 방문한 두 학교 교사들과 학생들의 태도는 개혁의 비전을 선명히 보여 주어, 학교를 기반으로 하는 경험의 교류는 개혁에 필요한 실천적 철학을 확실하게 하는 것이 되었다.

중국에서도 '배움의 공동체' 만들기를 내세우는 학교 개혁이 진전되고 있다. 작년(2004년) 10월, 나는 염원했던 중국 방문을 실현하고 '배움의 공동체'를 추진하는 많은 교육 연구자나 교사와 교류할 수 있었다. 내가 제창하는 '배움의 공동체'로서 학교 개혁 구상은 약 10년 전부터 상하이 화동華東사범대학을 중심으로 교육 연구자들에 의해 번역되어 소개되었다. 이번에 방문하기까지 많은 논문이 번역 출판되었고,《교육과정 비평》,《교사라는 아포리아》,《수업이 바뀌면 학교가 바뀐다》는 교육서 베스트셀러가 되었다. 그리고 방문 기념으로 새롭게《배움의 즐거움》도 번역되고 있다. 이렇게 높은 관심을 기울여 준 것에 대해 황송할 뿐이지만, 그만큼 중국과 일본의 학교 개혁은 많은 과제를 공유하고 있다고 해야 할 것이다.

이번 방문은 상하이 화동사범대학 교육과정연구소의 초청에 따른 것으로 소장인 종치촨鐘啓泉 교수는 장기간에 걸쳐 나의 연구와 실천을 번역하여 계속 소개해 온 친구인 데다 중국 학교 개혁의 중심적 지도자이기도 하다. 이번 방문에서 또 다른 초청자인 베이징 중앙교육과학연구소 주샤오완朱小蔓 소장은 내 저서의 애독자 중 한 사람이다. 중앙교육과학연구소는 중국 교육학 연구의 중심인데, 그 연구소 출판부인 교육과학출판사에서 내 저서가 번역 출판된 것은 영광이고 또한 행운이었다. 상하이 강연회에서나 베이징 강연회에서 놀랐던 것은 많은 참가자가 모두 '배움의 공동체' 만들기라는 개혁을 추진하고 있다는 사실이었다.

솔직히 말해서 나는 일본과 미국을 기반으로 해서 학교 개혁 연구를 해 왔기 때문에 아시아 여러 나라에서 펼친 학교 개혁은 거의 눈에 들어오지 않았었다. 최근 들어 유럽 여러 나라에 대해서도 연구를 하기 시작했지만, 설마 아시아 여러 나라들과 이렇게 밀접한 관계를 맺으리라고는 조금도 예상하지 못했다. 아시아 여러 나라에서 수많은 내 논문과 저서가 번역 출판되고 있지만, 그 논문과 저서 대부분은 일본 국내 독자나 미국, 유럽 독자를 예상했던 것이다. 일본에 인접한 아시아 여러 나라 독자는 염두에 두지 못했다. 내 인식은 아시아 여러 나라의 '후진성'이라는 관념에 묶여 있었노라고, 지금에서야 반성하고 있다.

아시아 여러 나라에서 교육개혁이 질주하고 있다. 그

속도는 일본 이상이다. 지금까지 개발독재 정권에 의한 중앙집권적 통제와 입시 경쟁으로 상징되는 경쟁주의 교육에 따라 개혁이 저지되어 왔던 아시아 여러 나라의 학교교육은 지금 새로운 개혁의 시기를 맞고 있다. 그 개혁은 세계주의globalism와 국가주의nationalism, 시장 만능 주의 아래 혼란과 혼미 속을 헤매고 있지만, 그 아래에서 민주주의 발전이 진행되는 한 '조용한 혁명'이 학교와 교실에서 진행되고, 협동하는 배움을 실현하는 학교 개혁이 착실하게 싹트고 발전하고 있는 것이다. 일본 학교 개혁도 이 아시아 여러 나라의 '조용한 혁명'과 같은 지평에서 진행되고 있다.

협동적 배움의 훌륭함

1. 배움의 풍경

협동하는 배움의 풍경 하나를 소개하겠다. 수년 전 가나가와 현 가와사키 시 난칸南管중학교를 방문했을 때의 일이다. 당시 난칸중학교는 바바 히데아키라馬場英顯 교장을 중심으로 '배움의 공동체 만들기' 학교 개혁을 추진하고 있었다. 1학년 영어 수업을 참관하고 있을 때, 협동적 배움의 진수라고 할 수 있는 장면을 만났다.

이 교실에는 누구와도 대화하지 못하는 침묵하는 남자, 다카시(가명)가 있다. 다카시는 유일한 친구인 마사토와 딱 붙어 앉아 있었다. 이 수업에서 모둠 학습 도입에 도전한 젊은 교사는 남녀 혼합 4명으로 모둠을 만들기 위해 다카시의 손을 잡아당겨 앞 모둠으로 이동시켰다. 다카시는 애원하는 듯한 눈길을 마사토에게 보냈지만, 다른 모둠에 속한 마사토도 어쩔 수 없는 일이다. 이 젊은 교사가 이 두 사람을 떼어 놓은 것은 의도적이었을까? 그렇다고는 생각되지 않았다. 극도로 불안한 다카시의 표정이나 마사토에게 도움을 청하는 애원의 눈길도 이 교사는 알아채지 못하는 것 같았다.

다카시가 속한 모둠은 여학생이 3명이고, 남학생은 다카시뿐이었다. 그 여학생 3명 중에는 이 학급에서 가장 영어를 못하는 유키코가 있다. 유키코는 3학기 끝날 때가 가까운데도 인칭대명사도, be동사도 아무것도 이해하지 못하는 극단적인 저학력 학생이다. 그런 유키코가 다카시 옆자리에 앉아 있기 때문에 마사토 대신에 다카시를 보살피려고 한다.

이 수업의 과제는 현재진행형의 의문문에 답하는 회화인데, 교사가 스포츠 선수의 사진을 보여 주면 그 사진을 보고는 한 명이 "What is he(she) doing?"이라고 묻고 또 한 명이 "He is playing tennis."라는 식으로 응답하는 짧은 회화 연습이 행해졌다. 유키코는 뭔가 다카시에게 도움을 주려고 했지만, 가장 중요한 영어를 전혀 이해할 수 없기 때문에 같은 모둠인 다른 두 사람 유미와 마사에에게 몇 번이나 교사의 질문이 무엇인지 다시 물었다.

"저~ 지금, 선생님이 무슨 말을 했지?"

"저어, 유도하는 야와라 사진이지. 유도는 영어로 뭐라고 해?"

"playing은 어떤 뜻이야?"

"he는? 남자? 그렇다면 여자는 뭐라고 해?"

"they는? they는 왜 is가 아니야?"

유키코는 무엇이든 유미와 마사에에게 묻지 않으면 다카시의 상대역을 할 수 없다.

부산한 유키코의 태도를 보던 다카시의 굳은 표정에 미소가 떠올랐다. 다카시는 다른 사람과 대화하는 것은 어려워하지만, 영어 시험을 치면 언제나 우수하다. 그런 다카시에게는, 자신을 돌보려고 필사적으로 유미와 마사에에게 묻고 있는 유키코의 모습이 기쁘기도 하고 절로 미소를 짓게 하는 것이기도 했을 것이다. 그리고 탁구를 하는 아이 사진을 보고는 가까스로 다카시에게 "What is she doing?"이라고 물어 온 유키코에게 다카시는 "She is playing table tennis."라고 속삭이는 듯한 소리로 대답한 것이다.

2. 약자는 약자를 돕는다

다카시가 속삭이는 듯한 목소리로 유키코에게 응답하는 것을 수업을 진행하고 있는 교사도 참관하는 교사 누구도 알아채지 못했다. 참관하고 있던 바로 내 눈앞에서 일어난 사건이었다. 교실 참관을 계속하고 있으면 극적인 장면을 만나는 일이 가끔 있다고 해도 이만큼 극적인 장면을 만나는 경우는 그렇게 빈번하지는 않다. 나는 속삭이는 듯한 목소리로 응답한 다카시에게 유키코가 만면에 가득한 미소로 응답하고 있는 것도 끝까지 지켜볼 수 있었다. 유키코는 더욱더 몰두하여 다음 짧은 회화에 도전하기 위해 또다시 유미와 마사에에게 계속 질문을 퍼붓는다.

"저~, 선생님이 지금 '의문사'라고 말했는데 의문사가 뭐야?"

"저~, 'What'은 무슨 뜻이야?"

"다른 의문사로는 어떤 게 있어?"

"그렇게 많이, 단번에 다 외울 수는 없을 것 같아."

그런 유키코의 모습을 다카시는 얼굴 가득 미소를 머금고는 지켜보고 있었다.

"저~, 다카시야 조금만 기다려. 나는 뭐가 뭔지 몰라서, 알게 된 것을 노트에 정리하고 있으니까 조금만 기다려."

그렇게 유키코는 다카시에게 말하고는, 아무것도 적혀 있지 않은 새하얀 노트 첫 장에 'I am, You are, He is, She is, We are, You are, They are'라고 쓰고, "있잖아, 저, 이거, 전부 맞아?"라고 다카시에게 묻는다. 다카시는 크게 "응." 하고 고개를 끄덕였다. 그것을 확인한 유키코는 두 번째 장에 '의문사'라고 히라가나로 쓰고, "유미야, '의문사'를 한자로 어떻게 써?"라고 묻는다. 그러고는 '의문사'를 한자로 다시 고쳐 쓰고 그 밑에 'what, where, when, who, how'라고 쓰고는 "우와, 이것도 저것도 다 처음이다."라고 중얼거리면서 그 의미를 쓰고 있다.

　나는 기적과 만났다고 생각했다. 이 수업을 시작하기 전까지 아니 이 모둠 수업이 시작되기 전까지 유키코는 이 수업 주제인 현재진행형은 물론이고, 인칭대명사도, 인칭대명사와 be동사의 관계도 그리고 의문사에 관해서도 그 어느 하나도 이해하지 못한 극단적인 저학력 학생이었다. 그런 유키코가 내 눈앞에서 그 모두를 이해하고, 자신이 이해한 것을 자기 노트에 정리하고 있다. 지금까지 저학력 학생이 단번에 터득하는 모습을 몇 번이나 눈앞에서 보아 왔지만, 이번 유키코의 모습만큼 극적인 광경은 본 적이 없다. 협동적인 배움의 진수를 알 수 있는 광경이다. 그리고 이 교실의 드라마는 앞으로 계속될 것이다.

호혜적 배움으로서 협동적 배움

1. 호혜적 배움

인칭대명사, be동사, 의문사를 노트에 정리한 유키코는 "기다려 줘서 고마워. 이제 됐어. 자, 다카시야, 시작하자."라고 하고는 노트를 한 손으로 잡고 차례차례 새 문장으로 현재진행형 의문문을 만들어 다카시에게 말했다. 다카시는 유키코가 보여 준 배움의 점프jump에 경탄하고 있었다. 유키코가 의문문을 만들어 다카시에게 말을 걸 때마다 다카시는 크게 고개를 끄덕이면서 "응, 응." 하고 중얼거리고는 "그 영어 맞았어."라는 메시지를 열심히 전했다. 그 때문일까? 다카시의 속삭이는 듯한 목소리는 유키코뿐만 아니라 멀리 떨어져 관찰하고 있는 내 귀에도 확실히 들릴 만큼 커져 있었다.

이렇게 유키코와 다카시가 서로 배우는 모습을 보고 도대체 어느 누가 다카시가 몇 년이나 학교에서 입을 연적이 없는 학생이라고 생각하겠는가? 그리고 도대체 누가 유키코가 극단적으로 영어를 못하는 저학력 학생이고, 겨우 30분 전까지 인칭대명사와 be동사의 대응관계조차도 전혀 이해하지 못했던 학생이라고 생각하겠는가? 기적이라고도 부를 수 있는 사건의 연속에 나는 경탄해 마지않았다.

눈앞에서 진행되고 있는, 다카시와 유키코가 서로 어울려서 배우는 모습이 서로 강함이 아닌 약함으로 연결되어 있다는 것을 깨닫고 나는 한층 더 감동했다. 협동적 배움은 '호혜적 배움reciprocal learning'이라고 부르는데, 확실히 '호혜적 관계'는 다카시와 유키코 사이에 일어나고 있는 현상을 말하는 것이다.

유키코가 이 정도로 필사적으로 영어에 몰입한 것은, 다카시가 다른 사람과 대화하는 것을 어려워하는 약함을, 어떡해서든 자기 힘으로 뒷받침해 주고 싶다고 바랐기 때문이다. 그리고 다카시가 유키코의 물음에 작은 목소리로 답한 것은 유키코가 보여 준 최대한의 호의에 조금이라도 보답해 주려고 생각했기 때문이다. 그뿐만 아니라 다카시가 최대한 성의 있게 유키코의 물음에 답한 것은 영어를 무척 어려워하는 유키코가 묻고 물어서 배우는 모습을 보고 다카시도 최대한 호의를 보여 격려하고 싶었기 때문이다. 이렇게 서로 호의를 교환하는 '호혜적 관계'가 이 두 학생의 협동적 배움을 만들어 낸 것이다.

2. 서로 배우는 관계

유키코가 단번에 학력 부진을 극복한 것에 놀라워하는 사람도 많을 것이다. 그러나 이는 교실을 관찰하고 있으면 흔히 일어나는 일이다. 통상 많은 교사들이 저학력 학생이 조금씩 학력을 회복하는 모습을 상상하고 있다. 그러나 저학력 학생이 학력을 회복할 때는 유키코의 예에서 볼 수 있는 것처럼 한순간에 회복하는 경우가 많다. 어떻게 한순간에 회복할 수 있을까? 그때까지 유키코가 모르면서도 많은 것을 수업 중에 경험했고, 경험한 조각들이 모둠 학습 중에 연결되었기 때문이다. 이것도 협동적 배움의 가능성 중 하나이다. 협동적 배움은 모르는 학생에게도 참여의 기회를 보장하고, 그 참여를 통해서 의미 있는 경험을 풍부하게 하는 기회를 보장한다. 예를 들어, 그 순간은 모르더라도 이 의미 있는 경험의 축적이 언젠가 찾아오는 점프의 기회를 준비하기 때문이다. 다시한 번 확인해 두자. 저학력 학생은 단계를 오르는 것처럼 조금씩 학력을 회복하는 것이 아니다. 마치 점프대에서 뛰어오르는 것처럼 단번에 회복하는 것이다. 그 기회를 협동적 배움은 풍부하게 준비하고 있다.

다카시와 유키코가 서로 배우면서 일어난 '기적'이라 말해도 좋은 사건이 이 모둠의 다른 두 학생 유미와 마사에가 티를 내지 않고 지지하면서 성립하고 있다는 것도 중요하다. '서로 가르치는 관계'는 '쓸데없는 참견'이라고도 말할 수 있는 고의성 비슷한 것이 항상 따라다니는 관계이지만, '서로 배우는 관계'는 '평범한 뛰어남'으로 맺어진 관계이다. 유미와 마사에 두 사람으로 조를 짜고 다카시와 유키코는 혼자서 배운 것처럼 보이지만, 요소요소에서 이 두 사람은 다카시와 유키코를 지지하는 역할을 적확하게 떠맡았다. 유키코가 영어 단어 하나하나의 의미를 끈덕지다 할 만큼 질문했을 때도 이 두 사람은 대범하게 들으면서 적확하게 유키코의 배움을 지지하는 조언을 하고 있었다. 또한 다카시가 작은 목소리로 유키코에게 응답했을 때도 다카시가 소리 내어 말하는 데에 놀라면서도 태연하게 "멋지다. 유키코도 할 수 있네."라고 오히려 유키코를 칭찬하는 말로 감동을 표현하고, 다카시를 격려하고 있었다. 같은 모둠 속에서 유미와 마사에, 다카시와 유키코는 따로 행동하고 있는 것같이 보이면서도 실제로는 오히려 다카시와 유키코가 서로 배우는 것을 지지하는 것을 중심으로 활동하고 있었다. 그런 기미를 전혀 보이지 않은 두 사람의 어울림이 이러한 기적의 무대를 준비하고 있었다고 말해도 좋을 것이다.

어느 중학교 교실에서 내가 마주친 협동적 배움의 풍경 하나를 소개했다. 이 한 장면에도 교사가 배워야 할 것들이 많이 담겨 있다. 물론 이 정도로 협동적 배움의 진수가 집약적으로 표현되고 있는 사례는 그렇게 많지는 않다. 이 사례에 가까운 사건들을 많은 교사가 교실에서 몸으로 경험하고 있을 것이다. 이들 사례 속에 협동적 배움의 비밀이 숨어 있다.

일제 수업에서 협동적 배움으로

1. 왜, 협동적 배움인가?

협동적 배움은 왜 필요할까? 이 물음에 대한 나의 대답은 두 가지다. 하나는 협동적 배움을 조직하지 않고는 한 명 한 명에게 배움이 이루어지게 하는 것이 불가능하기 때문이고, 또 하나는 한 명 한 명의 배움을 보다 높은 수준으로 이끌기 위해서는 협동적 배움이 불가결하기 때문이다.

배움이라는 것은 대상(교재)과의 만남과 대화이고, 타자(친구들과 교사)와의 만남과 대화이며, 자기와의 만남과 대화이다. 우리들은 타자와 협동함으로써 다양한 사고를 하고 만남을 가질 수 있고, 대상(교재)과 새로운 만남과 대화를 실현함으로써 자신들의 사고를 창출할 수 있고 또한 이를 음미할 수 있다. 그런 의미에서 배움은 본질적으로 협동적이고, 타자와 협동하는 것에 기초를 두는 '발돋움과 점프'이다. 이미 알고 있는 것이나 이해하고 있는 것을 숙달해 가는 것을 '배움'이라고 부를 수는 없다. 배움은 이미 알고 있는 세계에서 출발하여 미지의 세계를 탐험하는 여행이고, 이미 갖고 있는 경험이나 능력을 넘어서 새로운 경험과 능력을 형성하는 도전이다.

바꾸어 말하면 일반적으로 행해지고 있는 일제 수업에서 한 명 한 명에게 배움은 성립되고 있는 것일까? 결론적으로 말하면 수업은 이루어지고 있다 해도 그 수업에서 배움이 일어나는 학생은 적다. 왜일까? 일반적으로 교실은 '대부분을 거의 이해할 수 있는 학생'이 3분의 1, '반은 이해하고, 반은 이해하지 못하는 학생'이 3분의 1, 그리고 "알겠지?" 하고 물으면 "대체로"(또는 "그럭저럭")라고 답하는데 실제로는 '이해하지 못하는 학생'이 3분의 1로 구성되어 있다. 교과서 내용은 이 '상, 중, 하' 3단계 중 '상'의 중간 정도 수준으로 기술되어 있고, 교사가 설정하고 있는 수업 수준도 보통 '상'의 중간 정도이다.

이와 같은 일제 수업에서 배움이 이루어질 수 있을까? 대답은 '아니다'이다. 배움은 '중' 단계에 있는 몇 명에게서만 일어날 뿐이다. 왜냐하면 '상'의 학생은 수업에서 몇 번이나 발언을 하지만 그 발언은 모두 이미 알고 있는 내용이거나 또는 쉽게 이해할 수 있는 내용밖에 없다. 거기에는 '발돋움과 점프'가 있는 배움은 없다. '하'에 속한 학생은 수업 앞부분에서 발언 기회가 주어지고, 뒷부분은 침묵한 채 듣고 있지만 거기에서도 배움은 일어나지 않는다. 보통 일제 수업에서 배움을 실현하고 있는 경우는 '중' 수준의 몇 명일 뿐이다.

2. 배움은 협동에 의한 '발돋움과 점프'

교실에서 한 명도 빠짐없이 배움이 이루어지는 수업은 어떻게 구성하면 좋을까? 우선 배우는 내용 수준을 보통 수업보다 높게 설정해야 한다. 그렇게 하지 않으면 '상' 수준의 배움은 이루어지지 않는다. 그와 동시에 '하' 수준 학생의 질문을 적극적으로 받아들이지 않으면 한 명도 빠짐없이 배움이 이루어지는 수업은 불가능하다. 즉 수업 내용 수준은 보다 높게 설정하고, 동시에 배움의 조직에서는 가장 수준이 낮은 학생의 질문을 수업 중에 받아들일 수 있어야 한다.

배움을 중심으로 하는 수업이란, 통상적인 일제 수업보다도 높게 설정된 내용 수준과 교실에서 가장 이해하지 못하는 학생의 질문 수준 간에 생기는 큰 간격을 교사와 학생들이 협동하여 메워 가는 실천, 바로 그것이다. 이 어려운 과제를 달성하는 것이 모둠 활동을 통한 협동적 배움인 것이다.

3. 협동의 의의

높은 수준을 계속 설정하면서 한 명도 빠짐없이 배움의 경험을 보장하는 열쇠는 이해하지 못하는 학생이 "저, 이거 어떻게 해?"라고 모둠에게 물어보도록 철저히 지도하는 것이다. 이런 지도가 불충분한 채, 높은 수준에 도전하는 협동적인 배움을 추구한다면 일부 학생만의 배움이 되어 이해하지 못하는 학생은 그대로 버려지게 된다. 반대로 이해되지 않을 때 언제라도 "저, 이거 어떻게 해?"라고 모둠에게 물어보는 것이 충분히 정착되어 있다면 교사도 학생도 안심하고 보다 수준 높은 배움에 도전할 수가 있다.

그런데 이해하지 못하는 학생일수록 모둠에게 도움을 구하지 않고 자기 힘으로 극복하려 하며 자기 혼자만의 노력으로 힘든 상황을 벗어나려고 하는 경향이 있다. 그 때문에 그들은 언제나 고립되어 실패와 좌절의 나락으로 떨어져 버린다. 협동적인 배움을 가장 필요로 하는 학생이 자기 혼자서 노력하려다가 실패와 좌절을 반복하는 것은 참으로 얄궂다. 그런 만큼 이해하지 못하는 학생에게는, "저, 이거 어떻게 해?"하고 모둠 친구에게 도움을 청하도록 철저히 지도할 필요가 있다.

모든 학생에게 보다 수준 높은 배움에 도전하는 기회를 제공하는 것이 협동적 배움이다. '발돋움과 점프'를 어느 학생에게든 보장하는 방식으로서 협동하는 배움이 자리매김해야 한다. 그리고 배움에서 '발돋움과 점프'를 요구하는 장면에서는 모둠 활동을 해야 한다. 예를 들면 수업 후반에서 3분의 1 정도 학생만이 손을 들고 발언을 하는 것으로 전개되는 수업을 종종 볼 수 있는데, 그러한 장면에서 일단 모둠 활동을 통한 협동적인 배움으로 되돌아갈 필요가 있다. 그것만으로도 일부 학생에게 한정된 배움이 모든 학생의 배움으로 확대되고, 다양한 의문이나 의견 교류를 통해 '발돋움과 점프'가 있는 배움으로 나아갈 수 있다. 일제 수업에서는 이른바 수업은 이루어져도 '발돋움과 점프'가 있는 배움은 일부 학생에게서만 일어난다. 모든 학생에게 배움의 도전을 보장하는 것, 거기에 협동적 배움의 진수가 있다.

협동하는 배움의 의의

1. 서로 배우는 관계와 서로 가르치는 관계

협동적인 배움은 서로 배우는 관계에 의해서 이루어진다. 서로 가르치는 관계에서는 이루어지지 않는다는 점이 중요하다. 서로 가르치는 관계는 일방적인 관계이다. '쓸데없는 참견'의 관계라고 해도 좋다. 그에 비해서 서로 배우는 관계는 '티를 내지 않는 친절'의 관계이다. 서로 배우는 관계에서 의사소통은 "저, 이거 어떻게 해?"라고 말하는, 이해하지 못하는 학생의 물음으로 이루어진다. 이해하지 못하는 학생이 물어보지 않는 한, 이해하는 학생은 굳이 가르치려고 하지 않는다. 그러나 일단 도움을 구하면 성실하게 응답한다. 이 '티를 내지 않는 친절'로 맺어진 서로 배우는 관계가 협동적 배움을 풍부하게 발전시키는 기초가 된다.

그러나 일반적으로 교사는 서로 배우는 관계와 서로

가르치는 관계의 차이점을 충분히 인식하고 있지 않으며, 협동적 배움 속에서 서로 가르치는 관계를 요구하는 경향이 있다. 활동 도중에 "이해한 사람은 이해하지 못한 사람을 가르쳐 주세요."라고 지시하는 교사가 많다. 그런 교실에서는 협동적인 배움이 발전하지 못한다. 교사는 지시 방식을 바꿔야 한다. "이해하지 못한 사람은 언제까지나 자기 혼자 생각에만 빠져 있지 말고 옆 친구에게 물어 보세요." 이런 식으로 말이다.

모둠 활동 중에 "선생님, 선생님!"하고 모둠에게 물어 보기 전에 교사에게 질문하는 학생이 있다. 이런 장면에서는 그 학생의 질문에 직접 답하지 말고 "옆 사람에게 물어보렴."이라고 모둠 내 친구와 친구를 연결해 주는 역할을 할 필요가 있다. 우선은 모둠 친구와 의논하고, 그것으로 해결할 수 없을 때 교사를 부르는 습관을 들일 필요가 있다. 그러나 많은 교사는 모둠 활동 중에 이해하지 못한 학생이 질문을 하면 즉시 답을 해 주어 협동적인 배움이 발전하는 것을 방해한다.

2. 팀 학습과 집단 학습의 차이

협동적 배움은 일찍이 교실에 널리 보급된 팀 학습도 아니며 집단 학습도 아니다. 협동적 배움이 집단 학습이나 팀 학습과 다른 점은 집단 학습이나 팀 학습이 집단 또는 팀에서 정리를 중시하는 것에 비해 협동적 배움에서 배움의 주체는 어디까지나 개인이고, 모둠 활동 중에 결코 하나의 의견으로 정리할 것을 요구하지 않는다는 점이다. 오히려 모둠 내 개개인의 생각이나 의견의 다양성을 추구한다. 배움은 동일성에서는 생겨나지 않는다. 배움이 이루어지는 것은 차이에서다.

따라서 협동적 배움을 실현하기 위해서는 집단 학습이나 팀 학습으로 되지 않도록 유의할 필요가 있다. 모둠을 통한 협동적 배움을 지도할 때, 결코 모둠 내에서 생각이나 의견의 일치, 통합을 요구해서는 안 되고 팀 학습과 같이 소집단을 대표하여 의견을 말하게 해서도 안 된다. 이른바 협동적 배움에서 생각이나 의견이 모두 같을 경우에도 개인 의견으로서 말하도록 해야 하며, 모둠 내 생각이나 의견의 다양성을 존중하도록 해야 한다.

그러므로 협동적 배움에서 리더는 존재하지 않는 편이 바람직하다. 이 점이 생활 팀 활동과 크게 다른 점이다. 생활 팀에서는 그룹 내 통합이 중요하고, 리더의 존재가 팀 활동을 원활하게 활성화한다. 그러나 협동적 배움에서는 리더는 필요 없고, 없는 편이 좋다. 협동적 배움은 개개인의 다양한 배움의 맞춤이며, 어떤 학생이든 대등한 입장에서 참여해야 한다. 그런 의미에서, 초등학교 교실에서는 이따금 협동적 배움의 모둠을 생활 팀으로 구성하는 것을 볼 수 있는데 협동적 배움의 모둠은 생활 팀과는 별도로 구성해야 한다. 보통 생활 팀은 6명 정도로 구성하고 팀장을 정하여 집단 활동을 실시하고 있는데 6명이라는 수는 협동적 배움에서는 너무 많다. 협동적 배움의 모둠은 남녀 혼합 4명으로 구성하는 것이 바람직하다. 4명이라면 어떤 학생도 '손님'이 되지 않고 모둠 활동에 참여할 수 있지만, 6명 모둠에서는 아무리 협동적 배움에 숙달되었다 해도 한 명도 빠짐없이 대등하게 함께 배우는 관계를 만들기가 어렵다.

협동적 배움에서 모둠은 남녀 혼합 4명으로 구성하는 것이 바람직하다. 또는 4명이라도 서로 배우는 관계를 만들기 어려울 때는 3명 모둠으로 시작해도 좋다. 다만 3명 모둠에서는 모든 학생이 대등하게 참여하는 것이 용이한 반면 다양한 생각이나 의견이 나오기 어렵다는 점을 염두에 둘 필요가 있다. 서로 배우는 데에 익숙해져 간다면 4명 모둠으로 바꾸어도 좋을 것이다.

모둠 편성을 남녀 혼합으로 하는 것은 남녀 혼합 쪽이 서로 배우는 일이 만들어지기 쉽기 때문이다. 남학생만으로 된 그룹, 여학생만으로 된 그룹은 잡담은 가능하나 서로 배우는 것은 이루어지기 어렵다. 또 어려움을 갖고 있는 학생을 배려하여 그 학생을 보살피는 역할을 하는 학생을 모둠에 배치하는 교사도 많지만 나는 협동적 배움은 임의로 편성하는 것이 가장 좋다고 생각한다. 모둠마다 능력 차가 생기지 않도록 배려해서 구성하는 교사도 많지만, 제비뽑기 등에 의해 임의로 편성한다 해도 아무 문제는 없다고 생각한다. 혹 문제가 있다면 일정 기간마다 바꾸어 편성하면 좋다.

모둠에 의한 협동적 배움은 초등학교, 중학교, 고등학교 어느 학교 수업에서도 도입되어야 하지만 초등학교 저학년만은 도입해서는 안 된다. 초등학교 저학년에서는 교사와 학생 한 명 한 명이 친밀하게 연결되어 함께 배우는 경험이 중요하고, 실제 초등학교 저학년 학생은 교사와 일대일의 친밀한 관계가 이루어져야 비로소 모둠 맺기를 할 수 있다. 초등학교 저학년에서는 우선 교사, 그리고 교실 공동체와 친밀한 관계를 맺고, 이를 충분히 경험하는 가운데 편안한 마음으로 함께 배우는 것이 매우 중요하다.

수업 스타일 바꾸기

1. 바꾸는 것의 불안

협동적 배움의 의의를 많은 교사들이 인식하고 있어도 협동적 배움을 도입하고 있는 교사는 많지 않다. 왜일까? 학생 한 명도 빠짐없이 배울 권리를 보장하고 한 명도 빠짐없이 점프가 있는 배움을 실현하는 수업을 실천하려면 수업에 모둠 학습을 도입하지 않고서는 불가능하다. 그럼에도 불구하고 왜 협동적 배움을 도입하지 않는 교사가 많이 존재하는 것일까? 그 가장 큰 이유는 놀랍게도 교사 대부분이 '수업' 전개에 대해서만 고민하고, 수업 목적을 학생 한 명 한 명 '배움'을 실현하는 것에 두고 있지 않기 때문이다. 교사들의 관심이 '수업' 그 자체에 머물러 있어서 가장 중요한 '배움'에는 관심을 기울이지 않는 것이다. 본말 전도이다. 우선 발상 전환을 해야 한다. '수업'은 '배움'의 실현을 목적으로 한다. 한 명 한 명 '배움'을 실현하는 것이야말로 '수업'에서 추구해야 하는 것이다.

그런데도 협동적 배움을 도입하는 것을 주저하는 교사들이 있다. 이렇게 주저하는 것은 몇 가지 이유에 근거하고 있다. 그중 하나는 협동적 배움을 도입하면 학생이 '잡담'을 하게 된다는 사실에 따른 저항심이다. 그다음으로 많은 것은 협동적 배움을 도입하면 진도를 맞추기 어렵다는 우려이다. 그중에는 협동적 배움으로 인해서 학생 사고를 통제하기가 어려워진다는 점을 두려워하는 교사도 있다. 이들 교사들은 교탁 앞에 서서 수업 전체를 통제하는 일제 수업 양식을 고집하여 자신의 수업 스타일을 바꾸려고 하지 않는다. 그러나 협동적 배움에 대한 이들의 저항은 정당성이 있는 저항일까?

2. 잡담 극복

협동적 배움(모둠 활동)을 도입하면 학생이 잡담을 하게 된다고 걱정해서 협동적 배움을 도입하기를 거부하고 있는 교사들이 있다. 그들 교사들의 수업을 관찰하면 교사 자신도 쓸데없는 말이 많고 잡담이 대부분이다. 수업 중에 학생이 잡담을 하는 교실을 관찰하면 그 대부분이 교사가 쓸데없는 말이 많고 잡담을 많이 한다. 그렇지 않으면 교사의 말이 학생에게 가닿지 않고 학생과는 무관하게 일방적으로 교사의 말만으로 수업이 진행되는 경우도 많다. 즉 협동적 배움을 도입했을 때 학생이 잡담을 하게 되는 현상은 교사 자신의 말이 걸러지지 않은 쓸데없는 말이 많다든가 말이 학생에게 가닿지 않는다는 사실에서 파생된 것이지 협동적 배움을 도입했다는 데에 그 원인이 있는 것은 아니다.

다만, 교사가 말을 골라서 하고 학생과도 대화적 소통을 하고 있는데도 협동적 배움을 도입했을 때 학생이 잡담을 하는 교실도 있다. 그들 교실을 관찰해 보면 과제가 너무 쉬운 경우가 대부분이다. 협동적 배움의 의의는 혼자서는 도달할 수 없는 수준에서 모둠 친구들과 협동하여 점프한다는 데 있다. 모두가 도달한 수준의 과제 또는 혼자서 몰입해도 쉽게 도달할 수 있는 과제를 준다고 협동적 배움이 활발하게 전개된다는 뜻은 아니다. 협동적 배움을 도입했을 때 잡담이 생기는 교실은 애초에 수업이 배움이 없는 수업으로 전개되는 경우가 대부분이다. 따라서 이 경우도 문제는 협동적 배움의 양식이나 학생의 학습 태도에 있는 것이 아니고, 언제나 배움이 없는 수업을 하고 있는 교사 쪽에 있다.

분명히 학생 사이에 서로 듣는 관계가 만들어져 있지 않는 한 협동적 배움은 기대할 만한 성과를 얻을 수 없을지도 모른다. 그러나 거꾸로 말하면 협동적 배움을 도입하지 않고서는 학생 사이에 서로 듣는 관계나 서로 배우는 관계는 자라나지 않는다. 우선은 1시간 수업 중에 몇 분이라도 협동적 배움을 도입하는 것이 중요하다.

3. 효율성 보장

협동적 배움을 도입하는 것에 대해 교사가 품고 있는 가장 큰 불안은 진도가 늦어지는 것에 대한 두려움이다. 분명히 협동적 배움은 수업 진도 면에서는 교사가 중심이 되어 통제하는 일제 수업보다도 효율성이 좋지 않은 방법이다. 그러나 협동적 배움을 도입했을 때 수업 효율성은 떨어질 수 있어도 배움의 효율성까지 떨어지는 것은 아니다. 일제 수업의 효율성은 배움의 경험을 매우 얕팍하게 하고, 수업에서 성과가 좋지 않은 학생들을 내버려 두고, 배움이 발전하기를 바라는 학생의 관심을 꺾으면서 성립되는 효율성이다. 여기에도 발상 전환이 필요하다. 일제 수업의 효율성에 길든 교사 입장에서 보면 협동적 배움의 비효율성은 시간 낭비로 여겨질 수도 있겠지만, 협동적 배움을 추진하는 교사 입장에서 보면 일제 수업의 효율성은 학생의 낭비이자 경험의 낭비라고 할 수 있다. 만일 수업에서 교과서를 처리하는 것인 진도가 아니라 학생 한 명 한 명이 경험한 배움의 효율성을 묻는다면 일제 수업 쪽이 확실히 비효율적이다. 교사의 책임은 교과서 처리에 있는 것이 아니다. 전문가로서 교사가 가지는 책임은 교실에 있는 학생 한 명 한 명이 배움을 실현하도록 하는 데 있다. 그렇다면 질문을 던져야 할 것은 교과서 진도에 대한 효율성이 아니고 학생 한 명 한 명이 경험하고 있는 배움의 효율성일 것이다.

그렇다 해도 협동적 배움을 도입함으로써 교과서 진도가 늦어진다면, 학생 한 명 한 명의 배움이 보장된다고 해도 부족함이 없는 교육이라고는 말할 수 없다. 협동적 배움을 도입하여 성공하고 있는 교사들은 결코 교과서 진도를 늦추지 않는다. 그 방법은 두 가지다. 하나는 단원 진행에 강약을 주어, 재빨리 요점을 파악할 내용과 꼼꼼하게 단계적으로 배울 내용을 효과적으로 조직하는 것이고, 또 다른 하나는 협동적 배움을 '점프가 있는 배움'으로 조직하는 것이다. 즉 협동적 배움의 과제를 높은 수준으로 설정하는 것이다. 과제를 높은 수준으로 설정함으로써 협동적 배움은 기초적인 사항과 발전적인 사항을 통합하여 서로 배우는 경험을 가능하게 한다.

점프하는 배움으로

1. 발돋움과 점프

협동하는 배움의 최대 장점은 발돋움과 점프가 있는 배움을 모든 학생에게 보장한다는 점이다. 이 가능성에 대해서 많은 교사들이 자각하지 못한다. 협동하는 배움은 종종 기적이라고 생각될 만큼 모든 학생에게 보다 수준 높은 배움을 실현한다. 그 한 예를 소개하겠다. 협동하는 배움을 적극적으로 도입한 후지 시 가쿠요중학교 2학년 수학 수업이다.

수업 담당 교사는 스즈키 마사히코鈴木雅彦이고, 문제는 '사각형의 등적 변형'이다. 교과서에서는 사각형 ABCD를 등적 변형하여 삼각형을 그리는 과제를 제시하고 있다.

이 사각형을 삼각형으로 등적 변형하는 작도作圖 문제라면 보통 교실에서 학생 절반 이상은 해법을 이해하여 시험에서도 절반 가까이 정답을 쓸 수 있을 것이다. 그리

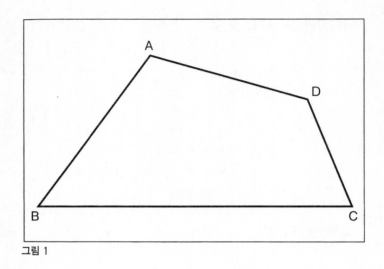

그림 1

고 모둠 학습을 도입한다면 학생 전원이 쉽게 정답에 도달할 것이 분명하다.

그래서 스즈키 선생은 '점프가 있는 배움'을 실현하기 위해 좀 더 난이도가 높은 과제를 설정하기로 했다. '사각형 ABCD(그림 1)를 삼각형으로 등적 변형할 수 있는 방법은 몇 가지인가?'라는 문제이다. 이 문제에서 정답에 도달하는 학생은 보통 교실에서는 두세 명으로 한정될 것이다. 그러나 모둠 학습을 통한 협동적 배움을 도입하면 학생 대부분이 정답에 도달한다.

그래서 스즈키 선생은 이 수업에서 더 수준을 높여 '점프가 있는 배움'에 도전하기로 했다. '요철형 사각형 EFGH(그림 2)를 등적 변형해서 삼각형으로 작도하라'는

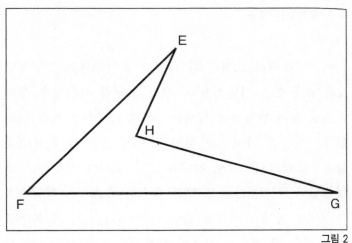

그림 2

문제와 '이 요철형 사각형을 삼각형으로 등적 변형할 수
있는 방법은 몇 가지인가?'라는 문제에 도전하는 것이다.
이 문제에서 작도에 성공한 학생은 보통 학급에서 몇 명,
'몇 가지 방법이 있는가?'라는 물음에 답할 수 있는 학생
은 한 명 있을까 말까 할 정도일 것이다.

　이 수업은 협동적 배움의 가능성을 실증하는 흥미진진
한 시도였다. 가쿠요중학교 2학년 학생들은 평소 모둠 학
습을 통한 협동적 배움에 익숙했지만 수학을 힘들어하는
학생이 적지 않다. 시험을 치면 백지에 가까운 학생도 몇
명이나 있다. 그런 학생들이 그 정도 수준 높은 배움에
도전하고 게다가 정답에까지 도달할 수 있을까?

2. 도전하는 배움

이 두 문제의 도전은 각각 남녀 혼합 4명으로 구성된 모둠 활동으로 이루어졌다. 우선 요철형 사각형을 삼각형으로 등적 변형하는 문제는, 몇 명 학생이 이해하는 데 힘들어했지만 이해하지 못한 학생이 모둠 내 학생에게 물음으로써 15분 정도 지나자 모든 학생이 작도하는 데 성공했다. 이것만으로도 모둠 학습의 유효성은 명백해졌다. '어떤 방법으로 그릴 수 있는가?'라는 질문에 학생들은 종이를 몇 장이나 사용해서 작도를 하고 모둠 내에서 대조하여 검토하는 작업을 계속했다. 그리고 아주 흥미로운 일이 일어났다.

정답은 8가지인데, 이 정답에 도달한 가즈코(가명)는 이 수업 처음부터 바로 직전까지 수학을 많이 힘들어하는 마사히코의 물음에 대답하는 데 시간 대부분을 쓰느라 정작 자신은 두 가지밖에 그리지 못한 학생이다. 가즈코는 가장 이해가 늦은 마사히코에게 대응하다가 이 문제의 본질인 '대각선 1개마다 등적 변형을 4번 할 수 있고, 대각선이 2개이므로 합계 8가지 방법으로 삼각형을 그릴 수 있다.'는 인식에 누구보다도 빨리 도달한 것이다. 잠시 뒤에 모든 모둠이 '8가지 방법'으로 작도를 완성하고, 모든 모둠이 이 어려운 문제를 해결할 수 있었다. 협동적인 배움의 위력은 대단하다.

그러나 이 시점에도 마사히코를 비롯해서 몇 명 학생은 아직 삼각형 작도를 한두 개 정도 간신히 할 수 있는 수준이었다. 그들이 한 명도 빠짐없이 이 작도와 대각선의 관계를 인식한 것은 어려운 문제인 요철형 사각형을 삼각형으로 등적 변형하는 데 도전했을 때이다. 보다 수준 높은 배움에 도전함으로써 그들은 그보다 조금 차원이 낮은 배움을 달성한 것이다.

이 요철형 사각형을 삼각형으로 등적 변형하는 과제는 어느 모둠에서도 '4가지 방법'까지는 그릴 수 있었지만, 그 이상은 어려워했다. 그 답답함을 타개하는 계기를 만들어 낸 것은 마리이다. 마리는 수학을 잘 못하는 미치히코, 사토루와 함께 3명 모둠에서 공부하고 있었는데 한 가지 방법밖에 그리지 못한 데다가, 미치히코와 사토루가 그린 4가지 방법의 삼각형과는 달랐다. 자기가 그린 종이를 가지고 다른 모둠을 여기저기 돌아다녔지만 어느 모둠에도 자신과 똑같이 그린 학생은 없었다. 이 마리가 작도한 것을 힌트로 해서 어느 한 모둠이 요철형 사각형에도 사각형 바깥에 하나의 대각선이 있다는 사실을 깨닫고 요철과 마찬가지로 8가지 방법의 삼각형을 작도할 수 있다는 사실을 발견했다. (실제로 그려 보면, 이 경우 삼각형은 면적이 같은 삼각형을 뺀 형태로 나타나기 때문에 까다롭다.)

스즈키 선생이 중학교 2학년 학생들과 도전한 '점프가 있는 배움'은 협동적 배움의 놀라운 위력과 유효성을 실

증한 것이라고 말할 수 있다. 게다가 이 사례는 협동적
배움의 성패는 보다 수준 높은 과제를 설정할 수 있는가
없는가에 달렸다는 것도 시사한다. '점프가 있는 배움'이
야말로 협동적 배움의 본령이다.

성공 포인트

1. 지도 요점

모둠 학습을 성공적으로 실행하기 위한 요점을 제시해 보겠다. 모둠 학습 지도에서 명확히 해야 할 포인트로서 ①모둠을 어떻게 구성해야 하는지 ②언제 모둠 학습을 도입해야 하는지 ③언제 모둠 학습을 끝내야 하는지 ④ 모둠 학습을 하는 동안에 교사는 무엇을 해야 하는지 등 네 가지 사항을 들 수 있다.

우선은 ①모둠을 어떻게 구성해야 하는지는 이미 지적한 바와 같이 남녀 혼합 4명을 기본으로 하는 것이 바람직하다. 남녀 혼합으로 하는 것은 협동적 사고를 활성화하기 위해서이다. 왜 그런 것인지를 설명하는 것은 쉽지 않지만 남녀 혼합 모둠이 아니면 협동적 사고는 충분히 발전하지 않는다. 4명이라는 모둠 단위는 모든 학생이 대등하게 서로 듣고 서로 배우는 데에 가장 적합하다. 5명 이상이 되면 누군가는 '손님'이 되는 경향이 있고, 3명 이하면 다양한 의견 교류가 이루어지 않는다. 모둠 구성에서 리더를 두지 않는 것도 중요한 포인트다. 생활 팀 활동에서는 리더가 필요하지만 협동적 배움에서는 누구든 대등하다는 것이 중요하다. 그런 의미에서 생활 팀과 협동적 배움 모둠은 구분하는 것이 좋다.

②언제 모둠 학습을 도입해야 하는지에 대해서는 두 가지 기회가 있다. 하나는 '개인 학습의 협동화'이고, 또 하나는 '발돋움과 점프를 위한 협동적 배움'이다. 모둠 학습의 중요한 의의는 후자인 '발돋움과 점프를 위한 협동적 배움'이지만, 전자인 '개인 학습의 협동화'도 적극적으로 활용되어야 한다. 보통 개인 학습은 한 명 한 명 묵묵히 활동하는 형태로 행하고 있지만, 이 방식으로는 이해한 학생은 어느 순간 활동을 끝내 버리고, 이해하지 못한 학생은 가만히 연필을 쥔 채로 시간을 흘려보낸다. 어느 쪽도 빈약한 배움밖에는 경험하지 못한다. 개인 학습도 모둠 학습을 통한 배움으로 진행하기 바란다. 이해하지 못한 학생에게는 가까이에 있는 학생에게 "저, 이거 어떻게 해?"라고 질문하라고 지시하면 좋다. 이 작업은 학력이 낮은 학생이 성장할 수 있는 최상의 조건이 된다.

모둠 학습의 중심적인 의의는 '발돋움과 점프를 위한 협동적 배움'에 있다. 수업 중에 몇 명 학생밖에는 손을 들지 않고, 많은 학생이 곤혹스러워하는 표정을 짓고 있을 때는 즉시 모둠을 만들어 협동적 배움을 구성해야 한다. 이런 국면은 어떤 수업 중에도 존재한다. 그러한 기회에 모둠 학습을 도입하고 모든 학생이 '발돋움과 점프'에 도전할 수 있도록 수업을 이끌 수 있는지 여부가 그 수업의 성패를 좌우하는 열쇠이다. 대부분 수업이 후반부에서 손을 드는 몇몇 학생에게 의존하여 진행되고 있지만, 거기에서 일단 모둠을 구성하는지 여부가 '발돋움과 점프가 있는 배움'을 모든 학생에게 보장하는 데 결정적으로 중요하다. 게다가 수업의 '절정'에서 좀 더 수준 높은 이해를 요구할 때도 모둠 학습을 도입할 필요가 있다. '발돋움과 점프'를 모둠 학습에서 최대한 활성화해야 한다는 것을 교사는 인식하고 있어야 한다.

2. 언제 끝내야 하는가?

③언제 모둠 학습을 끝내야 하는지는 ②언제 모둠 학습을 도입해야 하는지와 동일한 정도로 중요하다. 그러나 교사 대부분이 이 점에 대해서는 무관심하다. 그 때문에 학생 개개인의 배움이 소화불량으로 끝난다거나 또는 지루한 활동으로 빠지는 경향이 있다.

결론적으로 말하면 모둠 학습은 배움이 이루어지고 있는 범위에서 추진해야 하고, 아직 배움이 이루어지지 않

은 직전에 끝내야 한다. 5분 예정으로 도입한 모둠 학습
이라도 배움이 이루어진다면 15분까지 연장해야 하고, 반
대로 15분 예정으로 도입한 모둠 학습이라도 배움이 이
루어지지 않으면 5분이 지난 상황에서도 중단해야 한다.
교사의 정확한 판단이 협동적 배움을 성공시킬지 여부
를 결정하는 열쇠이다. 그렇다면 배움이 이루어지고 있는
지 아닌지를 판단하면 좋지 않겠는가? 이 판단은 결코 어
려운 것이 아니다. 학생의 태도를 보고 서로 배우는 것에
몰입하고 있다면 배움이 이루어지고 있는 것이고 모둠
대화가 산만하거나 잡담으로 될 때는 배움은 이루어지고
있지 않은 것이다. 그 직전에 모둠 학습을 끝내야 한다.

3. 교사는 무엇을 해야 하는가?

   모둠 학습을 하는 동안 교사는 무엇을 해야 하는가. 이
것이 ④의 과제다. 이미 모둠 학습에서 교사가 하는 활동
은 '책상 사이 순례'로 불리고 있다. 어쩌면 싫은 말일 수
도 있겠다. '책상 사이 순례'는 아니어도 모둠 사이를 돌
아다니면서 학생의 발언을 메모하는 교사가 많다. 다양
한 발언을 기록해서 이후 수업 전개에 활용하려는 것이
다. 이것도 일시적인 방편이라는 느낌을 부정할 수 없다.
애초에 모둠 학습은, 여러 모둠에서 서로 배우는 것이 다

양하고 풍부하게 동시에 병행하여 진행되는 것이기에 한 명 한 명이 지닌 다양한 사고를 장악하는 것 등이 가능하지 않다. 그것이 좋은 점이다.

모둠 학습 중에 교사가 해야만 하는 것이 2가지이다. 맨 먼저 하지 않으면 안 되는 것은 모둠 내에서 서로 배우는 것에 참여하지 못하는 학생에 대한 돌봄이다. 일제 수업에서 참여하지 못하는 상처에 비해 4인 모둠에서 서로 배우는 데에 참여하지 못할 때 입는 정신적인 상처는 매우 크다(그야말로 모둠 학습의 효력이 큰 것이다). 따라서 모둠 학습을 시작한 직후에 교사는 학생이 한 명도 빠짐없이 서로 배우는 데에 참여할 수 있도록 지원해야 한다. 흔히 볼 수 있는 광경은 모둠에 참여하지 못하는 학생이 교사에게 질문할 때 교사가 그에 답하며 개인적인 배움을 지원하는 자세이다. 이러한 교사의 대응도 잘못되었다. 교사가 해야만 하는 것은 모둠에 참여하지 못하는 학생을 모둠 학생과 연결해 주는 것이지 그러한 학생의 질문에 답하는 것이 아니다.

그다음으로 교사가 해야만 하는 것은 모둠을 돌보는 것이다. 모둠 중에는 대화나 서로 배우는 것이 일어나기 어려운 한두 모둠이 존재하기 마련이다. 그들 모둠을 지원한 뒤 각 모둠에서 서로 배우는 것이 진전되면 그 뒤는 학생들에게 맡겨 두어도 좋다. 이래저래 모둠에 개입해서는 안 된다.

초등학교 저학년의 협동하는 배움

1. 저학년 학생의 실패

모둠 학습은 초등학교 3학년 이상이면 초등학교에서도 중학교에서도 적극적으로 도입해야 하지만 초등학교 1, 2학년 단계에서는 도입해서는 안 된다. 지금까지 셀 수 없을 정도로 많은 교실을 참관해 왔지만, 초등학교 1, 2학년 교실에서 모둠 학습이 효율적으로 기능을 하고 있는 교실은 드물었다. 캐나다나 미국, 핀란드 학교에서는 확실히 1, 2학년 교실에서도 모둠 학습이 효율적으로 그 기능을 다하고 있어서 감탄한 적이 있다. 그러나 그들 교실 대부분은 학생 수가 15명 이하이고 1, 2학년 학생이 함께 수업을 받는 복식학급이었다. 대부분 교실이 25명 이상이고 많게는 40명이 꽉 차 있는 교실에서 1, 2학년의 모둠 학습이 효율적으로 기능할 리는 없다.

초등학교 저학년 학생이 어디에서 주춤거리고 있는지

를 관찰하면 두 장면이 떠오른다. 하나는 모둠 학습이고, 또 하나는 혼자서 하는 학습이다. 모둠 학습에서 실패하고 마는 것은 초등학교 저학년 단계에서는 자신의 배움에 집중하느라 친구의 배움에 대해서는 관심이나 배려가 생겨나지 않기 때문이다. 그 때문에 언뜻 보면 모둠 학습이 이루어지고 있는 것처럼 보여도 자세히 한 명 한 명을 보면 4인 모둠 중 한두 명에게서는 배움이 일어나고 있지 않다는 것을 알 수 있다. 교사가 적극적으로 연결해 주지 않아도 타자를 배려하거나 타자와 응대하는 관계를 1, 2학년 학생에게 요구하는 것은 처음부터 무리다.

개인 작업 장면도 마찬가지다. 실패하는 학생을 관찰해 보면 실패하는 학생은 도처에서 실패한다. 인쇄물을 나누어 주고 이름을 쓰라고 하면 이름 글자가 지저분할 뿐만 아니라 이름 쓰는 칸 밖으로 삐져나와 있고, 고쳐 쓰려고 지우개로 지우면 지우개가 더러워져 있기 때문에 이름 쓰는 칸이 까매지고 만다. 그 자국을 지우려고 지우개를 세게 문지르면 인쇄물 종이가 찢어져 버린다. 모든 일이 실패의 연속이고 기분이 상하게 되어 옆 친구를 툭툭 건드려 작은 다툼으로 번지기도 한다. 주변 친구들에게는 눈총을 받고 선생님에게는 꾸중을 듣게 된다. 모든 것이 이 모양이다. 따라서 초등학교 저학년에서는 개인 활동을 할 때는 교사가 친절하고 세심하게 배려하고 지원해야 한다. 그러나 초등학교 저학년 담당 교사는 활동이나 작업을 필요 이상으로 도입하고 있으며 한 명 한 명 세심히 돌보는 것을 소홀히 하고 있다.

2. 저학년에서의 협동

초등학교 저학년에서 협동적 배움은 학생 전원과 교사가 일체가 되어 추진하는 것이 바람직하다. 저학년 교실을 자세히 관찰하면 이해가 되겠지만 저학년 학생에게 우선 필요한 것은 교사와 개인적 관계 맺음이다. 저학년 학생은 교사와 안정적인 개인적 관계가 유지되어야 비로소 친구의 배움에 관심을 갖게 되고 친구와의 관계를 의식하게 된다. 교사 측면에서 말하면 교실에서 한 명 한 명과 방사상으로 연결되는 안정적인 관계를 만든 뒤에 학생 한 명 한 명이 다른 친구와 연결되는 관계를 추구하는 것이 가능하게 된다. 초등학교 저학년에서도 협동적 배움을 추구해야 하지만 그 협동적 배움은 교사와 학생 한 명 한 명이 방사상으로 연결된 것을 기반으로 해서, 요컨대 모둠 학습으로 들어가지 말고 학급 전원을 연결함으로써 추구해야 하는 것이다.

따라서 초등학교 저학년에서는 책상과 의자의 배치가 매우 중요하다. 교사는 교탁을 없애 전신을 볼 수 있는 모습으로 학생들과 만나는 방향이 좋고, 학생은 칠판을 향해 개인 단위로 뿔뿔이 앉거나 두 명씩 앉는 것이 아니라 학생 한 명 한 명이 서로 얼굴을 볼 수 있는 ㄷ 자형(또는 부채꼴형)으로 앉고, 거기에다 두 어깨가 나란하게 친구와 밀착해서 앉는 것이 좋다. 언제라도 옆으로 또는 앞뒤로 친구와 이야기를 주고받을 수 있는 배치가 바람직하다. 게다가 교사와도 가깝고, 학생 상호 간에도 거리를 좁혀 앉는 형태가 좋다. 이 밀착된 책상과 의자 배치를 '저학년 별장형'이라 부른다. 초등학교 저학년 교실에서 가장 필요한 것은 친구의 발언을 잘 듣는 일이다. 친구들의 다양한 의견이나 생각을 하나하나 이해하고 서로 연결하는 일이다.

3. 세심하고 부드러운 관계를

일반적으로 말해서 저학년 교실에서 교사는 '밝고 건강한 학급'을 많이 만들고 있다. 그러나 배움이 이루어지는 교실은 '밝고 건강한 학급'이 아니다. 오히려 누구라도 마음 편히 배울 수 있는 조용한 교실에서 협동적 배움이 이루어진다. 그런 의미에서 교사가 긴장을 가능한 낮추고 목소리를 학생 목소리와 같은 정도로 작게 해서 학생이 작은 목소리로 말해도 교실에 있는 학생 모두가 서로 들을 수 있는 조용한 교실을 만들 필요가 있다. "더 큰 목소리로 말해요."라고 지시하는 것이 아니라 "○○가 아주 재미있는 것을 말하고 있네요. 한 번 더 잘 들어 볼까요."라고 지도해야 한다.

수업의 리듬도 중요하다. 일반적으로 말해서 저학년 교실에서 수업은 학생의 배움 리듬을 무시하고 너무 성급하게 진행되고 있다. 어린 학생의 배움 리듬은 많은 사람들이 상상하고 있는 것 이상으로 힘겹게 이루어지고 있다. 그 리듬에 맞추어 수업을 진행해야 한다.

말씨나 목소리의 부드러움도 중요하다. 저학년 학생의 볼은 신록의 어린잎과 같이 부드럽다. 저학년 학생의 피부 감각은 부드러움 그 자체이다. 그 부드러움에 비해 교사의 말씨나 목소리는 지나치게 딱딱하다. 교사의 말씨나 목소리가 딱딱해지면 학생들의 활동이나 관계가 거북해져 거칠어지고 만다. 그런 교실에서 예의바르고 세심한 배움이 이루어질 리 없다. 보통 저학년 수업에서는 당연한 것을 장황하게 가르치는 경향이 있고, 발돋움과 점프가 없는 지나치게 평범한 수업이 되고 만다. 발돋움과 점프가 있는 협동적 배움은 학생들의 부드러움이 만들어 낸 교실에서 이루어지고, 조용한 교실에서 교사의 세심한 배려와 예의바름이 골고루 미치는 가운데 이루어진다. 그 부드러움과 세심함, 그리고 예의바름이 어린 학생의 지성을 성장시키는 것이다.

저학력을 극복하는 협동 학습

1. 개혁에 따른 위기

학력 저하가 교육개혁의 초점이 되고 있다. 2002년에 '배움의 권유'가 문무과학성에 의해 제창된 이래 학력 테스트의 서열 경쟁이 학교교육의 옳고 그름을 묻는 중요한 기준이 되어 '수치 목표'와 '엄밀한 평가'에 의한 교육행정과 학교 경영이 위에서 아래로의top-down 방식으로 학교에 계속 침투하고 있다. 불과 3년 사이의 일이다. 일본의 학교 행정은 이 3년 사이에 요시노야吉野家(우동을 주력으로 하는 외식 체인 업체)와 같은 전국 체인점 경영 시스템으로 변모해 버렸다.

학력 저하를 둘러싼 교육행정에서 가장 이해가 안 되는 점은 학력 저하 위기에 대한 정책이 추진되면 추진될수록 학력 저하가 촉진되었다는 사실이다. ①동물 조련과 같은 반복 연습에 의한 배움의 보급 ②수준별 지도의 보급 ③몇몇 수학 등급의 도입에 따른 임시 채용과 비상근 강사의 범람 ④시험주의에 따른 경쟁과 관리 등은 그 어느 것도 교실의 배움을 빈약하게 하고 교사의 전문성을 저하시켜 '학교의 학원화'를 초래하고 교육의 질을 떨어뜨리고 있다. 위기가 개혁을 창조하는 것은 아니고 개혁이 위기를 확대하고 있는 것이다.

학력 향상을 달성한 학교는 어이없게도 학력 향상을 직접적인 목적으로 삼지 않은 학교이다. 나와 협력하고 있는 많은 학교는 '배움의 공동체' 만들기를 통해 학력 향상을 달성하고 있지만, 그들 학교는 모두 학력 향상을 직접적인 목적으로 삼고 있지 않은 학교이며 반복 연습 학습이나 수준별 지도, 시험주의 평가도 거부하고 있는 학교이다. 그들 학교 개혁의 목적은 학생 한 명도 빠짐없이 배울 권리를 실현하는 일이고, 질 높은 협동적 배움을 교실에서 실현하는 일이다. 학력 향상은 그 결과로 초래된다. 학력 향상은 배움의 경험이 충실한 결과이고 그 관계는 거꾸로 이루어지지는 않는다.

2. 수준별 지도의 함정

가장 심각한 사태는 반복 연습 학습과 수준별 지도의 폭발적인 보급이다. 일본 학교교육의 우수성은 초등학교와 중학교의 기초 교육에서 질 높은 평등 교육이다. 이러한 평가는 세계 교육학자가 모두 일치된 견해를 내놓은 것이다. 그러한 일본에서 불과 몇 년 사이에 수준별 지도(능력별 학급 편성)가 초등학교 70퍼센트 이상, 중학교 60퍼센트 이상에 보급되었다. 그러나 수준별 지도가 학력 저하와 학력 격차 확대로 귀결되는 사실은 능력별 학급 편성 효과를 검증한 여러 나라에서 실시한 많은 조사 연구가 실증하고 있다(졸저《수준별 지도, 무엇이 문제인가?》 참조).

그러나 수준별 지도에 대해 학생들과 교사들의 생각은 대체로 긍정적이다. 저학력 학생 입장에서 말하면 지금까지 이해하지 못했던 내용을 이해할 수 있을 때까지 차분히 친절한 가르침을 받을 수 있기 때문이고, 교사 입장에서도 충분히 지도할 수 없었던 저학력 학생을, 이해하지 못했던 내용을 이해할 수 있을 때까지 차분히 친절하게 가르칠 수 있기 때문이다. 여기에 수준별 지도의 '마약'과 같은 공포가 있다. 어째서 이해할 수 있을 때까지 차분히 배울(가르칠) 수 있었던 것일까? 내용 수준을 낮추고 많은 시간을 소비하기 때문이다. 즉 수준별 지도에서는 학생도 교사도 '만족'해하면서 학력을 저하시켜 학력 격차를 확대해 나가는 것이다. 이것이야말로 능력에 따른 차별 외에 아무것도 아니다.

3. 배움의 협동으로

학력 저하에 어떻게 맞서면 좋을까? 나는 교사의 헌신적인 노력에 의해 저학력에서 벗어난 학생의 사례를 조금밖에 모른다. 만약 교사가 학생 7~8명을 가르치는 것이라면 그의 헌신적 노력에 의해 학생을 저학력에서 구제하는 것도 가능할 것이다. 그러나 초등학교 교사는 40명 가까운 학생을, 중학교나 고교 교사는 150~300명이나 되는 학생을 가르치고 있다. 교사 개인적 노력으로는 도무지 불가능하다. 그러나 나는 동시에 모둠을 통한 협동적 배움에 참여함으로써 저학력을 극복한 학생들을 셀 수 없을 만큼 알고 있다. 서로 듣는 관계를 기반으로 하는 서로 배우는 관계야말로 저학력을 극복하는 가장 효율적인 방법인 것이다.

어떤 교육으로도 학력의 개인차는 극복될 수 없을 것이다. 어떤 평등한 교육을 실현했다고 해도 학력에서 정규분포곡선은 소멸되지 않는다. 따라서 '모든 학생에게 100점을'이라는 목표는 올바른 목표가 아니다. 교육에서 추구해야 할 일은 정규분포곡선의 기본 축을 조금이라도 높은 위치로 이동시키는 것이고, 그 폭을 조금이라도 좁히는 것이다. 이 두 가지 목표는 능력과 개성 둘 다 다양한 학생들이 협동하여 서로 배우는 것으로서 달성된다. 게다가 교실의 협동적 배움을 자세히 관찰해 보면 분명히 알 수 있는 바와 같이 학생들은 모둠에 대한 관용과 서로 돌보는 능력에서 교사보다도 뛰어나다. 어느 교실에서도 소란한 학생에 대해 참을성이 없는 쪽은 학생보다도 교사다.

다만 협동적 배움을 도입할 때 몇 가지는 유의할 필요가 있다.

그 하나는 저학력 학생일수록 자기 혼자만의 노력으로 배우려 한다는 것이다. 그들이야말로 모둠과 협동해야 하지만, 모둠에 의존하는 것을 싫어하여 혼자 힘으로 어려움을 벗어나려고 하다가 좌절을 반복한다. 교사의 대응에도 문제가 있다. 그들의 질문에 교사는 즉시 답하지만 그렇게 하면 할수록 그들은 교사가 '가르쳐 주는' 것을 기다리려고만 하고, 모둠에게서 도움을 이끌어 내어 스스로 자신의 어려움을 극복하는 능력은 잃어버리게 된다. 저학년 학생에게는 언제나 "저, 이거 어떻게 해?" 하고 옆 친구에게 묻는 습관을 길러 주고, 모둠에게서 도움을 이끌어 내는 능력을 길러 주지 않으면 안 된다.

다음으로 저학력 학생이 저학력에서 벗어나는 과정을 이해할 필요가 있다. 교사는 일반적으로 학생이 서서히 저학력에서 벗어난다고 하는 이미지를 마음에 두는 경향이 있으나 실제 저학력 학생은 어느 날 단숨에 저학력 상태로부터 벗어난다. 지금까지 누적된 미지의 경험이 새로운 관계를 만들어 내는 것이다. 아는가 모르는가와는 별

개로 저학력 학생들에게는 '발돋움과 점프가 있는 배움'
에 도전하는 것이 필요하다.

신뢰와 협력 관계 만들기

1. 조용한 혁명

협동하는 배움은 '조용한 혁명'으로서 세계 곳곳 교실에서 진행되고 있다. 선진국 여러 나라 교실을 방문해 보면, 교탁과 칠판을 향해서 학생들이 나란히 줄지어 앉아 교과서를 중심으로 교사가 설명하고 학생은 공책에 정리하는 교실 풍경은 박물관으로 사라지고 없다. '조용한 혁명'은 유치원에서 대학까지 확대되어 있고, 이제는 이전 교실 풍경으로 되돌아가는 일은 없을 것이다.

일본에서도 천천히 '조용한 혁명'이 진행되고 있다. 예를 들면 초등학교 교실에서 교단을 보기가 드물다. 중학교와 고등학교 교실은 전통적인 풍경이 남아 있지만, 초등학교의 평상시 수업 및 중학교와 고등학교의 통합 학습에서 프로젝트형 교육과정은 일반적이며, 조사나 실험 실습을 수반하는 통합 학습이나 이과, 가정과 수업에서 모둠에 의한 프로젝트 학습은 기본이 되고 있다. 협동적 배움도 프로젝트 학습과 마찬가지로 21세기 사회에 대응하는 배움을 향한 '조용한 혁명'의 하나로서 위치를 부여할 수 있다.

협동적 배움은 1세기에 이르는 신교육 전통 속에서 발전해 왔다. 일본은 전전戰前, 전후戰後를 통해서 신교육 실천이 가장 적극적으로 이루어진 나라 중 하나다. 특히 전쟁 직후 민주주의 교육에서 신교육 보급이 현저하다. 1951년에 실시된 국립교육연구소와 도쿄대학교 교육과정 조사위원회의 조사를 보면 전국 초등학교, 중학교 70~80퍼센트에 해당하는 학교와 교사가 '단원학습'에 집중하여 학교 단위의 교육과정 만들기에 도전했다.

당시 미국 학교는 교실 반수 이상이 책상과 의자가 나사못으로 고정되어 있었고, 영국에서도 신교육 실천은 런던 시내에 있는 불과 5퍼센트 학교에서 도전하고 있었을 뿐이다. 전후 일본에서 펼친 민주주의 교육은 국제적으로 보면 그 압도적인 규모에서는 전례가 없는 시험이었다. 역사적으로 성찰한다면 21세기 학교 특징인 프로젝트 단원학습이나 협동적 학습에서도 일본은 세계에 유례가 없는 역사적 전통을 갖고 있는 것이다.

이 빛나는 도전은 그 후 점령 정책과 문부성 정책 전환에 따라 불과 수년간의 경험으로 막을 내렸지만 그 혁신적 전통은 그 후에도 수업 연구나 교육과정 개발에 묻어

들어 오늘날까지 계승되어 왔다. 그러한 점에서 일본 교실의 '조용한 혁명'은 '긴 혁명'이기도 하다.

2. 민주주의의 실현

가장 얄궂은 것은 이 50년간 일본의 프로젝트 단원과 협동 학습은 쇠퇴의 길을 지나온 데 비해 유럽 학교는 이 30년간 '조용한 혁명'을 통해 프로젝트형 교육과정을 실현하고 교과서와 칠판을 중심으로 하는 일제 수업에서 협동 학습을 중심으로 하는 수업으로 전환해 왔다는 점이다. 최근 5년 사이 싱가포르, 한국, 중국 등 아시아 여러 나라에서도 '조용한 혁명'은 급속히 진전되고 있다. 그 근저에는 사회와 교육에 스며들어 발전한 민주주의가 있다. 그리고 정치, 경제, 문화의 세계화에 대한 각 나라 교육 관계자의 적극적인 대응이 있다.

특히 21세기 지식 기반 사회로의 대응으로서 '지식과 배움의 양'에서 '지식과 배움의 질'로 전환을 꾀하여 교육 내용의 고도화가 추진되는 것과 함께 '다양한 문맥에서 지식을 활용한다'는 프로젝트형 교육과정이 구성되고 다문화 공생 사회를 실현하기 한 배움으로서 '협동 collaboration'의 실현이 이루어져 왔다.

물론 여러 나라의 '조용한 혁명'도 순조롭게 진행되고

있는 것은 아니다. 국제적 학력 순위 경쟁에서 볼 수 있는 것처럼 교육개혁은 '국가 전략'이 되어 표준 학력 시험에 따른 학교 간 경쟁과 교사에 대한 관료적 평가가 강화되고 있다. 그 영향으로 일부에서는 복고적인 반복 훈련에 의한 기계적인 학습이 확대되고 있는 움직임도 볼 수 있다. 더욱이 신자유주의 정책에 의한 빈부 격차 확대는 학생의 성장 환경을 저하시켜 지역 연대를 어렵게 하고 있다. 이들 조건이 프로젝트형 교육과정으로 대표되는 혁신적 교육이나 협동 학습으로 상징되는 민주주의적 교육에 따른 '조용한 혁명'을 저해하는 요인이 되고 있다는 것은 확실하다.

그러나 이들 부정적 조건에도 불구하고 세계 각국에서 교실의 '조용한 혁명'은 착실히 진전되고 있다. 지금으로부터 60년 전 일본은 세계에 앞서 당시로서는 '혁명적'이라 할 수 있는 교실 개혁을 달성했다. 그 상황은 현재 유럽 여러 나라 학교에서 실현한 것이라고 말해도 좋다. 게다가 유럽 여러 나라에서는 60년 전 일본과 비교할 때 현격하게 좋은 조건을 기반으로 '조용한 혁명'이 진전되고 있다.

좋은 조건은 두 가지다. 하나는 교실 규모다. 유럽 여러 나라에서 한 학급당 학생 수는 20명 전후이며, 싱가포르나 한국도 30명 이하로 계속 개선되고 있다. 또 하나 좋은 조건은 우수한 교사 교육과 재교육이다. 유럽 여러 나라에서 교사 교육은 대학원 수준으로 상향되어 있고, 프로젝트형 교육과정을 개발하여 협동적 배움을 추진하는 우수한 교사 교육과 재교육이 실현되고 있다. 60년 전 일본에서 신교육의 빛나는 도전도 세계에 앞서 대학을 졸업한 최고 수준인 젊고 우수한 교사들이 교실 개혁의 중심적인 추진력이 되었다. 그러한 조건을 재빨리 회복하는 일이 필요하다.

3. 내일의 학교로

협동적 배움을 실현하는 교실 창조는 다양한 사람들이 신뢰하고 서로 협력하는 다문화 공생 사회를 준비하는 것이라는 의의를 갖는다. 세계화가 진행되는 사회에서 민주주의 사회 실현을 표방하는 개혁으로서 의의를 지닌다고 말해도 좋을 것이다.

실제 급격하게 변모하는 정치, 경제, 사회 환경에서 우리들은 미래 사회의 두 가지 갈림길에 서 있다. 하나는 시장 원리주의에 기초하여 개인주의가 강화되어 능력주의에 따른 경쟁이 심화되는 사회이고, 또 하나는 다문화 공생 사회이며, 사람들이 다양한 삶의 방식을 존중하고 서로 함께 도우며 서로 협력하는 사회이다. 어느 사회를 선택하든 다른 사람에 대한 '신뢰'와 '협력' 없이는 민주주의 사회는 실현될 수 없고, 사람들의 행복과 교육의 미래는 없다. 협동적 배움을 추구하는 교사와 학생의 도전은 우리 사회 민주주의의 미래를 준비하는 도전이기도 하다.

제2부
'배움의 공동체'를 만들다
– 학교 개혁 사례 보고

学校の挑戦

학교 개혁의 전통과 현재

후쿠시마 현 고리야마 시립 긴토초등학교 ①

1. 전통과 창조

올해(2005년)도 전국 각지에서 약 800명이 긴토초등학교(도야마 히데마사富山英正 교장) 공개연구회에 참가했다. 1월 23일, 후쿠시마 현 고리야마 시는 오랜만에 눈에 둘러싸여 있었다. 내가 이 학교 공개연구회에 참가한 것은 7년째이지만, 이 학교 공개연구회는 30년 이상 지속되어 오고 있다. 한 학교가 30년 이상 매년 모든 교실을 열고 공개연구회를 개최하는 것은 결코 쉬운 일은 아니다.

긴토초등학교는 고리야마 시 중심가에 위치하고 있다. 메이지明治 6년 보신戊辰 전쟁으로 들판이 불탔던 고리야마 지역에 마을 학교, 세류샤盛隆舍로서 창설되어 메이지 9년 메이지 천황 행차 때 기토 다카요시木戸孝允가 '긴토 학교'라고 이름 붙였다. '긴토金透'는 메이지 24년에 지어진 교가에서 '마음을 한껏 펼치면 바위도 뚫을 수 있다'라고 부른 데서 유래한다. '긴토 학교'로 이름을 바꾸는 것과 동시에 신축된 서양식 교사의 일부는 현재도 보존되어 역사관으로 활용되고 있다.

긴토초등학교는 2003년에 창립 130년 축제 행사를 개최하였다. 이 학교는 창립 이래 고리야마 시 문화와 교육의 거점으로서 지역 주민들과 함께 걸어왔다. 창립 100주년에는 이 학교 졸업생인 유아사 조지湯浅讓二가 작곡하고 유아사의 친구인 다니카와 슌타로谷川俊太郎가 작사한 '긴토 찬가'가 만들어졌다. '긴토 찬가'가 '어제가 오늘에 살아 있고, 오늘이 내일을 만들어 간다'고 노래한 것처럼 긴토초등학교 130년 역사는 바로 과거 전통을 현재에도 살려서 현재의 도전을 내일과 연결해 면면히 이어 주는 사람들의 삶의 역사였다.

공개연구회 전체 모임에서 체육관을 가득 메운 참관자들을 앞에 두고, 나는 한 학교가 계승하고 있는 역사와 전통의 무게에 대해 생각하지 않을 수 없었다. 만약 한 학교가 그 역사나 전통이 사라졌다면 그 학교는 하늘에 떠도는 구름과 같이 허무한 존재밖에는 안 될 것이다. 현재 분주하게 추진되고 있는 학교 개혁은 그 대부분이 각 학교의 고유한 전통을 무시하고, 학교 안팎의 역사와 문화를 상실해 가는 것처럼 일방적으로 단행하고 있는 것은 아닐까? 그와 같은 학교 개혁이 지역사회와 일본 사회에 무엇을 가져다주는 것일까?

긴토초등학교는 전후 곧바로 민주교육을 구체화한 '긴토 플랜'을 작성하고 후쿠시마 현 신교육운동의 거점 학교가 되었다. 전통에 바탕을 둠으로써 창조적으로 될 수 있고, 새로운 시대에 확실한 방향을 모색할 수 있을 것이다. 그 혁신성 가운데 하나가 이 학교 오케스트라일 것이다. 이 학교는 전쟁이 일어나기 전부터 관악대가 있었던, 음악을 활성화한 초등학교였다. '긴토 찬가'를 작곡한 이 학교 졸업생인 유아사 조지가 게이오대학교 의학부에 진학한 뒤에도 작곡가로 방향을 바꾼 것도 긴토초등학교에 다닐 때 경험한 관악대의 영향이 컸다고 한다. 1961년에 긴토초등학교 오케스트라는 전국 제일이라는 영예를 가졌다.

공개연구회의 점심 식사 후 휴식 시간에는 이 학교 오케스트라 연주가 이어진다. 그 연주는 전혀 초등학교 학생들의 연주라고는 생각되지 않을 만큼 수준이 높다. 2002년에 이 학교 오케스트라단은 모차르트 '마술피리' 서곡을 연주하여 전국 학교 합주 콩쿠르에서 우수상을 획득하고, 네 번째로 일본 제일이라는 영광을 얻었다. 문자 그대로 유쾌한 연주였다. 이해 긴토초등학교 학생 수는 최대일 때에 비교해서 10분의 1 가까이 격감하여 200명을 밑돌았다. 오케스트라 악기는 그 어떤 것이라도 고도의 기술을 필요로 한다. 보통 어느 초등학교 오케스트라단도 4학년부터 단원을 모집하여 연습을 시작하고 콩

쿠르에는 6학년을 중심으로 편성하여 참가한다. 일찍이 긴토초등학교도 그렇게 했다. 그러나 이번에는 4학년에서 6학년생까지 단원 59명(4학년 이상 학생의 약 절반) 전원이 참가하여 수상한 것이다. 즉 단원 3분의 1을 차지하는 4학년은 불과 반년 동안 연습하여 일본 제일의 수준에 올랐던 것이다. 게다가 NHK 라디오 전국 방송에서 비평가가 말한 바와 같이 "절대로 초등학생이라고는 생각할 수 없는 훌륭한 연주"였던 것이다. 경탄할 만한 연주였다.

그 비밀은 두 가지다. 하나는 지역 주민들의 협력과 지원이다. 긴토초등학교는 고리야마 시 중심 상가를 학교 구역으로 하고 있다. 주민 대부분은 긴토초등학교 졸업생이고, 많은 사람들이 이 학교 오케스트라단 경험자다. 수업이 끝나는 3시경에 지역 주민들이 교대로 오케스트라단을 지도하기 위해 학교를 방문한다. 학생들은 지역 선배들의 연주를 모방하면서 연주 기술을 익혀 왔던 것이다. 또 한 가지 비밀은 이 학교에서 매일매일 쌓아 온 '배움의 공동체' 만들기이다. 이 학교 교실은 어느 교실에서나 학생 한 명 한 명이 존중받고 다른 사람의 목소리를 서로 듣는다. 이를 기반으로 한 '서로 배우는 관계'가 형성되어 있다. '서로 듣는 관계'를 기반으로 '서로 반향하는' 것을 실천하고 있는 것이다.

오케스트라단이 일본 제일이라는 영예를 획득하기 전해에, 오케스트라단이 연습할 때 지휘를 하는 영예로운 기회를 얻은 적이 있다. 곡명은 요한 슈트라우스의 '박쥐' 서곡이었는데 즉흥적으로 지휘봉을 잡아 보고 지휘자의 일거수일투족이 연주에 그대로 반영된다는 것을 깨달았다. 모두 악보를 외워서 보면대 없이 연주하기 때문에 지휘자의 움직임이 직접적으로 연주자에게 전달되는 것이다. 그러나 그것만이 아니다. 지휘자가 춤을 추면 연주도 너울너울 넘실거리면서 화려한 리듬으로 춤을 춘다. 그렇게 서로 반향하는 묘미를 학생들은 온몸으로 느끼는 것이다. 지휘를 마친 직후 나는 "내년은 분명 최우수상을 타겠네요."라고 미야사키 미쓰기宮前貢 당시 교장에게 말했다. 그 예언은 현실로 되었다.

2. 학교 내부로부터 바꾸다

긴토초등학교에서 수업 공개연구회가 시작된 것은 1969년부터이다. 2004년에 진행한 수업 공개연구회는 35년째를 맞았던 것이다.

학교가 교내에서 자율적으로 연수를 하고 그 성과를 가까운 지역의 교사들에게 공개한다. 이 공개연구회의 방식은 다이쇼 자유교육大正自由教育에서 사립인 세이조成城초등학교와 지바 사범 부설 초등학교로 보급되었다. 공개연구회가 부설 초등학교뿐만 아니라 일반 공립학교에도 보급된 것은 전쟁 이후이다. 1961년경부터 문부성에 의한 연구지정학교제도도 시작되어 그 방식은 3년 단위 연구로 추진되고, 3년째는 의무적으로 수업 공개를 하게 되었다. 이는 일반 학교에 공개연구회를 확대하는 계기가 되었는데, 동시에 교내 연수와 수업 공개를 형식화한 점에 대해서는 부정할 수 없다. 연구지정학교로 위탁을 받은 학교는 미리 주어진 주제에 맞추어 당장 교내 연수를 조직하고 연구 책자를 준비해서 수업을 공개한다. 그러나 지정된 3년을 마치고 연구를 계속하고 있는 학교는 전혀 없다. 공개연구회를 계속하고 있는 학교도 전혀 없다. 학교는 내부로부터 자율적인 개혁에 의해서만 변화할 수 있다. 긴토초등학교가 진행하고 있는, 35년에 이르는 공개연구회는 그것을 웅변한다.

오늘날에는 보기 드물지만, 긴토초등학교처럼 학교가 자발적으로 수업을 공개하고, 매년 계획을 세워 공개하면서 교내 수업 연구를 활성화하고 있는 학교는 전국 각지에 다수 있었다. 내가 학교를 방문하여 교실 현장에서 배우는 일을 시작했던 것은 30년 전이다. 그즈음에는 이미 전국 어느 지역에도 학교 경영에서 수업 연구를 중심으로 삼고 있는 학교가 있었고, 해마다 수업을 공개해서 그 지역 수업 개혁의 거점 학교로서 역할을 다하고 있었다. 게다가 그들 많은 학교는 전쟁 전부터 지역의 거점 학교였고, 긴토초등학교와 같이 수십 년에 걸쳐서 학교가 독자적 연수를 계속하여 학생을 중심으로 하는 수업 창조와 교사의 전문적 능력 형성을 촉진하고 있었다. 더욱이 그들 거점 학교에서 배워 전국의 많은 학교가 수업 개혁에 도전하고 그 성과를 자발적으로 공개하는 움직임도 활발했다.

그러나 이 30년 동안 교육개혁과 학교 개혁을 소리 높여 부르짖는 것과는 반대로 수업 연구를 중심으로 하여 학교를 내부로부터 개혁하고 자발적으로 수업을 공개하는 학교는 참혹할 정도로 사라졌다. 물론 현재에도 후지시 호리카와堀川초등학교나 나가노 현 이나 시 이나伊那초등학교 등 긴토초등학교와 마찬가지로 수업 개혁 전통을 계승하고 자발적인 공개를 지속하고 있는 학교도 존재한다. 그러나 엄청나게 많은 학교가 수업 개혁 전통을 상실하고 '보통' 학교로 변모하고 말았다.

교내 연수를 중심으로 하는 자발적 학교 개혁 기반이 붕괴한 것뿐만 아니라 학교 밖에서 하던 교사들의 수업 연구 동아리 활동도 쇠퇴했다. 30년 전에 나는 미에대학교에 부임했는데 그 당시 행했던 3천 명이 넘는 현내 교사들에 대한 조사에 의하면 초등학교 교사 4명 중 1명이 매월 1회 수업 기록을 추렴하여 검토하는 자발적인 수업 연구 동아리 활동에 참여하고 있었다. 그리고 참여하고 있지 않은 교사 90퍼센트 가까이가 '조건만 맞는다면 참여하고 싶다'고 답했다. 게다가 그들 동아리 80퍼센트 이상이 전국 규모나 현 규모 동아리는 아니고, 인근 지역 교사들로 구성된 느슨한 조직이었다. 그 대부분이 30년 동안에 괴멸했다고 해도 좋다.

어이없는 일은, 학교 안팎에서 진행되었던 교사들의 자발적인 수업 연구가 교육행정에 의한 연수 제도 확충과 병행하여 쇠퇴했다는 것이다. 이 30년 동안 문부과학성과 지역 교육위원회는 교사의 '실천적 지도력' 향상과 '특색 있는 학교' 창조에 적극적으로 몰두해 왔다. 전국 국립대학 교육학과에 교사 연수를 위한 석사 과정이 개설되었고 문부과학성, 현교육위원회, 시교육위원회의 연구지정 학교가 확충되어 초임 교사 연수 제도가 확립되었다. 또한 현이나 시 교육 센터에서는 현직 교사 연수를 위한 방대한 프로그램이 실시되고 있다. 지방 국립대학에는 교육 실천개발센터가 문을 열어 많은 연구자가 교과교육학회나 교육 방법 관련 학회, 교사교육학회로 조직되어 수업과 교사 연구를 실시하고 있다.

교사의 자발적인 수업 연수 쇠퇴와 교육행정에 따른 수업 연수 제도가 동시에 나란히 진행된 것은 결코 우연한 일이 아니다. '수업 연구가 활발해서 수업이 사라진다', '교원 연수가 활발해서 교사가 사라진다', '학교 개혁이 활발해서 학교가 사라진다'는 웃지 못할 사태가 진행된 것은 도대체 무슨 이유일까? 교사와 교육행정 관계자 및 교육 연구자는 이 모순으로 가득 찬 현실을 직시하

는 데서 새로운 학교 개혁의 비전을 모색하지 않으면 안
된다.

3. 동심원 구조

긴토초등학교 수업 개혁이 35년이나 지속된 비밀 중 하
나는 교실에서 학생의 배움이라는 사실에 맞추어 연구를
진행해 왔다는 점이다. 이것이 지닌 의미는 매우 크다.

일찍이 학회 연구 활동으로 '수업 개선'과 '교사로서
의 성장'에서 무엇이 '가장 중요한 계기'이고 누가 '가
장 유능한 조언자'인가에 관해 교사를 대상으로 설문 조
사를 한 적이 있다. 그 결과 '중요한 계기'로서 1위가 '스
스로의 수업 반성'이고, 다음으로 초등학교 교사의 경우
는 '교내 연수', '자발적인 동아리', '조합이나 교육위원
회가 조직한 연구회', '연수 센터 강좌' 순이었고, 마지막
이 '대학 연구자의 강의'였다. '유능한 조언자'에서도 1위
는 초등학교의 경우 '같은 학년 동료'였고 중학교 경우는
'교과 동료', '같은 학교 선배와 동료', '교장, 교감', '이
웃 학교 선배와 동료', '교육위원회나 센터의 장학사' 순
으로 나타났고 마지막이 '대학교수'였다.

이 조사 결과가 나타내고 있는 것은 '수업 개선'도 '교
사로서의 성장'도 교사 자신의 실천의 장인 교실을 중심

으로 하여 동심원 구조를 이루고 있다는 점이다. 교사에게 가장 중요한 것은, 교실에서 벌어지는 사실에 근거한 연구와 연수를 중핵으로 하여 그것을 외부에서 지원하는 연구와 연수 시스템을 구축하는 것이다.

그러나 이 30년 동안 이 진실과는 역행하는 연수와 개혁 시스템이 학교와 교사를 지배해 왔다. 동심원 구조로 말하면 외부만이 비대해지고 가장 중요한 내부가 텅 비는 사태가 발생한 것이다. 수업 연구와 연수의 관료화이자 형식화이다. '교원 연수가 활발해서 교사가 사라진다' '학교 개혁이 활발해서 학교가 사라진다'는 얄궂은 사태가 발생한 것은 그 결과이다. 이제는 대학교수에게 강연을 시키고 '배운 대로 행하는' 연수회, 지정 연구로 '모양새를 갖추는' 식의 연수는 중단하는 것이 좋다.

'함께 배우는 수업'창조

후쿠시마 현 고리야마 시립 긴토초등학교 ②

1. 수업 공개

체육관을 꽉 채운 800명 가까운 참관자가 주목하는 가운데, 간노 데쓰야昔野哲哉 선생이 5학년 총합 학습(한국의 창의적 체험 학습)인 '생명을 배우다·생명으로 배우다' 수업을 공개했다. 긴토초등학교 공개연구회는 오전 중 1시간은 참가자 전원이 관찰하고 검토하는 공개 수업을 하고, 오후에는 모든 교실 수업 공개와 그 수업검토회 그리고 심포지엄으로 이어진다. 간노 선생의 과학과 수업은 수년 동안 이 학교 수업 개혁을 주도하는 역할을 맡아 왔기에, 수업에 대한 참관자의 기대는 매우 컸다.

"준비가 다 된 사람은 앞으로 나와 주세요."라는 간노 선생의 말과 함께 수업이 시작되었다. 학생들은 자연스러웠다. 간노 선생이 수업하는 교실뿐만 아니라 긴토초등학교 다른 교실 학생들도 자연스러운 태도로 수업에 참여하고 있었는데 그중에서도 간노 선생 수업에서 학생들의 표정과 행동이 절묘할 정도로 부드럽고 자연스러웠다. 이 만큼 힘을 뺀 자연스러운 배움에 참여할 때에 비로소 섬세하고 깊은 사고와 풍부한 교류가 실현된다. 그 부드러움은 간노 선생의 부드러운 언행에서 비롯된 것이기는 하나 그것만은 아니다. 이 교실에는 어떤 질문이나 발언도 받아들여져 친구들과 함께 발전할 수 있다는 안도감과 기대감이 있다.

간노 선생 수업을 참관하고 늘 생각하게 되는 것은 깊이 몰입하고 풍부하게 서로 반향하는 것을 뒷받침하는 교사와 학생들 사이에서 벌어지는 소통의 훌륭함이다. 그리고 이러한 특징은 긴토초등학교 모든 교사의 수업에서 공유되고 있다.

"지금까지 사람의 배 속에서 태아가 어떻게 성장하는지 살펴봤습니다. 이제부터 배우고 싶은 것은 무엇인가요?"라는 간노 선생의 물음에 28명 학생들이 저마다 중얼중얼 대답했다. 교스케가 "동물 배 속에는 태반이 있었지만……."이라고 말하고, 야스코가 "알에서 태어나는 동물은 태반이 있을까? 없을까?"라고 말하면 카나에가 "태반의 움직임은 엄마에게서 영양을 받는 것, 그리고 혈액이 섞이지 않도록 하는 것"이라고 덧붙였다. 그리고 하루카가 "동물 배 속 모양을 알고 싶어요."라고 말했고, 레이코가 "태아의 성장은 동물이나 사람이나 처음에는 같지

만 성장하면서 달라지니까 그것이 알고 싶어요."라고 말
했다.

간노 선생과 학생들 간의 소통을 관찰하면 간노 선생
은 말을 걸고 있을 때도 학생들이 중얼거리는 것을 '듣
는 일'에 전념하고 있다는 것을 알 수 있다. 게다가 간노
선생이 말하는 방식과 듣는 방식은 촉각적이다. 마치 학
생 한 명 한 명을 어루만지듯 말이 전달된다. 한 명 한 명
이 하는 말을 온몸으로 받아들이듯 간노 선생의 몸은 접
시형 안테나처럼 학생 한 명 한 명에게 열려 있다. 또한
간노 선생의 말 한마디로 교실에서 학생들이 수업에 깊
이 몰입하고 수면 위를 달리는 잔물결처럼 서로 영향을
주고받게 되는 것은 간노 선생의 몸과 말이 항상 학생 한
명 한 명이 하는 사고와 촉각적으로 연결되어 그 소리를
교실 전체가 공유하고 있기 때문이다.

2. 울려 퍼지는 배움

이번 시간 과제는 '수정 후 닷새가 지난 유정란 속을
조사하고 태반이 있는지 없는지, 태아는 어떻게 성장하는
지 그 모습을 관찰하는 것'이다. 그러나 두 사람에 하나
씩 유정란을 배정받고는 학생들은 당황하여 불안한 표정
을 비쳤다. 살아 있는 유정란은 따뜻해서 생명이 거기에

깃들어 있다는 것을 알려 준다. "무서워.", "가여워."라고 한 여학생이 중얼거린다. 그것을 즉각 받아들여 간노 선생은 "무섭거나, 가엽다고 생각하는 사람은?" 하고 묻고 거의 전원이 손을 들자 "그 기분을 소중히 여기세요."라는 말로 생명에 대한 경외감을 확인한다.

유정란과 실습 접시, 핀셋을 가지고 학생들은 서너 명씩 테이블로 돌아가 두 명이 한 조가 되어 핀셋으로 조심스럽게 껍질을 깨는 작업에 몰두했다. 작은 균열을 만들고 거기서부터 껍질 파편 한 조각씩 핀셋으로 집어내면 유정란 속 모양을 볼 수 있게 된다. 잠시 후 "우와, 우와, 굉장하다!"라고 감탄하는 목소리가 테이블 여기저기서 나왔다. 껍질을 조금씩 제거해 가면 노른자위 주변에 혈관이 뻗어 있고, 노른자위 중심부에서는 작은 심장의 맥이 뛰고 있는 것이 보인다. 더욱 자세히 주목하면 노른자위 가운데에서 작고 검은 점 두 개를 발견할 수 있는데 그것이 눈이라는 사실을 알 수 있다.

간노 선생은 실험에 몰두해 있는 학생들 테이블을 돌면서 한 명 한 명에게서 그들이 무엇을 발견했고, 무엇에 감동했는지를 듣고 있었다. 그 관계도 촉각적이다. 간노 선생의 손은, 눈을 반짝거리며 이야기를 거는 학생의 어깨나 등에 놓여 있다. 이 수업의 과제인 '생명의 존엄성'을 배우는 데에 한 생명을 빼앗는 실험을 수반한다는 모순에서 비롯된 섬세한 배려가 친밀한 접촉을 만들어 내는 것이다.

일반 수업에서도 간노 선생과 학생들의 관계는 친밀하다. 그 점이 교실에서 서로 배우는 관계의 기초를 형성한다.

간노 선생은 "자료를 원하는 사람은, 앞 테이블에 있어요."라고 말을 걸었다. 달걀 속에 있는 병아리 모양을 기록한 일러스트 복사본이다. 그리고 이 자료는 달걀 속 병아리의 성장이 동물 진화 과정을 거친다는 점에서 주목받을 만한 의미를 갖는다. 이 관찰은 직접적으로는 '태반이 있는지 없는지'를 목적으로 하고 있지만 앞에서 예고한, 생명 진화 과정과 태아 성장을 유추하는 오리엔테이션으로서의 의미도 담고 있다.

간노 선생의 수업은 학생에게나 참관자에게나 불가사의하게도 안정감을 주었는데, 그 안정감을 주는 비밀 중 하나는 확실한 수업 구성력에 있다. 그 수업은 1시간 단위로 보거나 단원의 단위로 보아도 무리 없이 세련되고, 구성이 확실하다.

관찰을 마친 학생들은 다시 앞으로 모여 대화를 나누었다. 미키가 "흰자위는 인체의 양수 역할을 하고 있는 것은 아닐까?"라고 말을 꺼내자 가즈미가 "흰 부분으로 지키는 거야."라고 말을 잇는다. 간노 선생이 "태반은 있나요? 없나요?"라고 물으면 겐타가 "탯줄 비슷한 것이 보이는데 탯줄인지 아닌지는 모르겠어요."라고 말하자 요스케가 "알이 자궁 대신은 아닐까?"라고 말한다. "그렇구나. 껍질에 흰 막이 연결되어 있어."라고 미치코가 덧붙인다. "그래? 오늘은 태반이 있었는지 없었는지 모르는 채로 마칠까?"라고 간노 선생이 말하자 웅성거림이 일제히 퍼지고 겐지가 "흰 막은 태반이 아니야."라고 말하자 "그래.", "맞아." 하고 동의하는 웅성거림이 교실에 퍼졌다. 학생들은 다음 시간에 다시 한 번 알 속을 자세하게 관찰하는 활동을 하자고 제안하고, 간노 선생은 긴토초등학교에 다니는 미즈시마의 아버지가 수의사인데 교실로 모셔서 동물 태아의 성장에 관해 좀 더 상세한 설명을 듣기로 하자고 예고한 뒤 수업을 마쳤다.

3. 수업 연수

긴토초등학교에서는 수년 동안 '함께 배우다'를 주제로 하여 '발견'과 '대립'과 '구애됨'과 '공감'이 교류하는 '참가'와 '집중'이 있는 수업 만들기에 도전해 왔다. 그 경과를 총괄한 보고서에서 "우리들이 추구하고 바라는 수업은 '학생은 사물(교재)과 함께, 친구들과 함께, 교사와 함께 배우고, 교사는 학생의 태도에서 배운다'라는 기본적인 구도가 있다는 것을 발견해 왔다."고 한다.

평범한 말 같지만 함축성이 있는 표현이다. 1년에 수십 번이나 서로 관찰하고, 교실에서 한 명 한 명 학생들이 배우는 모습을 면밀하게 검토하고 쌓아 온 이 학교 연수가 이처럼 수업을 단순하면서도 세련된 스타일로 만들어 냈다고 생각한다.

실제 수업 만들기의 성패는 교사가 얼마나 교재를 존중하고 학생 한 명 한 명을 존중하며 교사로서 자신을 존중하는가에 달려 있다.

이 중 하나를 존중하는 일은 결코 힘들지 않다. 그러나 이 세 가지 모두를 존중한 수업을 계속 창조하는 일은 이만저만 어려운 일이 아니다. 게다가 이 수업 만들기 스타일을 형성하여 전승하고 갱신하기 위해 긴토초등학교는 교사 전원이 수업을 공개하고 서로 검토하는 연수와 연구 공개를 30년 이상이나 계속해 왔다.

오후에 진행한 각 교실 공개 수업도 오전에 공개한 간노 선생 수업과 마찬가지로 훌륭한 수업이었다. 여기서 '훌륭하다'고 말하는 것은 1시간 수업의 좋고 나쁨이 아니다. 한 명도 빠짐없이 학생 한 명 한 명이 유연하고 자연스럽게 개성적으로 수업에 참여하고 있고, 서로 듣는 관계를 기초로 하는 함께하는 배움이 오케스트라와 같이 서로 영향을 주며, 그리고 무엇보다도 교사 한 명 한 명이 성실하게 교재와 학생들을 대하고 있다는 것이다.

4. 개혁의 전통과 계승

지금 학교 개혁에 필요한 것은 새로운 정책이나 제도 개혁이 아니다. 긴토초등학교와 같이 학생 한 명 한 명에게 배울 권리가 보장되고, 교사 한 명 한 명 개성적인 성장이 촉진되는 '배움의 공동체'의 거점 학교이다.

나는 긴토초등학교를 방문했을 때, 수업을 관찰하고 교사와 협력하기 시작한 30년 전 일을 떠올렸다. 1980년경의 일이다. 그해 중학교 교내 폭력 붐의 시초가 된, 미에현 오와세중학교의 교내 폭력 사건이 발생하여 신문이나 TV는 '교육 문제'를 대대적으로 보도했다. '교육 문제'는 단번에 사람들의 최대 관심사 중 하나가 되었다.

그러나 신문이나 TV 보도는 공공연히 학교를 비판하고 교사를 비난했을 뿐 '교육 문제' 해결의 실마리를 제시하지는 못했다. 학교는 저마다 외딴섬이 되었고, 교사들은 고립되었다. 교실은 학생과 교사밖에 알지 못하는 밀실의 블랙박스가 되어 교실에서 수업과 배움은 개개인의 관심사에서 멀어지고 교사에게도 '나중 문제'가 되었다. 교실을 서로 관찰하는 동료 간의 신뢰 관계는 붕괴되고 안팎에서 보내는 비판의 눈길을 피해 교사는 더욱더 달걀 껍데기 같은 교실에 틀어박히게 되었다.

학교가 닫히고 교실이 닫히는 것과는 정반대로 행정이나 매스컴에서는 계속 학교 개혁을 부르짖었다. 그리고 학교와 교실 밖에서 학교 개혁을 위한 몇몇 정책이 실시되었다.

그러한 개혁은 학교에 바람직한 변화를 하나라도 가져왔을까? 그러한 개혁은 교실에 바람직한 변화를 하나라도 가져왔을까?

내가 학교를 방문하고 교실을 참관하기 시작한 1980년경에는 전국 각지에 긴토초등학교처럼 수업 만들기와 교사의 전문성을 신장하기 위한 거점 학교가 있었다. 아직 20대였던 나는 스튜디오용 비디오카메라 기재를 싣고(당시 가정용 비디오카메라는 없었다.) 전국 곳곳으로 학교를 방문하여 수업을 관찰하고 그것을 비디오에 담았다.

어느 현이나 적어도 10개교 정도는 긴토초등학교처럼 조용하고 착실하게 질 높은 수업 만들기를 추진하는 거점 학교가 있었다. 그들 학교는 역시 긴토초등학교처럼 다이쇼 자유교육이나 전후 신교육을 추진하는 선진 학교였고, 그 혁신적 전통을 계승하여 학교 개혁에서 선진 학교로서 역할을 다하고 있었다. 더욱이 그들 학교는 지역 역사와 문화를 전승하고 학생을 성장시키고 지역 문화를 육성하는 교사와 시민 네트워크를 형성하고 있었다. 내가 한 학교 개혁 활동과 연구는 이러한 역사적 전통과 네트워크의 지원을 받아 실현되었던 것이다.

그러나 이 30년 동안 지역에서 학교 개혁 거점 학교는 그 대부분이 소멸했다. 그 결말은 아주 얄궂다. 문부과학

성과 지역 교육위원회가 학교 개혁의 필요성을 주장하여 많은 시책을 강구하면 할수록 그리고 매스컴이나 저널리즘이 학교 개혁의 필요성을 주장하면 할수록 이들 거점 학교의 수업 연수는 유명무실해지고 이벤트성이 되어 쇠퇴의 길을 걸었다. 무엇인가 잘못되었고 잘못되어 가고 있었던 것이다.

이 30년 동안 일어난 학교와 교사의 급격한 변화를 생각할 때 긴토초등학교의 연구 공개가 갖는 의미는 크다. 학교는 내부로부터밖에는 변화되지 않는다. 학교 내부로부터 개혁을 촉진하기 위해서는 학교 밖의 지원이 필요하다. 학교 개혁의 피상적인 논의와 정책에 휘둘리지 말고, 우리들이 학교 개혁의 왕도를 찾아내어 그 길을 묵묵히 계속 걸어가는 방법밖에는 없다.

'배움의 공동체' 중학교 만들기 도전
시즈오카 현 후지 시립 가쿠요중학교 ①

1. 어느 퇴임 모임에서

2004년 3월 30일 나는 법인화를 이틀 앞두고 산처럼 쌓인 서류를 심의해야 하는 도쿄대학교 평의회를 끝마치고 택시로 도쿄 역을 향했다. 차표도 사지 않고 아슬아슬하게 신칸센에 뛰어올라 타서 신후지 역에 도착한 것이 오후 8시. 즉시 택시로 호텔 그랜드 후지로 향했다. 모임 종반에 도착하여 간신히 참가할 수 있었다. 가쿠요중학교 사토 마사아키 교장의 퇴임을 축하하는 모임이다. 이나바 교감과 정교사인 오가와 선생 외에는 비밀로 해 두었기 때문에 내가 꽃다발을 가지고 모임 장소에 들어설 때 놀라워하는 환성이 울렸다. 사토 교장의 얼굴에는 줄줄 흐르는 눈물이 빛나고 있었다.

사토 교장과 만난 것은 7년 전이다. 가쿠요중학교 교감에서 히로미広見초등학교 교장이 된 사토 선생은 내가 추진하는 '배움의 공동체로서 학교 만들기'에 공감하고 그 도전을 시작함으로써 희망을 보탰다. 니가타 현 오지야 시립 오지야小千谷초등학교와 사토 교장이 히로미초등학교에 부임한 해에 설립된 지카사키 시 하마노고초등학교가 모델이었다. 맨 처음 전화에서 "오지야초등학교를 모델로 삼아 도전하고 싶어요."라고 말하는 사토 교장의 말에 나는 "뛰어난 학교와 같은 학교는 둘이 없습니다. 오지야는 오지야, 히로미는 히로미로 도전합시다."라 전하고 즉시 그 학교를 방문했다.

맨 처음 인상을 말하자면 사토 교장은 조용하고 지성적인 교장이고, 게다가 유연한 정신이 살아 있는 훌륭한 분이었다. 내가 쓴 책 전부를 읽은 데다가 한 권 한 권마다 빈틈없이 쪽지가 가득 붙어 있고 밑줄이 그어져 있어 황송한 생각마저 들었다. 그리고 사토 교장의 학교 개혁에 대한 높은 의지도 마음에 와 닿았는데, 그 외곬이 사랑하는 부인을 암으로 잃은 직후 고독에서 비롯되었다는 사실을 알게 된 것은 몇 번이나 거듭 방문을 한 뒤의 일이다. 이 최초의 만남에서 나는 사토 교장의 지극한 학교 개혁 의지에 매료되었다. 사토 교장과 나는 고락을 몇 년이나 함께한 동지처럼 서로 신뢰하는 친밀한 관계를 맺고, 힘을 합쳐 히로미초등학교와 가쿠요중학교에 '배움의 공동체'를 만드는 것을 추진하게 되었다.

단상에서 꽃다발을 건네면서 나는 "두 학교에 걸쳐서

이 정도로 멋진 경험을 함께할 수 있었던 것에 깊이 감사드립니다."라고 말했다. 무엇보다도 모임에 함께하고 싶었던 것은 이 말을 전하고 싶었기 때문이다. 사실 이 7년 동안 사토 교장은 나 이상으로 나의 학교 개혁 비전과 방법을 이해하고, 나의 상상력을 뛰어넘는 수준으로 그 비전을 현실화하고, 끊임없이 내게 이론과 실천의 선도자로서 역할을 다했다. 따뜻한 모임 분위기에 둘러싸여 나는 지금까지 경애하는 여러 교장들과 함께할 수 있었던 행운을 음미했다. 그중에서도 오지야 시 오지야 시립 오지야초등학교와 나가오카 시 미나미南중학교의 개혁을 협력한 히라사와 겐이치平澤憲一 교장, 니가타 시 사쿠라가오카桜ヶ丘초등학교 가노 히로이치加納紘一 교장, 지카사키 시 하마노고초등학교를 협동한 오세 도시아키大瀬敏昭 교장 그리고 사토 교장은 이 10년 동안에 내가 가장 존경하고 가장 많이 배운 교장들이다.

모임에서는 가쿠요중학교 교사 한 명 한 명이 사토 교장과 함께한 개혁에 관한 일화를 이야기했다. 그렇게 이어진 이야기를 다들 고개를 끄덕이기도 하고 웃기도 하면서 들었다. 어떤 교사의 이야기도 유머가 넘쳤고, 사토 교장에 대한 신뢰와 존경, 가쿠요중학교 개혁에 대한 긍지와 확신이 담겨 있었다. 한 명 한 명 자신의 교육철학을 자신의 말로 이야기하고 있다는 것도 놀라웠다. 이 학교에 자라난 동료성collegiality은 결코 모자라지 않다.

2. 중학교의 현실

사토 교장을 중심으로 가쿠요중학교 교사들은 3년에 걸쳐 '배움의 공동체'로서 학교 만들기를 추진해 왔다. 그 도전은 중학교 교육의 미래를 여는 획기적이고 위대한 업적이라고 해도 좋을 것이다. 그 3년에 걸친 개혁은 사토 교장과 내가 함께 쓴 《공립중학교의 도전 - 수업이 바뀌면 학교가 바뀐다 - 후지 시립 가쿠요중학교의 실천》 (2003년)에 상세하게 담겨 있다.

3년 전 가쿠요중학교에 부임한 사토 교장은 같은 학구에 있는 히로미초등학교에서 '배움의 공동체'로서 학교 만들기를 경험했고 그 의의나 방법도 숙지하고 있었다. 게다가 가쿠요중학교 학생 약 절반은 히로미초등학교 졸업생이고 그들 학생들과 부모들은 초등학교 경험을 통해 사토 교장과 같이 '배움의 공동체'로서 학교 만들기를 간절히 바라고 있었다.

한편 나는 '배움의 공동체'로서 학교 만들기 도전을 초등학교에서 중학교로 확대할 필요를 통감하고 있었다. 이미 초등학교에서 '배움의 공동체' 만들기는 전국에 들불처럼 번져 나가고 있었다. 지카사키 시의 하마노고초등학교를 중심으로 하여 전국에 30개가 넘는 파일럿 스쿨pilot school이 만들어지고 그들 학교의 공개연구회에 참가하는 교사들은 수만 명에 달했다. 내가 아는 것만 해도 500개

107

가까운 학교가 '하마노고 스타일'의 학교 만들기를 시작했다. 이를테면 오랜 시간을 요한다고 해도 이 조류가 전국 초등학교에서 일반화되는 일은 이미 시간문제였다.

그러나 중학교에서 '배움의 공동체' 만들기는 아주 더디기만 하고 좀처럼 진행되지 않았다. 그때까지 1300개교 가까운 학교를 방문하여 내부로부터의 개혁에 협력해 왔지만, 초등학교가 가장 많았고 다음으로 유치원, 고등학교 순이었고, 중학교와 협력해서 수업 개혁과 학교 만들기를 추진한 경험은 가장 적었다. 이 자체가 지금 중학교의 현실을 여실히 반영하고 있는 것이다. 이미 20년 이상 수업에 관한 어느 연구회에 가 봐도 중학교 교사가 참여하고 있는 일은 드물다. 어느 연구회에서도 초등학교, 고등학교, 유치원 교사가 중심이고, 중학교 교사는 셀 수 있을 정도뿐이다. 교내 폭력이 전국 중학교를 덮친 1980년 이후 중학교 수업 연구는 '공백의 20년'을 보내고 있었던 것이다.

결코 중학교 교사들이 열의를 잃어버린 것도 아니고 학교를 개선하는 노력을 게을리하고 있기 때문도 아니다. 오히려 반대이다. 중학교 교사의 노동시간은 초등학교 교사나 고등학교 교사를 능가하고 있고, 토요일을 반납하고 업무에 열중하고 있는 교사도 적지 않다. 이 이상의 열정이나 노력을 요구한다면 중학교 교사 대부분은 몸과 마음 모두 지쳐 버리고 말 것이다.

그 정도로 교사들이 열정과 노력을 기울이고 있지만 중학교 현실은 조금도 달라지지 않았다. 오히려 악화 일로를 걷고 있다. 비행이나 교내 폭력 건수는 증가하고, 부등교를 비롯해 학교교육의 부정적 현상 80퍼센트는 중학교를 무대로 일어나고 있다. 가장 심각한 위기는 많은 중학생들이 배움에서 도주하고 있다는 것이다. 일본 중학교 2학년생의 경우 학교 밖에서 학습하는 시간이 세계에서 최저 수준이다. 교과를 싫어하는 것도 세계 최고이다. 게다가 그러한 경향은 매년 악화되고 있다. 많은 중학생들이 학년이 오르면 오를수록 배움의 의미를 잃고, 서로 배우는 친구를 잃고, 배움을 뒷받침해 주는 교사를 잃고, 자기 자신의 가능성을 잃어버리면서 배움에서 도주를 되풀이하고 있다. 현재 중학교는 이러한 현실을 촉진하는 기능은 하고 있어도 그것을 억제하여 변혁하는 일에 대해서는 전혀 무기력하다.

요컨대 중학교를 둘러싸고 있는 근본 문제는 '배움'이 생활 중심이 되어 있지 않다는 점이다. 20년 이상 중학교 교육은 '3대 지도'를 중심을 조직되어 왔다. '3대 지도'는 '클럽활동 지도'와 '생활지도', 그리고 '진로지도'이고, 학생의 '배움'은 주변으로 밀려나 있었다. 교사들의 업무나 의식이 그렇다는 것만이 아니다. 학생들이나 부모들도 '클럽활동 지도'(비행 대책)와 '생활지도'(예절 교육), '진로지도'(수험 대책)가 생활과 의식의 중심이 되었다. 이러한 구조 속에서 학생 3분의 2가 일찌감치 자기 능력에 절망하고 배움으로부터 도주하고 있다. 나머지 학생 3분의 1도 열심히 공부는 하고 있지만 입시 부담과 경쟁에 사로잡혀 학원 중심으로 생활하고 의식하면서 학교에서는 배움의 경험을 기대하지 않는다.

3년 전 가쿠요중학교는 확실히 '3대 지도'를 중심으로 하는 전형적인 중학교였다. 교사들의 활동은 업무 분장과 클럽활동 지도, 그리고 교과의 벽으로 칸막이하고 매일 이어지는 회의와 잡무의 분주함 속에서 고립되고, 교실 벽은 굳게 닫혀 그 결과 비행과 문제 행동이 많이 발생했으며 부등교 학생은 4퍼센트인 38명에 달했다. 수업 중에 복도를 배회하는 학생도 있고, 학력은 시내에서도 최저 수준이었으며 지역사회에서도 불평이 끊이지 않았다.

그런 가쿠요중학교가 3년 후에 모든 학생이 교실에서 서로 배우는 관계를 만들고, 모든 교사가 연간 80회에 달하는 수업 연구를 하여 동료성을 쌓았으며, 부등교 학생을 38명에서 6명으로 격감시켰다. 시내 14개 학교 중 최저 수준이었던 학력이 최고 수준으로 향상된 학교로 변모하리라고는 사토 교장과 나를 제외하고 학생도 부모도 교사도 그 누구도 믿지 않았다.

3. 도전을 뒷받침한 한 가지 신념

나 자신은 지금까지의 경험, 특히 중학교와 소위 밑바
닥 학교라 불리는 고등학교를 방문한 경험에서 한 가지
신념을 갖게 되었다. 그 한 가지 신념은 '배움에 도전하
는 학생은 결코 무너지지 않는다'라는 것이다. 실제 배움
에 계속 도전하고 있는 학생은 가정과 친구 관계에서 결
코 무너지는 일이 없다. 반대로 배움으로부터 도주하고
있는 학생은 간단한 위험에도 무너진다. 교사나 부모, 동
료나 많은 사람 및 사회에 대한 믿음을 잃게 되고 자신의
가능성에 대해서도 절망하여 우울과 열등감, 불만과 분노
로 뒤섞인다. 모든 일을 중도에서 팽개치고 즉흥적으로
행동하든가 또는 적대심을 드러내어 친구에게 상처를 입
히고 자신을 상하게 하는 충동에 지배받는다. 이 아픈 현
실은 이미 중학교와 고등학교에서는 일상화되어 있었다.

배움으로부터 도주한 학생이 외부의 영향에 대한 저항
력이 약해져 무너지고 있는 현상은 생각해 보면 당연한
일이다. 학생들은 누군가에게서 보호받지 않으면 살 수
없는 존재이다. 그래서 아이들인 것이다. 그 학생이 배울
권리를 빼앗겨서 자신의 가능성에 절망하고, 어른을 신뢰
할 수 없게 되면 자타에 절망하여 파괴적이 되는 것은 당
연한 결과이다. 배움은 학생들에게는 사회적으로 자립하
는 것 못지않게 중요한 책무인 동시에 인간으로서 살 권

리(인권)의 핵심이며 그들이 살아가는 희망의 중심이기도 하다.

배움에 계속 도전하는 학생은 결코 무너지지 않는다는 점과, 중학교 개혁의 핵심은 '배움의 공동체'를 만들어 한 명도 빠짐없이 배울 권리를 학생에게 실현하는 일이라는 신념은 내가 관여하는 몇 개 중학교 개혁의 경험을 통해 더욱 뚜렷해졌다. 《수업이 바뀌면 학교가 바뀐다》(사토 마나부)에서나 나가오카 시 미나미중학교에서 히라사와 겐이치 교장과 추진한 개혁은 그 성과에서 확신의 근거가 되었다.

나가오카 시 미나미중학교나 가쿠요중학교 모두 배움으로부터 도주하는 학생들이 일으키는 많은 문제 행동, 부등교, 저학력, 지역사회가 제기하는 불만에 시달리는 중학교였다. 그 미나미중학교에서 히라사와 교장은 학생과 함께하는 '대화 모임'을 스스로 열고 수업 연구를 중심으로 하는 동료성을 쌓아 '배움의 공동체'로서 학교 만들기를 2년 동안에 달성했다. 모든 학생의 배울 권리가 학교생활에서 실현되고 보호자의 '학습 참가'가 모든 학급에서 실현되면서 문제 행동이 없어지고, 30명 이상이던 부등교 학생은 약 3명으로 격감, 학력 수준도 시내에서 최고 수준으로 비약하여 지역사회의 신뢰와 협력도 회복했다. '배움의 공동체' 비전은 미나미중학교에서 사실로 실증되었다고 말해도 좋다.

미나미중학교의 파문은 커서 가쿠요중학교와 병행하여 안조 시 안조니시安城西중학교, 이바라키 시 도요카와豊川중학교, 가와사키 시 난칸南管중학교, 다카사고 시 다쓰야마竜山중학교 등에서 '배움의 공동체'를 표방하는 학교 개혁이 시작되었다. 더욱이 지금까지 공립중학교에서 진행한 개혁 경험과 후쿠이대학 부설 중학교, 산케이대학 부설 중학교, 신슈대학 부설 중학교 등 부설 학교에서의 경험을 통해서 내 안에서는 중학교 교육과정과 수업 비전도 확실해졌다. 공립중학교에 '배움의 공동체'로서 파일럿 스쿨을 만드는 일은 내가 진행한 실행 연구action·research의 중심 과제가 되었다. 확실히 이후 10년 동안에(2010년까지) '배움의 공동체'로서 안정된 파일럿 스쿨을 전국 각지에 10개교를 만들기로 결심했다. 전국에 있는 공립중학교는 약 1만 개이다. 그중에서 겨우 10개교는 미덥지 않을지도 모른다. 그러나 그 파일럿 스쿨 10개교의 선견지명이 뒷받침되고, 확실한 비전과 이론, 실천이 뒷받침되면 분명 1만이 넘는 학교를 움직여 방향을 정하는 역할을 하게 된다. 학교 개혁은 중앙 기관 정책에 따라서 수행되는 것은 아니다. 확실한 풀뿌리 개혁이 기본이며 그 풀뿌리 개혁이 사회 전체의 지지를 받고 협력을 얻을 때 역사를 움직이는 개혁으로 결실을 맺는다. 그 첫걸음을 가쿠요중학교 개혁에 기대했던 것이다.

수업 개혁에서 학교 개혁으로
시즈오카 현 후지 시립 가쿠요중학교 ②

1. 수업을 바꾸는 세 가지 요소

가쿠요중학교 개혁은 수업에 '활동(작업)', '협동(모둠학습)', '표현의 공유' 세 가지 요소를 도입하는 일에서부터 시작되었다. 내가 제창하는 '활동적, 협동적, 반성적 배움'을 구체화하는 것이다. 사토 교장은 부임 직후 직원회의에서 '배움의 공동체로서 중학교 만들기'를 추진하겠다고 선언하고 '수업 개혁'과 '동료성 만들기'가 그 첫걸음이라고 설명했다. 그러나 그 비전을 교사들이 순조롭게 이해한 것은 아니다. 오히려 교사 대부분은 사토 교장이 제창하는 비전에 반신반의했다.

그러나 사토 교장도 상담을 한 나도 중학교 개혁은 부분적인 노력이나 점진적인 도입으로는 이루어질 수 없다는 것을 알고 있었다. 중학교 개혁은 근본적인 개혁, 구조적이고 전체적인 개혁이 되어야 한다. 그런 의미에서 첫걸음에서 타협은 허락되지 않는다. 그렇기는 하나 사토 교장이 터럭만큼이라도 타협하지 않았다는 뜻은 아니다. 가쿠요중학교에서는 '총합 학습'이 연수 주제로 되어 있었다. 그러나 '총합 학습'에 의한 개혁은 한계를 지닌다. '총합 학습'은 배움의 활동을 구체화한다는 데 의의가 있으나 주당 시수 측면에서 '총합 학습'의 배움이 교과 수업에 스며들어 일상적인 수업을 변혁하는 일은 드물다. '총합 학습'의 한계를 알고 있으면서도 사토 교장은 '총합 학습' 연수의 계속성을 존중하고 '총합 학습'을 보호자의 '학습 참가(수업 만들기 협력)'로 발전시키기로 했다.

학교 개혁의 핵심으로는 매일매일 수업 만들기를 요구했다. 모든 수업에 '활동(작업)', '협동(모둠 학습)'과 '표현의 공유'라는 세 요소를 도입하고, 그다음으로 모든 교사가 시도하게 했다. 내가 이 학교를 처음 방문한 것은 6월이었지만 교사 대부분이 사토 교장이 요구하는 대로 어느 수업에서나 학생 활동(작업)을 도입하여 50분 중 몇 분이라도 모둠을 만들어 '협동'하는 대화를 나누고, 교실에서 다양한 의견이 교류하는 '표현의 공유'를 실천하고 있었다. 교단에서 교사가 일방적으로 설명하는 수업은 모습을 감추고 있었다.

그러나 어떤 수업이나 유치하게 보였다. 활동(작업)을 도입해도 줄곧 교사가 설명하거나 처음부터 5~6명 모둠을 만들었기 때문에 발생한 학생들의 잡담에 곤혹스러워하거나 또는 과제 수준이 너무 낮아서 모둠이 나누는 대화가 쓸데없이 길어지는 경향을 볼 수 있었고, 그중에는 발언을 시켜도 학생이 대답하지 않기 때문에 발언 횟수로 평가하는 방식을 도입하여 강제적으로 발언을 시키는 교사도 있었다. 하여간 유치하긴 했어도 '수업 개혁'은 모든 교실에서 착수되었다.

또 하나의 축인 '동료성 만들기'를 향해서 사토 교장은 이미 교사 전원이 1년 동안 최소 1회는 수업을 공개하고 함께 비평하는 연구회를 실시하는 것을 제안했다. 교과의 벽을 넘어서 교사들이 수업을 서로에게 공개하고 교육 전문가로서 역량을 서로 높여 주는 일이 필요했던 것이다.

모든 교사가 수업을 서로 공개하고 상호 간에 서로 비평하는 연수를 조직하는 일은 중학교에서는 극히 어렵다. 대규모 학교인 가쿠요중학교에서는 더욱더 어렵다. 중학교 교사는 '클럽활동 지도', '생활지도', '진로지도'로 매우 바쁘다. 게다가 중학교 교사 활동은 교과 단위, 업무 단위, 클럽활동 단위로 조직되어 있고 발칸제국처럼 분리되어 있다. 그 구조에 칼을 대지 않고서는 '동료성 만들기'는 불가능하다.

'동료성 만들기'에서 사토 교장이 고심한 것은 수업검토회를 할 수 있는 시간 확보다. 모든 교사가 수업을 서로 공개하고 비평하기 위해서는 수업검토회를 적어도 연간 40회는 진행할 필요가 있다. 그 열쇠는 전교 교내 연수회와 학년마다 하는 수업연구회 시간 확보에 있다. 전교 교내 연수회에서는 수업 참관과 2시간 토의를 하게 되어 있고 학년 수업연구회에서는 비디오 기록을 활용하여 최저 1시간 토의를 하게 되어 있다. 매일매일 하는 일상 수업을 공개하고 연구하는 것을 목적으로 하며, 사전 검토회는 하지 않기로 하고, 지도안도 준비하지 않고 연수 정리도 하지 않는 것으로 했다.

수업 검토에서는 교재 선택이나 수업 기술의 옳고 그름에 관해서 논의하는 것이 아니고, 교실 상황에 맞추어 '활동(작업)'과 '협동(모둠 학습)', '표현의 공유' 세 요소가 어떻게 기능하고 있는가를 검토하고, 어디에서 학생의 배움이 이루어지며 어디에서 주춤하는가를 한 명 한 명 학생의 모습에 맞추어 상세하게 검토한다. 또 어디에 초점을 맞추어 논의할 것인가보다는 교사가 저마다 관찰한 인상이나 발견을 솔직하게 서로 얘기하고, 모든 교사가 대등하게 의견을 서로 내놓는 연수를 하기로 했다. 사토 교장도 수업을 실천하여 공개하고 '동료성'에서 대등하다는 점을 보여 주었다.

'수업 개혁'과 '동료성 만들기' 외에 총합 학습 실천을 중심으로 학부모나 지역 주민이 교사와 함께 수업 만들기에 참여하는 '학습 참가' 실천이 학년마다 조금씩 도입되고 있다. 그리하여 학생의 '배움의 공동체' 만들기와 교사의 '배움의 공동체' 만들기, 학부모와 지역 주민의 참가에 의한 '배움의 공동체' 만들기가 준비되어 학교를 내부로부터 개혁하는 일을 시작하게 되었던 것이다.

2. 개혁의 전진

변화는 차분하게 그러나 극적으로 진행되었다. 약 반 년 후 수업사례연구가 30회에 달할 즈음부터 학교와 교실 풍경은 크게 변했다. 어느 교실이나 교사가 긴장을 풀고 목소리를 부드럽게 내게 되었고, 학생 한 명 한 명이 부드러워지고 진지하게 배우는 자세를 보여 주었다. 수업 중에 교실을 나온다거나 복도를 배회한다거나 하는 학생이 없게 되고 책상에 푹 엎드려 있는 학생도 격감했다. 교실에는 지적이고 건강한 미소가 생겨났고 부등교 학생이 교실에 돌아오는 모습도 볼 수 있게 되었다. 교내 폭력 사건이나 비행도 일어나지 않게 되었다. 교실에서 서로 배우는 것을 실현함으로써 학생 한 명 한 명의 존엄성이 확립되고 배움에 의한 대화가 생겨난 것이다.

이미 교사 어느 누구도 사토 교장이 추진하는 '배움의 공동체' 비전에 의심을 품지 않게 되었다. 어느 교실에서든 학생 한 명도 빠짐없이 성실하게 배움에 도전하는 모습을 보였고, 그 변화된 교실 현실이 교사들에게 흔들림

없는 확신을 준 것이다. 동료성 형성에 의한 교사끼리 연대도 의미가 크다. 교무실에서는 학생들을 거명하며 수업에서 어떻게 변화했는지 그 모습을 생생하게 서로 이야기하게 되었다. 수업 실천을 통해서 교사 상호 간에 신뢰감이 깊어져 서로 협력하고 연대하게 된 것이다.

가쿠요중학교뿐만 아니라 어느 중학교에서도 개혁을 시작하는 것은 힘들지만, 일단 개혁의 성과가 구체적인 교실 현실로 나타나기 시작하면 초등학교 개혁 이상으로 역동적으로 전개된다. 그 이유는 하나다. 중학교 교사가 갖고 있는 잠재력이다. 보통 중학교 교사 업무는 '교과', '업무 분장', '클럽활동 지도', '생활지도', '진로지도' 등으로 나뉘어 단편화되고 세분화되어 있다. 게다가 정신없이 바쁘고 공허함을 느끼며 일상의 궤도를 벗어나고 있다. 가쿠요중학교에서는 수업 만들기와 그 연수에 전념하기 위해 클럽활동 지도나 생활지도 시간을 최소한으로 하고 클럽활동을 하는 요일을 하루로 제한하여 연간 80회 가까운 수업 연구 시간을 확보해 왔다. 수업 만들기와 그와 관련된 연수를 하는 시간을 충분히 보장하고, 전문가로서 교사 동료성을 형성함으로써 지금까지 감추어지고 억제되었던 교사의 잠재력이 유감없이 발휘되는 상황이 만들어진 것이다.

중학교 개혁의 역동성은 학생의 잠재력에서도 비롯된다. 매시간 수업에 조직된 '활동(작업)', '협동(모둠 학습)', '표현의 공유' 세 가지 활동은 그것을 반복함으로써 학생 한 명 한 명이 배움의 습관을 형성하고, 서로 배우는 능력을 키운다. 그러한 진보는 초등학교 학생과는 비교되지 않을 정도로 역동적이다. 그 속도와 규모는 교사의 성장을 뛰어넘는다고 해도 과언이 아니다. 사실 가쿠요중학교의 경우도 교사들의 수업 개혁은 학생들의 배움에 대한 의지를 높이고 서로 배우는 관계가 발전하도록 이끄는 방향으로 진행되었다. '배움의 공동체'로서 학교 만들기는 교사의 동료성과 학부모와 지역 주민이 학습에 참가함으로써 현실화되었지만, 그 추진력의 중심은 학생들 자신의 배움의 공동체 만들기에 있다.

가쿠요중학교 개혁은 예상한 바와 같이 기적이라고 말할 수 있을 정도로 극적인 전개를 이루었다. 비행이나 교내 폭력이 다발하고, 시내에서 가장 힘든 학교라 불리던 학교가 1년 후에는 비행이나 교내 폭력이 한 건도 일어나지 않는 학교로 변모했다. 그뿐만이 아니다. 2년 후에는 38명이었던 부등교 학생이 6명으로 격감했다. 시내 14개교 중에서 가장 낮았던 학력 수준도 시내에서 두 번째로 높은 학력 수준으로 도약했다.

더욱이 사토 교장도 교사들도 나도 예상하지 못한 성과도 나타났다. 클럽활동 15개 클럽 중 13개 클럽에서 이 학교가 3위 입상을 달성했던 것이다. 교사나 학생도 클럽활동에 쏟는 에너지를 줄여 배움과 수업을 창조하는 데 전념해 왔던 만큼 그 성과는 의외였다. 서로 배우는 관계가 형성됨으로써 클럽활동에서도 예기치 못한 부수적인 성과를 낳은 것이다.

3. 지속되는 개혁

가쿠요중학교에서 3년간 진행된 개혁의 최대 성과는 무엇보다도 이 학교 개혁을 통해서 중학교 개혁의 비전과 철학을 준비한 많은 교사들이 성장했다는 사실이다. 실은 개혁 과정에서 사토 교장을 가장 고민하게 한 일은 인사이동이었다. 이 3년간 매년 3분의 1에 가까운 교사가 전근을 갔다. 겨우 개혁 철학과 실천이 모든 교사의 일이 되고 눈에 띄는 성과도 나타나 개혁이 활기를 띠어 가는 때에 교사 3분의 1이 교체되는 것이다. 이러한 사실은 매년 개혁을 출발점으로 되돌려 반복하게 된다는 것을 의미한다.

물론 이 학교에서 근무한 교사가 다른 학교로 전근을 가고, 새로운 교사들을 맞이하는 것은 후지 시 전체 중학교 개혁이라는 대승적 관점에서 본다면 좋은 것이다. 그 점은 충분히 알고 있어도 사토 교장을 중심으로 하는 이 학교 교사들은 매년 원점으로 되돌아가는 이러한 현실에 이가 들떠 시큰거리듯 몹시 불쾌하다는 생각을 분명 품고 있었을 것이다.

그러나 가쿠요중학교는 이러한 시련을 뛰어넘어 매년 교실에서 배움과 수업의 질을 향상시키며 착실하게 나아 갔다. 몇 번이나 원점으로 되돌아갔고 원점으로 되돌아가는 사실에서 개혁의 뿌리를 굵게 다져 왔다고 해도 좋다. 그 쾌거는 경탄할 만하다. 이러한 확실한 걸음을 내딛은 데는 교사들의 동료성과 학생들 사이에 정착한 서로 배우는 관계가 뒷받침이 되었다.

이렇게 하여 가쿠요중학교는 사토 교장이 퇴직하고 나서 새로운 출발점에 서 있다. 사토 교장 후임은 개혁 1년째에 교감으로 근무한 후지타 슈이치藤田修一 교장이다. 사토 교장은 퇴임 후에도 가쿠요중학교 교내 연수 조언자로서 개혁을 지원하고 있다. 더욱이 3년간 가쿠요중학교를 방문한 많은 교사들이 이 학교와 유연한 네트워크를 형성하여 각자 학교에서 '배움의 공동체' 만들기라는 개혁을 추진하고 있다.

2004년 5월 13일 후지타 교장 부임 후 가쿠요중학교 최초로 교내 연수회가 열렸다. 이해에도 전체 교사 중 3분의 1에 해당하는 13명이 전근을 가고, 원점으로 되돌아가서 재출발을 경험했다. 이 연구회에 일말의 불안을 안고 참가한 나는 그 불안이 지나친 기우라는 것을 확신했다. 약 1개월 남짓이라고 하는데 새로 부임한 교사 13명은 '활동(작업)', '협동(모둠 학습)', '표현의 공유' 등 세 가지 요소를 도입한 수업을, 자신의 개성적인 스타일로 계속 만들어 나갔다. 새로 부임한 13명 교사들이 변화함으로써 이 학교 실천을 좀 더 풍부하고 다채롭게 전개할 수 있는 기반이 마련되었다.

당일은 교내 연구회였음에도 불구하고 전국에서 교사 80여 명이 참관하기 위해 방문했다. 이들 교사들과의 교류가 이 학교 개혁을 지속하는 기초가 된 것도 분명하다.

이날 수업을 공개한 교사는 교직 2년째인 이소베 히로시磯部広 선생이었고, 1학년을 대상으로 한 '사회·국가와 지역'이라는 수업이었다. 맨 먼저 세계 각지 지명과 섬 이름, 도시 이름과 국가 이름이 혼재한 카드를 나누어 주고 그중에서 '국가' 카드 카테고리에 속하는 것을 골라내는 활동을 실시했다. 그 모둠 활동을 통해서 '국가란 무엇인가'라는 물음을 형성하고, 이 물음을 협동해서 탐구하여 '국민', '주권', '영토'라고 하는 국가의 세 요소를 분석해 내고, 마지막으로 타이완을 국가로서 인정하는 견해와 인정하지 않는 견해를 비교했다.

이소베 선생 수업은 2년차 교사라고는 생각되지 않을 만큼 '활동(작업)'과 '협동(모둠 학습)'과 탐구(발돋움과 점프가 있는 배움)가 구조적으로 조직된 수업이었다. 수업 스타일이 안정되지 않았던 작년과 비교하면 비약적인 성장이다. 이소베 히로시 선생이 습득한 수업과 배움의 스타일은 가쿠요중학교가 만들어 온 수업 실천의 한 전형이고, 지속될 개혁의 희망을 나타냈다. 젊은 교사의 성장에서 힘을 얻어, 새 교장과 새 교사들을 맞이한 가쿠요중학교는 새로운 혁명의 한 페이지를 열고 있다.

개혁의 조용한 시동

오이타 현 벳푸 시립 아오야마초등학교 ①

1. 조용한 혁명

전국 학교에서 '조용한 혁명'이라 불리기도 하는 '배움의 공동체' 만들기라는 혁명이 확대되고 있다. 1997년에 가나가와 현 지카사키 시 하마노고초등학교가 '배움의 공동체' 파일럿 스쿨로 개교한 이래 이 '조용한 혁명'은 급속히 전국으로 퍼져 나갔다. 학교에 위기와 혼란이 심해진 상태에서 교사들이 심각하게 요구하는 학교 비전이 하마노고초등학교의 도전과 합치된 결과일 것이다. 하마노고초등학교에는 개교 후 5년 동안 전국에서 교사 약 2만 명이 방문했다. 이 숫자는 전쟁 전 가장 방문자가 많았다고 말할 수 있는 나라여고 사범 부설 초등학교에 가깝고, 전후 군마 현 시마초등학교를 상회한다. 지카사키 시의 파일럿 스쿨로서 역할을 맡게 된 것이다.

하마노고초등학교 개교 이래 "우리 학교도 하마노고 스타일로 배움의 공동체 만들기에 도전하고 있으니 꼭 방문하셔서 조언해 주시기를 부탁드립니다." 하는 의뢰 편지나 전화가 쇄도하게 되었다. 지금도 학교에서 협력해 달라는 요청이 많아 평균 매일 한 학교 비율로 편지나 전화를 받고 있다. 그 수는 하마노고초등학교 개교 2년 후부터 3배로 증가했다. 매년 1천 개가 넘는 초등학교, 중학교, 고등학교에서 나에게 '배움의 공동체' 만들기에 관한 협력을 의뢰해 오고 있다. 게다가 대부분이 준비 단계라기보다 진행 단계에서의 의뢰이다. 들불 번지듯 확대되고 있는 '조용한 혁명'은 솔직히 말해서 나의 기대나 예상을 넘어선다.

어쨌든 나의 업무에서 우선순위는 대학교수로서 하는 일이다. 게다가 여러 학회에서 중책을 맡고 있다. 2000년부터는 근무하는 대학(도쿄대학교)에서 평의회에 선출되었고, 2001년 이후에는 국제교육아카데미(미국) 회원이 되어 국제 활동을 하게 되었고, 2003년부터는 일본학술회 회원에도 뽑혔다. 2004년부터는 법인화 직후 연구과장(학부장)에 선출되어 해 오던 교육 연구 활동조차 위협을 받고 있는 상태였다. 또한 최근 경쟁적이 된 학술 연구 환경은 기획과 연구 자금 마련, 그리고 그 평가에 막대한 시간을 할애해야 한다. 학교 현장에서 보내온 절실한 목소리를 받아들이면서 그 의뢰에 응할 수 있었던 적은 10퍼센트에도 못 미친다. 대학교수직을 사임하고 학교 개혁 컨설턴트로 전념하는 길도 생각해 보았지만, 그것이 사회에 대한 책무를 다하는 최선은 아닐 것이다.

나의 개인적 사정은 어찌 되었든 일본 학교가 지금 '배움의 공동체'를 지향하고, 개혁 에너지를 계속 분출하고 있는 것은 사실이다. '조용한 혁명'의 시동이다. 이번에 소개하는 것은 그중 하나. 오이타 현 벳푸 시의 아오야마靑山초등학교이다.

2. 개혁의 시동

2004년 5월 21일, 벳푸 시 중심에 있는 아오야마초등학교를 방문했다. 교장은 오바타 요시미小畑善實 선생, 작년부터 이 학교 교장으로 근무하고 있다. 오바타 교장에게서 협력 의뢰를 처음 받은 것은 5년 전이다. 당시 오바타 교장은 하마노고초등학교와 같은 거점 학교 만들기에 착수하는 일을 도와 달라고 요청했다. 그러나 나의 스케줄은 1년 후까지 꽉 차 있어 하마노고초등학교의 오세 도시아키 교장에게 의뢰하게 되었다. 오바타 교장의 의뢰는 그다음 해에도 그다음 해에도 계속되었지만 스케줄에 여유가 없어, 동료인 아키타 기요미秋田喜代美(도쿄대학교) 교수와 20년 이상 수업 연구와 학교 개혁을 함께 추진해 오고 있는 이시이 준지石井順治(미에 현 욧카이치 시 전 교장) 선생에게 부탁했다. 이번 방문은 나로서는 처음이었다.

오바타 교장과 만난 것은 반년 전, 고베 현 다카사고 시 초등학교에서 개최된 연구회 점심시간이었다. 조용하고 성실한 인품 속에 강인한 의지를 간직하고 있는 분이었다. 실제로 방문하여 관찰한 아오야마초등학교와 오바타 교장의 업무는 첫인상대로 기대에 어긋나지 않게 수행되고 있었다.

아오야마초등학교 개혁이 시작된 것은 1년 전, 오바타 교장이 이 학교 교장으로 부임하면서부터다. 학교교육과장으로서 파일럿 스쿨 만들기 구상을 혼자서만 하고 있었던 오바타 교장은, 즉시 '배움의 공동체' 만들기라는 비전을 제시하고 교직원과 함께 개혁의 첫걸음을 내딛었다. 조용한 혁명의 시동이었다.

오바타 교장이 첫해에 교직원에게 제시한 과제는 세 가지이다. 첫째, 모든 교사가 최소 1회는 동료에게 수업을 공개하여 사례 연구를 할 것. 둘째, 모든 교사는 연수를 중심으로 교과 영역과 개인 연구 주제를 정하고 그 주제가 추구하는 수업 실천을 하여 비디오로 기록하고 연구할 것. 셋째, 수업 공개에서는 평소 수업을 공개하고 연수에서는 사전 연구보다도 교실 현상에 기초한 사후 연구 협의를 중시할 것.

이 세 가지는 각각 핵심을 갖고 있다. 학교는 열린 공공 공간이 되어야 한다. 1년 동안 한 번도 동료에게 교실을 개방하지 않는 교사는, 그 교사가 어떤 대단한 업무를 전개하고 있다 해도 공립학교 교사로서 인정할 수 없을 것이다. 왜냐하면 그 교사가 어떤 뛰어난 일을 했다 해도 학생과 교실, 학교를 사유물로 삼고 있다는 말을 들으면 어쩔 수 없기 때문이다. 학교 개혁을 추구한다면 모든 교사가 수업을 공개하고 교실 현장에서 서로 배우면서 학교 속 교육 전문가로서 서로 성장하는 동료성을 구축하지 않으면 안 된다. 개혁의 첫걸음은 모든 교사가 평소 수업을 서로 공개하고 상호 간에 서로 배우는 관계를 구축하는 데에 있다. 더욱이 학교 개혁을 추구하려면 교사 상호 간의 개성과 다양성을 서로 존중하지 않으면 안 된다. 개인 연구 주제 설정은 개성과 다양성을 보장하는 동시에 교사 한 명 한 명이 '연구하는 교사'가 되는 첫걸음이다.

수업 개혁에서는 '서로 듣는 관계'도 형성해야 한다. 학생 한 명 한 명이 하는 잡담이나 말에 귀를 기울이는 것이야말로 수업 개혁의 출발점이고 '서로 듣는 관계'야말로 학생들 사이에 '서로 배우는 관계'를 만드는 기초가 된다. '잘 듣기', '잘 배우기'가 학생을 성장시키는 수업을 만드는 것이다.

수업 연구 스타일도 개선되었다. 보통 학교 수업 연구는 젊은 교사에게 수업을 공개하게 하고는 사전 연구에 어마어마한 에너지를 쏟고 사후 연구는 간략하게 형식적으로 처리하거나 목소리가 큰 교사의 수업관이 영향력을 미처 개성과 다양성을 무시하는 형태로 진행된다. 아오야마초등학교에서는 '수업 개선'보다도 '배움의 창조'를 수업 만들기와 연수 중심에 설정하고 '①연간 1회는 개인 주제로 전원이 공개 수업을 실시한다. ②VTR로 수업 장면을 촬영하여 연수를 실시한다. ③사전보다도 사후 연구 협의에 시간을 할애한다.'는 원칙을 확인하고, 사후 연구에서는 '수업 사실(VTR)에 근거해 비평했는가? 학생들의 연결은(서로 듣기·관계 맺기) 어떠했는가? 배움은 이루어졌는가? 수업한 교사 의도를 중요시하여 건설적인 대화를 한다. 수업에 관해서 모든 교사는 감상을 진술한다.' 라는 원칙도 인식하고 연수를 진행해 왔다.

오바타 교장은 개혁 1년 후 아오야마초등학교 진행 상황에 관해서 "조용하고 차분한 공기가 교실을 감쌌고 교실 공기에서 온화함을 느낄 수 있었다."라고 표현하고, '배우는 데 아낌없는 노력'과 '학생들에게 성실히 답하는 것'을 모토로 삼은 '느긋한 기어 변속'이 1년 동안의 성과였다고 이야기했다. 바로 '조용한 혁명'의 시동이다.

3. 학교 기구와 조직의 재검토

개혁 2년째인 올해부터는 연간 모든 교사가 수업을 3회 공개하고 서로 검토하는 것을 추구하고 있다고 한다. 아오야마초등학교는 전교 학생이 332명, 교사는 교장과 교감을 포함해서 20명, 행정과 급식 담당이 6명인 중간 규모 학교이다. 20명에 가까운 교사들이 각각 3회씩 공개 수업과 연수를 하기 위해서는 연구회를 연간 60회 실시해야 한다. 지금까지 학교 개혁 경험에서 말하면 서로 배우는 교실과 수업을 창조한 학교를 내부로부터 개혁하기 위해서는 대략 100회 정도 수업사례연구가 필요하다. 가르친다고 하는 일은 보통 예상하는 것 이상으로 고도로 지성적이면서 복잡한 업무이고, 많은 사례 연구에 의해서 배가되는 실천적 식견이 교사 한 명 한 명에 의해서 형성되지 않으면 안 된다.

교사 한 명당 수업 공개 3회와 연수를 보장하기 위해서 2년째는 연수 시스템을 확립하고 교사 전원이 수업 만들기와 연수에 전념할 수 있도록 기구와 조직 개혁을 실시했다. 회의와 잡무를 대폭 줄였다. 아침 직원회의는 주 1회로 하고 모든 교실에서 아침 책 읽어 주기를 도입했다. 학생들에게 책과 친숙해지는 기회를 제공하는 것과 동시에 매일 차분하고 조용하게 수업을 시작하기 위해서다. 교무 분장도 '1인 1역할제'로 재편성하고 매월 1회 직원회의를 중심으로 심의하는 것으로 하여 자잘한 회의를 줄이는 데 성공했다. 이렇게 해서 매주 월요일은 개인 교재 연구, 수요일은 전체 교사에 의한 수업 연구, 금요일은 학년회에서 하는 수업 연구로 시간을 확보했다.

더욱이 '배움의 공동체'를, 교실에서 학생들 관계, 교무실이나 학년회에서는 교사 관계로부터 학부모 관계로 확대하여 '학습 참가' 실천을 추진하고 있었다. '학습 참가'는 학부모가 교사와 함께 수업에 참가하고 협력하여 학교 만들기를 추진하는 기회를 제공하기 위한 대처 방안이다.

4. 개혁 절차

내가 아오야마초등학교를 방문한 날은 '자율 공개 수업 연구회'를 하는 날이었다. 벳푸 시내 초등학교, 중학교 교사들 약 50명이 이 학교를 방문해 참관했다. 오바타 교장을 비롯해 교사들의 목표는 하마노고초등학교가 지카사키 시 학교 개혁의 파일럿 스쿨인 것처럼 아오야마초등학교를 벳푸 시 학교 개혁의 파일럿 스쿨로 성장시키는 것이었다. 서로 배우는 것을 중심으로 하는 수업 만들기 거점 학교와 '배움의 공동체'로서 학교 만들기 거점 학교, 그리고 교사들이 교육 전문가로서 함께 성장하는 거점 학교가 되는 것이다.

즉시 오바타 교장, 이시이 선생과 함께 교실을 방문했다. 이시이 선생은 작년 두 번에 걸쳐서 이 학교를 방문하고 수업 연수회 조언자로서 개혁에 협력해 왔다. 1학년부터 6학년까지 각 교실에서는 학부모가 '학습 참가'를 하여 아침 책 읽어 주기를 실시했다. 학부모들 사이에 책 낭독하기 동아리가 만들어지고, 그 학부모들이 매월 1회 각 교실을 방문하여 아침 낭독하기를 실시하고 있다고 한다. 어느 학부모는 여러 차례 '학습 참가'를 했기 때문인지 교실에 있는 학생 한 명 한 명의 특징을 잘 이해하고 있었고, 말을 걸거나 대답하는 것도 훌륭했다. 약 15분 동안 몰두하는 일이지만, 아침 교실에 살아 있는 따뜻하고 부드러운 분위기가 하루하루를 지배하고 있다고 생각했다.

일반 방문자에게는 3교시와 4교시에 수업 공개를 실시했다. 3교시와 4교시는 각각 6개 교실에서 수업이 공개되고, 5교시에는 2학년 교실에서 히라이 노리코平井倫子 선생이 하는 제안 수업이 실시되었다.

학교를 방문하여 그 개혁을 배울 때 제안 수업과 연구 협의회에 참가해야 할 뿐만 아니라 단지 짧은 시간이라도 모든 교실 수업을 참관하는 일이 중요하다. 왜냐하면 학교 개혁의 목적은 한 명도 빠짐없이 학생의 배울 권리를 보장하고, 한 명도 빠짐없이 교사가 전문가로서 성장할 수 있도록 보장하고 있는가 여부에 달려 있기 때문이다. 소수의 교사가 소수의 교실에서 훌륭한 수업을 전개했다 하더라도 그 외 다른 교실에서 학생의 배움이나 교사의 성장이 저해되고 있다면 그 학교의 개혁은 결코 좋게 평가할 수 없을 것이다. 학생 한 명 한 명의 존엄과 배울 권리가 보장되고 교사 한 명 한 명의 다양성이 존중되는 개성적 성장이 보장되어야만 그 학교 개혁은 착실하게 진전될 수가 있다. 아오야마초등학교 개혁은 그 확실한 절차를 현장에서 보여 주고 있었다.

저학년 수업 만들기 원칙
오이타 현 벳푸 시립 아오야마초등학교 ②

1. 배움의 풍경

벳푸 시립 아오야마초등학교의 '자율 공개 수업연구회'
(2004년 5월)는 이 학교에서 처음 열린 공개 수업연구회
였다. 오바타 교장 이하 교사 전원이 교실을 열고 수업을
서로 검토하는 도전을 시작하고 나서 꼭 1년 만이다. 오
바타 교장의 말을 빌리면 어느 교실에서도 '차분한 공기'
가 학생들을 에워싸고 '잘 듣기'와 '잘 배우기'를 하는 학
생들이 조금씩 계속 성장하며, '배움(듣다·관계하다)의 구
체화'를 교사와 학생이 협동하여 계속 추진하는 상황이
었다.

이 학교에서 발행한 《헤이세이 15년(2004년)도 연구의
발자취》에는 '교내 연수 세 가지 원칙'으로서 '학생에게
대응하는 수업 만들기', '듣기를 중심으로 하는 수업 만들
기', '교사 스스로의 과제를 선명하게 한 수업 만들기'라

는 세 가지 원칙 아래 각각의 원칙을 구체화하는 19가지 포인트가 기록되어 있다. 그들 포인트는 모두 1년간 교내 연수 수업사례연구에서 이야기하고 공유한 사항이다.

더욱이 같은 책자에는 교사 17명이 저마다 진행한 '개인 연구 주제 일람'이 실려 있다. 아오야마초등학교는 하마노고초등학교처럼 연수 주제를 통일하지 않고 교사 한 사람 한 사람이 설정하는 방식을 취하고 있다. 교사 한 사람 한 사람의 개성과 다양성을 존중하고 각각의 개성적인 배움을 촉진하여 그 다양성으로부터 서로 배우는 동료성 만들기를 목표로 하고 있다. '개인 연구 주제'는 '교과·영역'과 '연구 주제' 두 개로 설정되어 있다. 예를 들면 중학년부 가네코 유키요金子幸代 선생은 '도공圖工'에서 '의견을 서로 나누는 과정에서 관계가 생성되고, 서로 교류하는 과정에서 자신의 견해·사고방식이 확대되는 수업을 목표로'라고 연구 주제를 설정하고, '희로애락을 종이 위에서 자유롭게 표현하자'라는 단원을 통해서 '자신이 슬펐던 기분을 떠올리면서 표현하고 있다.'라고 한 남학생의 배움과 성장 모습을 보고하고 있다.

'자율 공개 수업연구회'는 오전 '일반 수업 ①(각 교실)', '일반 수업 ②(각 교실)' 공개를 마치고, 오후 '제안 수업'과 '공개연구회'로 전개되었다. 이러한 배치도 내가 관여하고 있는 학교에서 쓰고 있는 공통된 방식이다. 모든 교사가 수업을 공개하는 일, 그리고 모든 참가자가 공통의 수업 하나를 참관하여 그 수업을 사례로 하는 '교내 연수' 협의도 참가자에게 공개하는 방식이다. '배움의 공동체'를 만드는 학교에서 하는 공개연구회는 뛰어난 교사가 행하는 뛰어난 수업을 공개하는 것이 목적이 아니다. 학생 한 명 한 명 배울 권리가 보장되어 있는 교실과 학교 모습을 공개하고, 교사 한 명 한 명이 협력하여 서로 배우며 학생들과 교사들이 협력하여 '배움의 공동체'를 창조하고 있는 모습을 공개하는 것이 목적이다. 그것을 위해서는 모든 교실에서 모든 교사가 평소 수업을 공개하는 동시에 언제라도 교내 연수로서 실행하고 있는 수업사례연구를 공개할 필요가 있다.

2. 저학년 수업 만들기

'제안 수업'을 담당한 이는 2학년 1반 담임인 히라이 노리코 선생이다. 젊고 신선한 감성과 중견 교사로서의 경험을 겸비한 교사이다. 교과는 국어이고, '제비꽃과 개미' 이른바 설명문 교재이다. 교재는 '콘크리트 틈이나 높은 돌담의 틈'에도 제비꽃이 피어 있는 수수께끼부터 쓰기 시작해, 제비꽃 열매가 '세 쪽으로 갈라져' 열리고 '탁탁 소리를 내며 힘차게 튀어나오고' 그 씨앗을 개미가 발견하고 '자기 집으로 옮겨' 가는 모습과 '잠시 후, 부

지런히 옮긴 씨앗을 집 밖에 버리고' 있는 모습을 사진을 찍어 묘사하고 있다. 버려진 씨앗을 잘 보면 '원래부터 붙어 있었던 흰 덩어리가 없어져'서 개미는 '흰 덩어리만을 먹는다'는 것을 알게 된다. 그리고 개미의 힘을 빌려서 제비꽃은 '무리를 늘리기 위해 여러 장소에 싹이 튼다'는 것을 말한다.

이 수업은 8차시로 예정한 것에서 7차시 수업이었다. 히라이 선생은 '본 시간 목표'를 '개미가 제비꽃의 종자를 선택하고, 제비꽃이 피기까지의 모습을 글 속 사진이나 서술 방법을 단서로 제비꽃과 개미가 사이가 좋다는 의미를 탐독한다'로 설정하고 있었다. 수많은 참관자로 꽉 찬 교실에서 종이 울리자 "시작합시다!"라는 히라이 선생의 말로 수업이 시작되었다. 학생 27명이 앉을 책상은 ㄷ 자로 배치되고, 그 중심에 있는 둥근 의자에 교사가 앉아 있었다. 교사의 몸이 교탁이나 책상으로 가려지지 않고, 게다가 학생들과 눈높이가 같아서 교사와 학생의 커뮤니케이션은 직접적이다. 이 공간은 오바타 교장이 말하는 것처럼 '차분한 공기가 교실을 에워싸는' 상황을 만들어 내고 있었다. 히라이 선생의 목소리도 긴장이 풀린 부드러운 목소리이고, 학생의 웅성거림이나 발언하는 목소리도 자연스럽고 부드러운 반향을 만들어 낸다. 5월 중순 저학년 교실에서 서로 듣고 서로 반향하는 관계가 만들어지고 있다는 것이 훌륭하다.

나는 교실 앞 창 쪽에서 비디오카메라로 촬영하면서 나도 모르게 긴장한 채 수업을 관찰하고 있었다. 이 수업이 저학년 수업의 한 전형이 될 수 있다는 예감을 했기 때문이다. 현재 어느 학교에서나 저학년 수업 방법이 모색되고 있다. 가정환경이나 문화적 환경의 극심한 변화에 따라 저학년 수업에서 서로 배우는 교실을 창조하는 일은 어려움을 맞고 있다. 교사들은 지금까지의 '정석'이 통용되지 않는 사태에 당황하여 '정석'을 바꾸는 새로운 배움의 이미지를 파악하지 못하고 매일매일 곤혹스럽게 보내고 있었다. 지금 눈앞에 전개되고 있는 히라이 선생의 수업이 이 곤혹스러움을 타파하고 저학년 수업에 새로운 가능성 한 가지를 보여 주는 좋은 실천 사례가 되리라는 예감을 한 것이다.

히라이 선생은 앞 시간 수업에서 교정으로 나가 제비꽃을 찾아 관찰한 학생들의 체험을 듣고 나서 수업을 시작했다. 운동장 구석에서 발견한 학생, 돌담 아래에서 발견한 학생, 돌담 속에서 발견한 학생 등 점차 발언과 웅성거림이 퍼졌다. 저학년 학생답게 같은 발언도 몇 개가 이어졌는데 말은 같아도 한 명 한 명의 경험은 달랐다. 그 변화를 교사도 학생도 즐거워했다.

발견한 제비꽃 모습을 한차례 이야기 나누고, 히라이 선생은 앞에 있는 칠판에 확대한 사진을 5장 전시했다. 교정에서 촬영한 제비꽃 사진 5장이다. 학생들은 각각의 사진에 있는 제비꽃을 누가 발견했는지, 제비꽃은 어떤 모습이었는지를 자세하게 이야기했다. "씨앗을 찾았다", "개미도 찾았다", "가까이에서 개미의 과자도 보았다"는 발언이 이어졌고, 교재에 쓰여 있는 제비꽃 씨앗과 개미의 모습이 학생들이 관찰한 경험 사실에 따라 이야기되고 있었다.

거기에서 히라이 선생은 교재 7번째 문장부터 11번째 문장까지 문장과 사진을 칠판에 게시하고 문장 하나하나가 무엇에 대해 적고 있는 것인가 생각하면서 교과서의 이 부분을 읽도록 전원에게 제시했다. 히라이 선생이 교재의 문장을 게시하는 동안에도 학생들은 "아, 저기에 ○○에 대한 것이 적혀 있다"고 저마다 중얼거리면서 문장 하나하나에 반응하고 있었다.

학생들이 소리 내어 읽는 모습도 훌륭했다. 이른바 똑같이 읽는 것이 아니라 한 명 한 명이 자기만의 읽기로 자기만의 속도로 소리 내어 읽는 것은 당연하다고 해도 열중하는 만큼 목소리는 조금 작고, 마지막 아이가 문장을 손가락으로 짚어 가면서 천천히 읽기를 끝내는 것을 이미 읽기를 끝낸 학생 누구 한 명도 소리를 내지 않고 조용히 기다리고 있었다. 소리 내어 읽기의 한 장면만 보더라도 이 교실에 한 명 한 명 배움을 존중하고 서로 배우는 관계가 성립되어 있다는 것을 알 수 있었다.

히라이 선생은 "제비꽃과 개미는 사이가 좋은가요?"라

고 직접 물었다. 학생들의 발언은 훌륭했다. "이 11번째 문장까지는 사이가 좋다고는 적혀 있지 않아요.", "사이가 좋은지 아닌지는 12번째 문장부터 적혀 있어요.", "사이가 좋은지 아닌지를 찾는 것이 공부가 되기 때문에 여기에는 아직 적혀 있지 않아요.", "사이가 좋은지 아닌지는 적혀 있지 않지만 '흰 덩어리'에 대한 것은 적혀 있어요.", "'흰 덩어리'에 대해 생각하면 친한 친구인지 아닌지를 이해할 수 있어요."라고 제각기 중얼중얼 또는 또렷하게 대답하고 있었다. 이러한 중얼거림과 발언을 들으면서 나는 수업 첫머리에서 느꼈던 예감이 예상한 것 이상으로 전개되는 것에 감탄했다.

3. 저학년 수업의 어려움

사태가 아주 달라진 것은 히라이 선생이 "개미는 무엇을 하고 있었을까? 개미가 한 것을 생각해 볼까요?"라고 말하고, '개미'를 만화로 나타낸 페이퍼시어터(일본 조어. paper + (puppet) + theater. 이야기의 등장인물을 그린 그림을 대꼬치 따위의 끝에 맞붙여서 그 앞뒤의 변화로 즐겁게 해주는 극. *paper side에서 왔다는 설도 있음.)와 '씨앗' 페이퍼시어터를 꺼냈을 때이다. '씨앗' 페이퍼시어터에는 '흰 덩어리'가 붙어 있고 떼어 낼 수 있게 되어 있었다.

'개미' 페이퍼시어터의 등장으로 교실은 단번에 활기를 띠었다. "와아! 뭐지?", "벌 같다!"라는 환성이 울리고, '씨앗' 페이퍼시어터에는 "도토리다!", "도토리에 모자가 쓰여 있어."라며 웃음이 퍼졌다. 히라이 선생은 "쉿!" 하고 시끄러운 분위기를 가라앉혔다. 페이퍼시어터를 사용하여 문장 속 개미 움직임을 자세하게 이해시키려고 한 것인데, 학생 발언은 활발해졌으나 문장 속 개미와는 관계가 없는 이야기로 옮겨져 원래 문장 내용과는 거리가 멀어져 버렸다. 여러 여학생이 토끼 굴 속에서 씨앗의 '흰 덩어리'를 먹고, 씨앗을 토끼 굴 밖으로 내놓는 개미 모습을 읽고 발언했지만, 차츰차츰 발언하는 학생이 줄고, 학생들 3분의 2는 얼어 버린 것처럼 움직이지 않았다. 이 상태에서 종이 울려 제비꽃과 개미가 '사이가 좋은지 아닌지'는 다음 수업으로 넘어가게 되었다.

수업 후 협의회에서는 히라이 선생과 학생들이 따뜻하고 부드러운 관계를 형성하고 있는 훌륭한 점과 저학년 수업 만들기의 어려움에 대해 의견이 집중되었다. 실제 히라이 선생이 제시한 수업은 저학년 수업 방법을 검토하는 데 좋은 사례라고 생각한다. 내가 설레는 마음으로 촬영한 바와 같이 히라이 선생이 페이퍼시어터를 꺼내기까지 절반의 진행은 저학년 수업으로서 이상적인 전개를 보여 주었다. 그 비밀은 히라이 선생과 학생들의 자연스러운 커뮤니케이션, 그 섬세함에 있다. 저학년 학생이 서로 배우는 것은 학생 한 명 한 명과 교사가 확실히 연결되어 있어야 가능하다. 저학년을 맡는 교사는 부채의 사북처럼 학생 한 명 한 명과 확실히 연결되어 있지 않으면 안 된다. 저학년 학생은 교사와의 안정된 연결을 기반으로 하여 다른 친구 의견도 들을 수 있고 다른 친구와 커뮤니케이션을 할 수 있다. (그러한 의미에서 나는 저학년에서 개인 활동에는 교사의 세심한 도움이 필요하며 1, 2학년 교실에서 모둠 활동을 하는 것은 원칙적으로 피하는 것이 좋다고 생각한다. 저학년 학생이 배움에 주춤하는 것은 개인 활동과 모둠 활동 장면에서 일어나기 때문이다.) 이 점에서 히라이 선생과 학생들의 관계는 대부분 이상적이었다.

그러면 왜 페이퍼시어터가 등장하고부터 배움에 열중하던 조용하고 차분했던 교실 분위기가 단번에 바뀌어 학생의 발언은 교재에서 분리되고, 자신들이 관찰한 경험에서도 분리되어 일부 학생만 발언하는 닫힌 교실이 된 것일까? 협의회에서 화제는 이 변화에 초점이 맞춰졌다. '저학년 수업은 무섭다'라고.

나는 페이퍼시어터의 등장으로 단번에 바뀐 교실을 앞에 두고 프랑스 철학자 알랭Alain의 《교육론》에 대해 해설을 쓴 교육학자 파스칼의 말을 떠올렸다. 파스칼은 알랭이 학생 중심의 신교육 실천을 지지하면서도 '배움과 놀이를 동일시하는 수업'이나 '흥미 중심의 수업'에 대해 엄중하게 경고한 사실에 주의할 것을 촉구한다. 그러한 수업은 학생을 모멸하는 수업이고, 그렇게 하는 한 그 수업은 학생에게서 모멸을 당하는 결과로 끝날 수밖에 없기 때문이다. '흥미를 갖게 해야 한다. 그러나 의도적으로 흥미를 갖게 해서는 안 된다.', '학생의 마음속에 내재되어 있는 아이다운 점에 호소하는 것이 아니라 반대로 학생의 마음속에 내재되어 있는 아이다운 점으로부터 벗어나려는 소망에 호소해야 한다.'고 파스칼은 알랭의 주장을 소개한다. 지당하다(G. 파스칼,《교육자 알랭》, 하시다 가즈미치橋田和道 옮김, 2000).

협의회 후 히라이 선생은 상쾌하고 충만한 표정으로 "또 새로운 도전이군요."라고 말했다. 이렇게 아오야마초등학교 수업협의회는 일상 수업을 자세하게 관찰하고 검토하면서 교실의 '조용한 혁명'을 추진하고 있다.

작은 섬의 '배움의 공동체'
히로시마 현 오노미치 시립 모모시마유치원·초·중학교

1. 학교의 존속

2004년 10월 1일, 아침 바닷바람을 온몸으로 맞으며 오노미치 시 부두에서 고속정으로 25분 거리에 있는 모모시마유치원과 모모시마초·중학교를 방문했다. 모모시마의 부두에 도착했을 때 6년 전 광경이 선명하게 되살아났다. 6년 전 이 부두에는 많은 섬 주민들이 나를 맞이하기 위해 나와 있었고, 어린 여자아이 두 명이 빨간 꽃다발을 건네며 환영해 주었다. 섬 전체가 축제의 장이었다. 오노미치 시의회에서 폐교가 결정되었던 초등학교와 중학교를 초·중학교 병설로서 존속시키기로 결정한 직후 방문한 것이었다.

6년 전 방문 기회를 만들어 준 이는 당시 농협 소장이기도 하고 우체국 국장이었다. 그는 내 책 애독자인데, 섬의 존망이 걸린 학교 폐교 문제에 마음이 아파 당시 초등학교 아즈마東 교장과 의논하고 나를 초대했다. 섬에 소재하는 학교의 미래를 생각할 때 '배움의 공동체'가 장래성이 있다고 여기고 공개연구회를 준비한 것이다. 섬의 총 인구는 700명이 넘지만, 외딴섬이므로 노령화가 진행되고 있었고, 가장 많았을 때(전후 초기)에는 취학 아동·학생 수가 530명이 넘던 학교도 현재는 유치원 원생, 초등학생, 중학생을 모두 합쳐도 30명 남짓이다. 오노미치 시의회는 통학선 비용 지급을 이유로 폐교를 결정했다.

나는 아즈마 교장을 통해서 학교를 존속하는 유일한 가능성은 초등학교와 중학교를 통합하는 데 있다는 말을 전했다. 히로시마 현에서는 선례가 없고 간사이 지방에서는 드문 것이었지만, 초등학교와 중학교를 병설하여 학교를 존속하는 것은 동북 지방 몇 학교에서 보고 들은 방식이었다. 섬 주민은 끈질기게 계속 교류했고, 내가 방문하기로 한 연구회가 있기 직전에 유치원과 초등학교, 중학교를 통합하여 학교를 존속시키기로 시의회에서 승인했던 것이다. 섬 전체가 열광했고, 정말로 축제의 장이었다.

학교 존망은 섬의 존망으로 직결된다. 폐교가 되면 섬은 폐허로 되고 말 것이다. 세토우치의 다른 외딴섬과 마찬가지로 모모시마는 헤이케平家(12세기 막강한 권력을 쥐고 영향력을 행사했던 일본의 무사 가문)의 패배 이래 긴 역사와 문화를 계승하고 있었다. 온화한 바다와 몇몇 작은 섬으로 둘러싸인 '귤'의 섬은 절경이다. '외딴섬'이라 하면

불편함과 가난함을 연상하는 사람도 있지만 자연과 문화, 역사에서 섬은 오히려 풍부한 전통을 보유하고 있다. 나도 세토우치 바다 가운데에 있는 외딴섬 오사키카미지마 大橋上島에서 중학 시절을 보낸 경험이 있기 때문에 외딴섬에 대한 편견의 폐단을 잘 알고 있었다. 외딴섬은 경제도 문화도 자율적인 통합과 순환성을 갖추고 있고, 본토 (육지) 이상으로 문화가 응축되어 기능하고 있다. 외딴섬 출신으로 서양화가 다이쿠大工 선생, 서예가 구쓰야靴屋 선생, 향토 역사가 고누시神主 선생이 있다. 지역 전체가 교육과 문화의 공동체를 형성하고 있는 것이다. 모모시마도 예외는 아니다.

이번 방문을 준비해 준 이는 작년부터 모모시마유치원 원장, 모모시마초등학교 교장으로 근무하고 있는 고무라사키 가쓰히코小紫克彦 교장이다. 고무라사키 교장은 2년 전 지카사키 시 하마노고초등학교를 방문하고 그 학교 만들기에 공감해서 모모시마유치원과 모모시마초·중학교를 '배움의 공동체'로 구상하여 '오노미치 교육 계획 21세기 학교 만들기'의 추진 사업 지정교로서 연구를 추진해 왔다. 이날은 그 공개연구회를 하는 날이었다. 이 공개연구회에는 나와 함께 작은 고속정을 타고 온 히로시마 현 교사 약 50명이 참가했다.

2. '좋은 학교'의 조건

6년 전에 부두에서 빨간 꽃다발을 건네며 환영해 주었던 여자 원생 2명은 6학년이 되어 있었다. 현재 유치원생은 6명, 초등학생은 12명, 중학생은 17명이고, 그중 중학생 8명은 섬 바깥(오노미치 시내)에서 학교에 다니는 학생이다. 원래 유치원은 초등학교 병설이었는데 초등학교와 중학교가 병설되어서 학생들은 학교 건물을 함께 사용하고 있고, 교사들은 교무실을 함께 사용하고 있다. 모모시마유치원과 모모시마초등학교는 4세 유아부터 중학생까지 학생 35명이 모여 유·초·중 일관 교육—貫教育을 하는 학교이다. 유·초·중 일관 교육의 구체로서 고무라사키 교장과 교사들은 '학력 프로젝트', '마음 프로젝트', '유·초·중 프로젝트'의 세 프로젝트에 따른 '반향하는 만남'을 주제로 수업 만들기를 추진해 왔다. 그리고 이들 프로젝트 연구에는 히로시마대학교에 있는 가미야마 다카야神山貴弥, 이노우에 와타루井上弥 두 조교수가 지도 교수로 함께 협력해 왔다.

즉시 교실을 방문하고 수업을 참관하였다. 이날은 유치원, 초등학교 1, 2, 3학년 합동 수업과 4, 5, 6학년 합동 수업, 그리고 중학생 전원이 함께하는 합동 수업이 공개 수업으로 결정되었다. 또 3교시에는 유치원과 초등학교 1, 2학년이 함께 서로 배우는 유·초 제휴 수업이 모모시마의 특산물인 '귤'을 주제로 삼아 총합 학습으로 전개되었다.

어느 교실의 배움도 내 예상과 기대 이상으로 훌륭했다. 교사 개개인과 학생 개개인의 관계나 교재 취급 방법 등은 솔직히 말해서 개선해야 할 점을 많이 발견했지만, 그들 개개인의 지도상 약점을 뛰어넘어 교실 전체와 학교 전체가 함께 배우고 성장하는 기반에 의해 안정되어 있었고, 질 높은 배움과 성장을 촉진하고 있었다. 유치원생과 초등학교 저학년이 '귤의 불가사의'를 열변색 종이(종이에 백반 수용액·소금물 등으로 글씨나 그림을 그려, 불에 쬐면 글씨나 그림이 나타나게 만든 것. 또는 그런 종이.)나 귤 상자, 귤껍질을 활용해 오염을 제거하는 활동을 함으로써 체감한 배움, '가구라神樂(신에게 제사 지낼 때 연주하는 일본 고유의 무악舞樂)'의 전승에 담긴 지역 노인의 생각을 받아들이는 초등학교 고학년 총합 학습, 그리고 멜러니 홀리데이Melani holiday가 연출한 중학생 뮤지컬 관극觀劇의 기점으로서 '사운드 오브 뮤직sound of music' 뮤지컬에 도전하는 중학생 총합 학습. 그 어느 것도 학생 한 명 한 명이 배우고 성장하는 모습이 뚜렷이 나타나는 확실한 실천으로서 결실을 맺고 있었다.

또 점심시간에 유치원생, 초등학생, 중학생 전원이 연기한 '모모시마 정어리 그물 소란'은 4세에서 15세까지 학생들 전원이 '하치만진자八幡神社'의 '모모시마 어린이회'축제 복장을 하고 신 나게 춤을 추었는데, 학생들 전원이 친밀하고 깊은 연대로 묶여 있다는 것을 단적으로 표현하고 있었다. 유치원생부터 중학생에 이르기까지 하나가 되어 아주 멋졌다.

교사들의 모습도 마찬가지였다. 이 학교에서는 유치원, 초등학교, 중학교 교사가 교무실을 같이 사용하고 있고, 중학교 교사는 초등학교 업무를 겸하고 있다. 모든 교직원이 학교·급의 틀을 뛰어넘어 학생들과 관계를 만들고, 협력하여 연수 활동을 해 왔다. 수업사례연구는 2년 동안에 50회 이상, 대화를 150시간 해 왔다고 한다.

모모시마유치원·초·중학교 교실을 참관하면서 이 학교가 '좋은 학교'로서의 조건을 모두 갖추고 있다는 점에 감탄하지 않을 수 없었다. 이 학교는 무엇보다도 소규모 학교로서 교사, 학생, 학부모, 지역 주민이 얼굴을 서로 맞대고 커뮤니케이션을 하고 있다. 학생들은 '섬의 보물'이라고 일컬어지고, 어떤 학생이든 지역 주민의 따뜻한 눈빛을 받으며 성장하고 있다. 그리고 교직원과 학생들, 학부모 수를 모두 합해도 100명 이하인 규모로 고유명사로 묶인 배움의 공동체를 실현하고 있다. 그 친밀함과 자연스러움은 부러울 뿐이다. 두 번째로 이 학교는 섬의 과거와 현재, 미래를 짊어진 채 이루어지고 있다. 학교는 결코 진공 지대에서 성립되지 않는다. 지역의 역사와 문화의 두께에 뒷받침을 받고, 학교 운영이 지역 주민의 삶과 미래 희망으로 연결될 때 그 학교는 아주 완전한 교육 기능을 다할 수 있다. 그러한 의미에서도 모모시마유치원·초·중학교는 최고의 조건을 갖추었다고 말해도 좋을 것이다.

3. 탁월성 추구

모모시마유치원·초·중학교 교육은 일본 교육의 최고 수준을 획득했다고 말해도 좋을 것이다. 모모시마유치원·초·중학교뿐만이 아니다. 일본 전국의 많은 벽지학교는 이 학교와 마찬가지로 훌륭한 교육을 실현하고 있다. 일반적으로 벽지학교는 부정적인 측면에서만 이야기되어 왔다. 확실히 이전의 벽지학교는 교육 후진성의 상징이었고, 열악한 조건이 문제로 지적되어 왔다. 그러나 오늘날 벽지학교는 오히려 교육의 선진성과 질 높은 교육을 자랑해도 좋다고 생각된다.

예를 들면 모모시마초·중학교의 학력 수준은 아주 뛰어나다. 전국표준진단학력검사NRT에서 중학교 영어와 수학, 국어 3개 교과 평균편차는 55이고, 초등학교 국어와 산수 2개 교과 평균편차는 60이다. 또 현의 '기초 기본' 정착 상황 조사에서는 중학교 국어, 수학, 영어 3개 교과 평균에서 현 평균을 16점 웃돌고, 초등학교 국어와 산수

2개 교과 평균에서는 현 평균을 20점이나 상회한다.

이러한 발군의 성적은 벽지학교라는 점에서 몇 가지 좋은 조건으로 유지되고 있다. 그 첫째는 소규모 학교라는 점이다. OECD국제학력조사(PISA 조사, 2000년)에서 제1위인 핀란드는 초등학교 평균 학생 수가 65명 정도였다는 점이 떠올랐다. 제2위인 캐나다도 제4위인 오스트레일리아도 인구에 비해 광활한 면적을 지닌 나라이며 소규모 학교가 많은 나라였다.

두 번째 좋은 조건은 복식학급에 있다고 생각한다. 지금까지 복식학급은 부정적인 측면만 이야기되어 왔다. 그러나 21세기에 들어와서 산업사회에서 포스트 산업사회로의 이행에 따라 지식과 배움의 '양'보다 '질'이 요구되는 시대에 접어들어 복식학급에서 이루어지는 배움은 새로운 가치를 얻게 되었다. OECD PISA 조사에서도 핀란드, 캐나다, 오스트레일리아 등 소규모 학교에서 복식학급이 많은 나라가 고득점을 얻고 있다. 복식학급 형식은 같은 교육 내용을 두 번 반복하여 배운다는 점에서 '효율성'은 떨어져도 '발전성'에서는 우수하다. 모모시마초·중학교에서는 복식학급에서 상급 학년 수준에 맞추어 수업이 이루어져 그 결과 질 높은 발전성이 있는 배움이 실현되고 있다. 단연코 선두라고 말할 수 있는 높은 학력은 그 성과라고 말해도 좋을 것이다.

세 번째 좋은 조건은 프로젝트형 배움이다. PISA 조사 결과에서도 핀란드에서 좋은 성적을 얻은 학교에서는 복식학급이라는 형식에 더해 프로젝트형 배움을 추구하고 있다는 사실이 알려져 있다. 이날 모모시마초·중학교 공개연구회에서 제안된 수업은 모두 프로젝트형 배움을 추구하고 있었다. 다양한 능력과 개성을 지닌 학생들이 협력하여 한 가지 주제를 집약적으로 서로 배우는 프로젝트형 배움이 수준 높은 학력을 형성하는 기초가 된 것이다.

물론 모모시마유치원·초·중학교 교육이 완벽한 것은 아니다. 복식학급에서 프로젝트형 배움을 추구하면서도 교사들은 칠판과 분필에 의존하는 전통적인 수업 구조를 벗어났다고 말하기 어렵고, 학생들의 배움을 좀 더 활동적이고, 협동적으로 전개하는 것이 필요하다고 생각한다. 그러한 과제들이 남아 있다 해도, 이 학교가 21세기에 걸맞은 '배움의 공동체'로서 학교 비전을 선명하게 제시하고 있다는 것은 분명하다.

4. 미래로의 의지

저녁, 부두에는 학생들과 섬 주민들이 나를 배웅하기 위해 모여 있었다. 내 손에는 29명 학생들이 건넨 종이테이프가 쥐여 있었다. 배가 부두를 떠나고, 석양을 받아 종이테이프 29개가 바다 위에 큰 활모양을 그린다. 6년 전의 감동적인 광경이 다시 온 것이다. 부두에서 언제까지나 손을 흔드는 학생들과 섬 주민들에게 응답하면서 천 년에 걸친 역사를 새겨 온 섬 문화가 앞으로도 교육에 의해서 전승되어 계속될 것을 바라지 않을 수 없었다.

세토우치 바다의 석양은 아름답다. 이 풍토에서 나는 배우고 성장한 것이라고 새삼 생각한다. 배 위에서는 내방한 많은 교사들에게서 절박한 학교의 현상에 관한 이야기를 들었다. 방문한 교사들은 누구나 모모시마유치원·초·중학교와는 거리가 먼 학교 현실 속에서 매일 허덕이고 있다고 한다. "한 번이라도 좋으니 ○○시에도 와 주시기 바랍니다.", "한 번이라도 좋으니 우리 학교에도 오시기 바랍니다."라고 교사들이 절실히 호소했다. 히로시마 현 학교는 이 10년 동안 교육개혁 혼란의 한가운데에 놓여 있었다. 그 혼란은 현재도 계속되고 있다. 내가 태어나 성장한 고향인 것만으로 교사들의 절절한 목소리는 마음에 사무친다.

어둠 속에 모습이 사라져 가는 모모시마를 뒤돌아보며, 이 섬 주민들이 학교에 바라는 뜨거운 염원을 떠올렸다. 고무라사키 교장은 학생에게 바싹 다가서는 교사로서 책임을 다하는 한 학교의 재생은 꿈이 아니라고 말했다. 거기에 미래로의 뜻과 희망을 맡길 수밖에 없다.

수업 만들기에서 학교 개혁으로
시즈오카 현 아타미 시립 다가중학교

1. 협동적인 배움의 발전

2004년 10월 7일, 아타미 시립 다가多賀중학교를 방문했다. 전교생이 295명인 중간 규모 학교이다. 신칸센 아타미 역에서 차를 타고 해안선을 따라 약 15분, 아타미 시와 이토 시의 중간에 있는 마을에 다가 지구가 위치한다. 관광도시인 아타미는 경제 불황의 직격탄을 맞았다. 주민 대부분이 온천 주변 관광업과 요식업에 종사하고 있는 다가 지구도 예외가 아니다. 이번 방문은 세 번째인데, 방문할 때마다 관광업 부진의 여파가 가정 붕괴로 이어지고, 약자인 아이들을 곤경에 빠뜨리는 현실을 느낄 수 있었다.

다가중학교가 개혁에 착수한 것은 1년 반 전인 2003년 4월이다. 다가중학교 교장으로서 책임을 맡고 있는 후쿠사와 미키히코深澤幹彦 선생이 후지 시립 가쿠요중학교를

155

방문했는데, '배움의 공동체' 만들기 학교 개혁에 촉발되어 당시 가쿠요중학교 사토 교장에게서 도움을 받아 개혁에 착수한 것이 그 계기이다. 우선 모든 교사가 수업을 동료에게 공개하고 연수를 하자고 제안했고, 6개월 후인 2003년 10월에는 모든 교실에서 책상 배치를 ㄷ 자 모양으로 바꾸었다.

내가 가쿠요중학교를 처음 방문한 것은 그해 11월이었다. '배움의 공동체' 만들기를 착수한 지 반년 후였지만, 어느 교실에서도 학생들이 한 명도 빠짐없이 수업에 참여하는 상황이 만들어졌다. 두 번째 방문한 것은 올해 5월이다. 교사들의 목소리와 몸에서 딱딱한 기운은 느낄지언정, 어느 교실에서도 학생들이 '활동적이고 협동적이고 반성적인 배움'을 몸에 익히고 있었다. 그 개혁의 속도가 빨라 놀랐는데, 모둠 학습에서 '협동'이 많은 교실에서 반드시 유효한 기능을 하고 있지 않다는 것도 발견했다.

모둠 학습에서 협동적 배움이 이루어지지 않는 원인은 크게 세 가지이다. 하나는 모둠의 학생 수가 많은 경우이다. 모둠의 학생 수는 서로 배우는 관계가 충분히 형성되어 있지 않은 경우에는 3명이 좋고, 서로 배우는 관계가 형성된 경우에는 4명이 좋다. 다가중학교의 경우, 아무리 중학생이라 해도 6명 모둠에서는 한 명 한 명의 배움이 보장되는, 함께하는 배움이 실현되기 어렵다.

'협동'이 이루어지지 않는 두 번째 원인은, 모둠을 남녀로 편성하는 데 있다. '점프가 있는 배움'을 실현하기 위해서는, 남녀 혼합 모둠으로 편성할 필요가 있다. 남학생끼리, 여학생끼리 구성된 모둠에서는 서로 배우는 관계도 '점프가 있는 배움'도 이루어지기 어렵다. 더욱이 흥미 있는 사실은, 남녀 혼합으로 조직해도 남학생 3명과 여학생 1명이라면 문제없지만, 여학생 3명과 남학생 1명 편성에서는 서로 배우는 관계가 이루어지기 어렵다.

'협동'이 이루어지지 않는 세 번째 원인은, 모둠 학습 과제가 너무 쉬운 데 있다. 모둠 학습을 도입한 목적은, 혼자서는 해결할 수 없는 과제나 내용을 친구들과 협동하여 도전하는 데 있다. 한 명 한 명 '점프가 있는 배움'은 모둠 학습에서 '협동'을 할 때 가장 잘 달성할 수 있다. 그러나 교사 대부분이 모둠 학습에서 도전할 가치가 있는 수준 높은 과제를 설정하지 않고, '협동'과 '점프'를 필요로 하지 않는 너무 쉬운 과제를 설정하는 경향이 있다. 모둠 학습의 성공 비결 중 하나는 보다 수준 높은 과제를 설정하는 것이고, 수준 높은 과제에 도전하는 배움에서 '서로 듣는 관계'도 '조용하고 차분한 교실'도 실현된다는 것을 잊지 말아야 한다.

두 번째 방문에서는 모둠 학습에서 배움을 활성화하기 위해 이 세 가지 개선책을 들려주었다. 그리고 이번은 세 번째 방문이다. 이내 곧 후쿠사와 교장의 안내를 받아 모든 교실을 참관했다.

2. 서로 배우기를 시작하고부터

각 학년마다 3학급, 그리고 특수학급까지 총 10학급을 둘러보았는데, 어느 교실에서도 학생들이 한 명도 빠짐없이 수업에 적극적으로 임하고 있는 모습을 볼 수 있었다. 교실을 돌아보고, 나는 학생 한 명도 빠짐없이 배울 권리가 보장되고 있는 점에서 가쿠요중학교와 나란히 '배움의 공동체'로서 학교 개혁이 이 다가중학교에서도 실현되고 있다는 것을 확신했다. 그렇다 해도 개혁을 시작한 지 겨우 1년 반이다. 어떻게 이렇게 빠른 속도로 개혁이 실현된 것일까.

그 비밀을 푸는 열쇠 중 하나가 교무실 근처 복도에 게시된 문화제 사진과 사진을 설명하는 말들에 있다. 연수 주임인 쇼지 도모히로庄司朋広 선생이 담임을 맡고 있는 2학년 3반에서는 문화제에서 '서로 배움'을 주제로 하여, 4월부터 반년 동안 교실에서 학생들 사이에서 서로 배우는 것이 어느 정도 발전했는지를 즉흥극으로 발표했다. 그 마지막 장면에서 한 남학생이 다음과 같이 말했다.

"서로 배우는 것을 시작하고부터, 왜 그런지는 모르겠지만 지각이 줄었습니다. 서로 배우는 것을 시작하고부터, 왜 그런지는 모르겠지만 결석이 줄었습니다. 서로 배우는 것을 시작하고부터, 왜 그런지는 모르겠지만 시험 성적이 올랐습니다. 서로 배우는 것을 시작하고부터, 왜 그런지는 모르겠지만 웃는 얼굴이 늘었습니다. 서로 배우는 것을 시작하고부터, 왜 그런지는 모르겠지만 학교가 즐거워졌습니다."

이 발언은 전교생에게서 박수갈채를 받았다고 한다. 왜 그런가 하면 이 발언을 한 남학생은 작년까지 부등교를 한 학생이었기 때문이다. 사실 '배움의 공동체' 만들기를 통해 다가중학교에서는 부등교 학생 수가 격감하고 있다. 2년 전까지 두 자릿수를 넘었던 부등교 학생 수가 작년 8명까지 줄고, 올해는 한 명도 없다. 물론 복잡한 가정 사정을 안고 있는 학생이 많은 다가중학교에서 '부등교 기미'로 불리는 학생은 적지 않다. 그러나 그 학생들도 또래 친구와 교사의 연결이 뒷받침되어 매일매일 배움의 도전을 계속하고 있다. 문화제에서 발표한 남학생 발언은, 다가중학교 교사들과 학생들이 협동하여 몰두한 '배움의 공동체' 만들기의 성과를 무엇보다도 잘 웅변해 주고 있다.

이러한 드라마가 발생할 수 있는 토양을 다가중학교가 만들고 있는 것이, 이번 방문에서 확실히 피부에 와 닿았다. 무엇보다도 교실에서 서로 배우는 학생들 자세가 그 문화제를 여실히 보여 주고 있었는데, 그뿐만이 아니다. 본래 소박하고 솔직한 인상을 보여 주는 다가중학교 학생들이지만, 지금까지 보여 준 그 이상으로, 학생들의 몸짓이 자연스럽고 상냥한 데다가 인사하는 목소리가 기분 좋다. '배움의 공동체' 만들기는, 문자 그대로 '공동체' 만들기이다. 누구든 마음 편히 배우며 생활할 수 있는 환경이 조성되어 자연스러운 몸짓과 친밀한 커뮤니케이션이 이루어지고, 그러한 모든 것이 교실의 배움을 뒷받침하게 하는 것이다. 이날, 현관을 나서면서 종일 느꼈던, 학생들이 서로 나누는 인사말, 학생들이 보여 주는 자연스러운 몸짓, 밝은 기운이 느껴지는 학생들 표정은 이 학교 개혁이 내가 상상하고 있는 그 이상으로 깊이 진행되고 있다는 것을 보여 준다.

3. 교내 연수 개혁

이날 교내 연수는, 3학년 C반 교실에서 진행된 우치다 마사루內田勝 선생의 수학 수업 검토이다. 주제는 '2차 방정식 이용'으로, 한 변이 15cm인 정방형 ABCD의 좌측 아래 정점 B부터 매 초 1cm 속도로 점 P가 우측 정점 C까지 이동하는데, 우측 위 정점 D부터 매 초 1cm 속도로 점 Q가 아래쪽 정점 C까지 이동한다. X초 후 삼각형 QBP의 면적을 X로 표현하고, 이 삼각형 면적이 $18cm^2$가 되는 것은 몇 개인가를 구하는 문제를 푸는 것이 이날 과제이다. 우치다 선생은, 이 과제를 시각화하여 인식시키기 위해 종이 몇 장에 X초 후의 점 P와 점 Q를 표시한 그림을 그려, 그 그림을 '그림 연극(이야기의 각 장면을 두꺼운 종이 여러 장에 그려 넣어 한 장씩 설명하면서 구경시키는 것)'처럼 연결하여 제시했다.

이 과제는 학생들에게는 어려운 문제였다. 우치다 선생이 문제를 그림 연극처럼 제시하고, 먼저 학생 한 명 한 명이 이 그림을 인쇄물에 그리고, 그러한 작업을 통해 문제의 의미를 이해한다. 묵묵히 작업에 전념하는 시간이 지난 뒤, 한 명 한 명 깨달은 것을 교류하는, 작은 모둠이 서로 이야기를 나누는 것으로 이 문제에 도전하는 활동이 전개되었다. 이날 우치다 선생은 작은 모둠이 서로 이야기를 나누기 전에 "옆 반에서 이러한 해법으로 문제를 푼 학생이 있어요."라며 정답 식을 제시하고 "이 식의 의미를 모둠에서 서로 이야기해 볼까요."라고 과제를 제시했다. 이 문제가 학생들에게는 너무 어렵다는 판단에 따른 고육책이었다.

다가중학교 수업연구회는, 수업 하나를 1시간 반 정도 시간을 할애해 교실의 배움을 두루두루 자세하게 관찰한 것을 나눈다. 통상 중학교 수업 연구는 교재 내용을 논의하거나 교사의 지도 기술이 옳은지 그른지가 화제 중심이 되는 일이 많다. 이러한 방식에서는 관찰자가 수업을 한 교사에게 '조언'을 하는 일방적 관계가 되어서 학생들의 배움이 검토되지 않는 경향이 있다. 다가중학교에서는 그 폐해를 극복하기 위해 '연수의 3가지 시점'을 정해 '어디에서 배움이 이루어지는가', '어디에서 배움이 주춤하는가, 그 이유는 무엇인가', '그 수업을 통해 자신(관찰자)이 무엇을 배웠는가'를 서로 이야기 나누어 왔다. 이 '3가지 시점'에서 이야기를 나누면, 수업을 한 교사가 수업 기교에 구애되지 않고 솔직하게 배우는 것이 가능하다. 관찰자도 관찰한 수업에서 풍부하게 배울 수 있다.

이날 교내 연수 이야기도 '연수의 3가지 시점'에 따라 전개되었다. 옆에 앉아 듣고 있는 내가 속이 후련할 정도로 하나하나 교실에서 발견된 사실과 인상을 나누었다. 교사 한 사람 한 사람이 관찰한 작은 사실의 의미를 연결하여 직물을 짜는 것 같은 커뮤니케이션이다. 교사들이 이렇게 서로 영향을 주고받는 배움을 실천하기 때문에 다가중학교는 이만큼 빠른 속도로 확실히 교실 개혁을 이룰 수 있었다고 생각한다.

교내 연수에서 교사 상호 간에 이야기 나누는 것을 자세히 보고, 나는 학생 한 명 한 명의 배울 권리와 그 존엄성에 대해서도 충실할 것, 교재 발전성을 존중할 것, 그리고 교사 자신의 철학을 중요하게 여길 것, 이 세 가지 원칙을 관철해야 수업 창조와 학교 개혁은 내실 있는 성과를 낳을 수 있다고 확신했다.

우치다 선생의 수업에 대해서는 '정해'의 사례를 교사가 제시한 것에 대한 옳고 그름, X라는 문자가 정수와 변수 2개 의미를 지닌 것은 학생들에게는 어려웠을 것이라는 점, 서로 배우는 관계의 전제로서 이해하지 못한 학생이 옆 친구에게 "저, 이거 어떻게 해?"라고 묻는 습관을 형성하는 것의 중요성 등에 대해 세세하게 검토했다. 그것들을 통해 우치다 선생이 안이한 과제를 내지 않고, 다소 어려운 과제라는 것을 인지한 상태에서 수준 높은 문제를 제시하여 학생들과 함께 도전한 것을 모든 교사가 긍정적으로 평가했다. 명쾌하고 충만한 기분 좋은 연수회였다.

4. 거점이 되는 것

이 교내 연수회에는 아타미 시 교육장, 장학사, 아타미 시와 이토 시 교장을 포함해 시 내외 교사 약 40명이 참가했다. 1개월 후에 열릴 공개연구회를 앞두고 월례 교사 연수에도 시 내외 교사들이 참관하려고 방문한 것은, 다가중학교 학생들에게도 교사들에게도 큰 격려가 된다. 그리고 무엇보다도 수업 개혁이 필수 과제가 되고 있는 중학교 교사들에게는 다가중학교처럼 개혁에 도전하고 있는 학교 사실을 배우고 그 경험을 나누는 것은 매우 귀중하다.

나도 그렇지만, 방문한 교사들이 인상 깊이 느낀 것은 복도 여기저기에 게시된, 교실에서 공부하고 있는 학생들을 담은 사진이다. 작은 모둠의 협동적 배움 장면을 중심으로 촬영한 스냅사진은 여러 교실에서 배움이 발전하고 있는 사실을 보여 주는 지표이다. 가쿠요중학교 수업 개혁 과정에서 배운 '활동'과 '작은 모둠 협동'과 '이해한 것 서로 표현하기' 3가지 요소를 어느 수업에서도 취하기 시작한 것이 1년 반 전 일이다. 그 후 매일매일 축적되어 지금까지 개혁을 뒷받침해 온 것이다.

다가중학교 개혁을 주도한 후쿠사와 교장의 리더십에 대해 마지막으로 이야기하고 싶다. 후쿠사와 교장은 조용한 의지를 간직한 뛰어난 교장 중 한 사람이다. 학생 한 명 한 명의 배움에 대한 유연하고 섬세한 눈길과 교사의 수업에 대한 전문가 의식으로 후쿠사와 교장은 학생에게서도 교사에게서도 학부모에게서도 절대적인 신뢰를 받고 있다. 이러한 교장이 한 명이라도 늘면, 학교 개혁은 좀 더 순조롭게 추진될 것이다. 아타미 시에 다가중학교라는 개혁의 거점 학교가 탄생한 것은 그 의미가 매우 크다.

서로 배우는 배움의 창조
오사카 부 히가시오사카 시립 고사카초등학교

2004년 11월 20일, 히가시오사카 시립 고사카小阪초등학교 공개연구회에 참가했다. 이 학교의 미나미 미쓰히로 南光弘 교장에게서 방문 의뢰를 받은 것은 3년 전이다. 미나미 교장과 이 학교 교사들은 4년 전에 지카사키 시 하마노고초등학교를 방문하여 3년 전부터 '하마노고 스타일'에 따른 '배움의 공동체' 만들기에 도전해 왔다. 그 후 2년에 걸쳐서 미나미 교장에게서 방문 의뢰를 받았지만, 일정이 꽉 차 있어서 거절할 수밖에 없었다.

이 몇 년 사이, 나는 하루 3개교 이상 학교로부터 방문 의뢰를 받고 있었다. 그 수는 연간 1천 개 학교를 넘어서고 있다. 게다가 대부분은 '배움의 공동체' 만들기를 추진 중이라고 한다. 어느 학교든 찾아가 협력하고 싶지만, 공무 관계상 어떻게 조정한다 해도 연간 100개 학교를 방문하는 것이 최대한이었다. 특히 작년부터는 법인화 직후 학부장으로서 격무에 쫓겨 방문하는 학교도 70개교 정도로 제한하고 있었다. 그러나 올해는 미나미 교장이 퇴임을 앞두고 있어 고사카초등학교만은 어떡하든 방문해야겠다고 생각했다. 비어 있는 날은 토요일밖에 없었다. 고사카초등학교에서 공개연구회를 토요일로 정해 겨우 염원하던 방문이 실현되었다.

어떡하든 고사카초등학교를 방문하겠다고 생각한 데는 몇 가지 이유가 있다. 하나는 미나미 교장을 만났을 때 첫인상 때문이다. 잠시 한 번 본 것뿐인데 온화한 인품 속에 강인한 의지가 느껴져 학생의 배움을 존중하며 교사의 성장을 지원하는 교장이 틀림없다는 확신을 가졌기 때문이다. 또 하나는 이 학교가 오사카 부에 위치한 학교라는 점이다. 도쿄 부나 오사카 부 등 대도시와 교외 학교 개혁은 어려운 점이 더 많다. 어느 국가에서나 대도시 학교는 많은 난제를 안고 있었고, 특히 수업 수준이 낮다는 어려움을 안고 있었는데 일본도 예외는 아니었다. 그 곤란한 지역에서 어떻게 배움의 공동체 만들기라는 개혁이 진행되고 있는지, 하나라도 더 많은 사례에서 배울 필요가 있다.

고사카초등학교는 히가시오사카 시의 중심에 있고, 시바 료타로司馬遼太郎 기념관 모퉁이 부근에 위치하고 있다. 이 학교는 시내에서 가장 오래된 학교이다. 1873년(메이지 6년) 개교 시에 학생 수가 126명을 넘었다는 사실에서 알 수 있듯 이 지역은 오래전부터 번성한 마을이었을 것이다. 그러한 분위기가 좁은 골목 여기저기에 감돌고 있었다. 현재 고사카초등학교는 학생 362명, 교직원 27명인 중간 규모 학교이지만 3대에 걸쳐 이 학교에 다니고 있는 가정도 적지 않을 만큼 학교와 지역의 관계가 밀접했다.

오전 9시에 도착했는데, 이미 많은 참관자가 이 학교에 와서 기다리고 있었다. 이날 방문한 교사는 약 160명, 멀리 기타큐슈에서 찾아온 이도 있었다.

2. 수업 연구에 의한 학교 만들기

이내 곧 미나미 교장 안내로 각 교실을 참관했다. 어느 교실을 보아도 대도시 교외 학교라고는 생각되지 않을 만큼 학생의 모습이 유연하고 자연스러워 그것만으로도 이 학교가 50회 이상 수업사례연구를 쌓아 왔다는 것을 알 수 있었다. 학생이 배우는 모습을 관찰하는 것만으로도 그 학교가 어떤 수업사례연구를 어느 정도 쌓아 왔는가를 추정할 수 있다. 고사카초등학교에서는 3년 전부터 모든 교사가 수업을 공개하여 수업사례연구를 축적하고, '서로 듣는 관계' 만들기를 기초로 하여 '서로 배우는' 관계를 형성하는 교실 만들기를 추진해 왔다.

학교는 내부로부터 바뀔 수밖에 없고, 학교를 내부로부

터 바꾸기 위해서는 한 사람도 빠짐없이 모든 교사가 동료에게 수업을 공개하여 교실 사실에 바탕을 두고 서로 배우는 동료성을 구축할 필요가 있다. 고사카초등학교 배움의 공동체 만들기도 모든 교사가 진행하는 수업 연구를 기반으로 학교 개혁을 추진해 왔다. 그 성과는 자연스럽고 유연하게 서로 배우는 학생의 모습에서 단적으로 표현되고 있었다. 그뿐만이 아니다. 각 교실에 게시되어 있는 학생들의 미술 작품이 아주 훌륭했다. 이 학교에 오래 근무했던 위촉 미술 교사의 도움도 있어, 어느 교실이나 학생의 개성을 반영한 매우 뛰어난 작품이 걸려 있는 것이 인상적이었다.

고사카초등학교뿐만 아니라 '배움의 공동체' 만들기를 추진하고 있는 학교는 미술이나 음악에 의한 예술 교육 수준이 높은 것이 특징이다. 학생들의 작업에 성실함이 묻어 있고, 학생의 배움과 교사의 실천이 창조적이라는 점에 더해 세심한 감성과 넘치는 정감을 교환하면서 공동체를 창출한 것이 예술 교육에서도 우수한 성과를 가져오고 있는 것이다. 그리고 예술에 의한 감정과 활동의 교류가 '배움의 공동체' 만들기의 추진력이 되는 것이다.

많은 참관자를 맞이한 공개연구회지만, 교사는 힘이 들어가 있지 않은 것이 좋다. 어느 교실에서나 평소 수업처럼 담담하게 준비되어 학생도 교사도 자연스럽다. 고사카초등학교에서는 수업 개혁을 실현하기 위해 하마노고초등학교에서 배워 교무 분장을 '1인 1역제'로 하고, 교직원 회의를 매월 1회만 실시하고 있다. 그에 따라 '학생과 학습하는 시간'을 충분히 확보함과 동시에 모든 교사의 배움을 검토하기 위해 '수업연구회'에 충분한 시간을 할애해 왔다. 더욱이 배움의 질을 높이기 위해 오전에는 95분 수업 두 개로 조직하고, 1·2교시와 3·4교시는 집약적으로 배울 수 있도록 종을 울리지 않음으로써 유연한 수업 시간 운용을 실현해 왔다. 그 결과 '수업 중 학생의 관점에서 교재에 몰두하는 시간'이 생겼다고 한다.

연수 주제도 학교에서 일률적으로 정하는 것이 아니라 교사 한 명 한 명이 스스로 자신의 연구 주제를 설정하고 연구 수업 대화도 각 교사의 연구 주제에 맞추어 검토하는 형식을 취했다. 미나미 교장도 수업자로서 대등하게 임했다. 미나미 교장은 시바 료타로 문장을 도덕교육 교재로 삼아 수업을 공개하고, 교사들에게서 "거리낌 없이 철저하게 하셨습니다."라는 말을 들었다며 웃으면서 말했다.

상기하자면, 하마노고초등학교의 오세 도시아키 교장도 오지야 시 오지야초등학교와 나가오카 시 나가오카미나미중학교 히라사와 겐이치 교장도 후지 시 히로미초등학교와 가쿠요중학교 사토 마사아키 교장도 교장 스스로가 수업 만들기에 도전하여 공개하고 같은 수업자로서 대등하게 교사들과 연구하고 있었다. 교장도 수업자로서 교사들과 대등한 입장에 섬으로써 동료성 만들기를 촉진하고 '배움의 공동체 만들기'를 역동적으로 추진할 수 있다. 미나미 교장도 수업자로서 교사와 연대할 수 있는 뛰어난 교장 중 한 사람이다.

3. '이 아이'의 배움이 살다

고사카초등학교에서는 '이 아이의 배움을 살리는 수업'이라는 표현으로 수업 만들기를 추진해 왔다. 개인의 배움을 눈여겨 두는 것이고, 개인과 개인의 배움을 연결하는 '배움의 공동체' 만들기로의 도전이다. 이날 오후는 4학년 2반 모리타 마키森田眞紀 선생의 도덕 수업과 5학년 2반 다카하시 리쓰코高橋律子 선생의 국어 수업을 공개하고, 이 두 수업 사례를 검토하는 교내 연수 모습을 참관자에게 공개했다.

그중에서도 모리타 선생의 도덕 수업은 고사카초등학교 학교 개혁 성과를 무엇보다도 잘 보여 주었다. 모리타 선생은 '한 명 한 명이 자기 생각을 가지고 교류하는 가운데 깊이 생각하는 수업 만들기'를 염두에 두고 다른 사람에 대한 관용을 주제로 하는 도덕 수업을 자작自作한 '모조지 한 장'이라는 교재로 실천했다. 반에서 작성한 발표용 모조지에 한 남학생이 잘못하여 물을 엎질러 버렸다. 그것에 화가 난 여학생이 심한 말로 남학생에게 타박을 주고는 교실을 나갔는데 다음 날 깨끗하게 고쳐 온 남학생에게 여학생은 아무 말도 하지 못하고 미안해하는 이야기이다.

수업은 '모조지를 더럽혀 주뼛주뼛하고 있는 남학생', '사과하는 남학생을 무시하고 교실 밖으로 나간 여학생', '다음 날, 혼자서 모조지를 다시 써 온 남학생' 이 세 장면을 따라 여학생 기분과 행동에 대해 생각하는 형식으로 전개되었다. 수업이 시작되자 즉시 이 교실 학생들이 얼마나 뛰어난지 이해할 수 있었다. 어떤 학생도 유연한 데다가 성실하게 배움에 임하고, 한 명 한 명 다른 친구의 발언을 잘 듣고 섬세하게 반응하고 있었다.

모리타 선생의 대응은 그렇게 복잡하지는 않은 한 명한 명의 발언을 진지하게 받아들여 곳곳에서 '되돌리기(발언 반복)'를 하고 있을 뿐인데, 모리타 선생이 학생 한명 한 명과 기분 좋게 공을 주고받는 연습을 하고 있는 것처럼 느껴졌다.

이처럼 안정되게 공을 주고받는 관계는 무엇보다도 모리타 선생이 학생 한 명 한 명의 발언을 성실하게 그대로 받아들이는 것에서부터 생겨나고 있었다. 그중에는 변화구나 자유투밖에 던질 수 없는 학생도 있었지만, 그들 공도 교사가 솔직하게 받아들이기 때문에 학생들은 안정적으로 배움을 지속할 수 있는 것이다.

이보다도 더 감동적인 것은 학생들의 발언이 서로 연결되어 있다는 점이었다. 언뜻 보면 학생들은 각각 자기가 이해한 것을 차례차례로 발언하고 있을 뿐이라고 볼 수 있지만, 그들 발언은 모두 연결되어 있고 그 연결 속에 사고의 발전이 묻어 있다. 게다가 이 발언의 연결은 교실 속에서 충분히 배움에 참여할 수 없는 도시오(가명)의 발언과 고집 때문에 서로 배우는 일을 힘들어하는 가즈코(가명)의 발언을 계기로 역동적인 전개를 보여 주었다. 이질적인 사고를 적극적으로 받아들여 이질적인 사고와 대화함으로써 서로 배우는 방법이 학생들의 몸에 배어 있다는 증거이다.

내가 놀란 것은 모리타 선생이 교직 2년차 교사라는 점이었다. 이 수업에 한해서는 전혀 2년차 교사라고 상상할 수 없었다. 모리타 선생은 수업에서 학생에게 적확하게 대응하고, 학생들은 충실하게 서로에게서 배우고 있었다.

젊은 교사가 비약적으로 성장하는 것은 '배움의 공동체'만들기라는 학교 개혁의 참다운 묘미라고 할 수 있다. 모리타 선생은 그 혜택을 누리고 있는 젊은 교사의 전형이라고 해도 좋을 것이다. 그 반 학생의 배움에 대한 진지한 자세나 교사로서의 자질과 능력은 물론이거니와 무엇보다도 고사카초등학교 교사들 전원이 수업사례연구를 통해서 서로 성장해 왔다는 사실이 젊은 모리타 선생을 여기까지 성장시킨 것이다. 젊은 교사는 이런저런 선입관이나 굴곡 있는 경험에 속박되지 않는 만큼 '배움의 공동체' 만들기라는 개혁에서 곧장 성장하는 것이다.

4. 동료성의 확실성

두 수업 참관 후 진행된 수업연구회에서는 평소 교내 연수 모습이 그대로 공개되었다. 모리타 선생의 수업사례 연구에 약 1시간 반, 다카하시 선생의 수업사례연구에 약 1시간이 할당되었다. 어느 사례에 대해서도 교내 교사 전원이 코멘트를 했고, 그들 발언은 고사카초등학교에서 진행되고 있는 '배움의 공동체' 만들기의 특징을 보여 주고 있었다. 모든 교사가 학생의 배움을 자세히 관찰하고 그에 근거하여 발언했고, 교사 각각이 교실에서 관찰하고 배운 것을 자신의 말로서 표현했다.

보통 수업사례연구라고 하면 "여기에서는 ~해야 하지 않습니까?"라고 참관자가 수업에 대한 자신의 의견을 피력하거나 조언을 계속하는 경우가 많다. 그러나 고사카초등학교의 수업사례연구에서는 어디에서 배움이 이루어지고 어디에서 주춤거리는지, 교실에서 학생의 배움 과정이 사실에 기초하여 상세하게 검토되고 있었다. 그리고 참관자가 수업자에게 '조언'을 하는 것이 아니라 교실의 사실에서 '배운 것'을 조심스럽고 신중하게 나누고 있었다.

고사카초등학교 교사들은 '배움의 전문가'이고, 동료에 대한 배려와 배우는 사람으로서 겸허함을 갖추어 수업사례연구를 매력적인 일로 만들고 있었다.

'배움의 공동체' 만들기를 추진하는 교사들은 연간 수십 회에 이르는 수업사례연구를 '우수한 수업'을 위해 쌓아 가고 있는 것이 아니다. 교사의 책임, 학교의 책임은 '우수한 수업'을 만드는 일에 있는 것이 아니기 때문이다. 교사의 책임, 학교의 책임은 학생 한 명도 빠짐없이 배울 권리를 보장하는 일이고, 모든 학생이 배움에 도전하는 것을 보장하는 데 있다.

대화하는 중에 모리타 선생은 "(학생들이) 어디에서 좀 더 수준 높은 배움에 도전한 것인지 그것을 알 수 없었습니다."라고 질문을 던졌다. 이 질문도 훌륭하다. 확실히 모리타 선생의 수업에서 학생들은 또 한 가지 점프하는 배움에 도전할 것을 요구받았다. 그런데 점프하는 배움은 어디에서 비롯되었을까?

나는 모리타 선생이 학생의 발언을 받아들일 때 칠판을 향해 서서 판서하느라 학생의 발언을 끊어 버린 점을 지적했다. 더욱이 학생 발언을 들을 때 ①그 발언이 교재의 어디와 연결되는 것인가? ②그 발언이 다른 학생의 어느 발언과 연결되고 있는가? ③그 발언이 앞의 발언과 어떻게 연결되고 있는가? 하는 세 차원에서 듣는 것이 필요하다고 지적했다. 또한 '점프'하는 배움 이전에, 모둠으로 하는 협동 학습에 '되돌리기' 지도를 넣을 필요가 있다고 지적했다.

이것들은 교직 2년차인 모리타 선생에게는 높은 수준을 요구하는 것일지도 모른다. 그러나 고사카초등학교의 '배움의 공동체' 만들기 성과를 고려한다면 내 요구는 결코 너무 높다고는 말할 수 없을 것이다. '배움의 공동체' 만들기를 3년 동안 추진해 온 고사카초등학교는 교사들이 좀 더 높은 수준으로 '점프'할 수 있는 성과를 이미 보여 주고 있다고 확신했다.

교사들이 서로 배우는 학교 만들기
효고 현 다카사고 시립 기타하마초등학교

1. 다카사고 시의 노력

2004년 9월 30일, 효고 현 다카사고 시 기타하마北浜초 등학교(야마니시 준코山西順子 교장)의 공개 수업연구회에 참 가했다. 다카사고 시에서 '배움의 공동체' 만들기라는 개 혁이 착수된 것은 4년 전이다. 교육위원회 학교교육과 주 임 지도 주사(현재는 지도 계장)인 다마노 아리히코玉野有彦 선생과 만나지 않았다면 다카사고 시 학교 개혁에 관여 하는 일은 없었을 것이다.

다카사고 시 '배움의 공동체' 만들기 구조의 특징은 교 육위원회 학교교육과를 중심으로 시 전체 학교를 기반으 로 하여 추진되고 있다는 점이다. 지금은 초등학교 10개 교 중 8개교, 중학교 6개교 중 1개교에서 모든 교사가 연 1회는 수업을 공개하고 서로 검토하여 '배움의 공동체' 만들기를 추진하고 있다. 다른 지역 교사 입장에서 본다면 부러울 뿐이겠지만, 다마노 선생의 고민은 '중학교에서 정착되지 않는 것'이다. 확실하게 시 전체 교육을 책임지는 지도 주사 입장에서 본다면 중학교 '배움의 공동체' 만들기가 안정되어 있지 않은 것은 마음에 걸리겠지만, 불과 4년 동안에 '배움의 공동체' 만들기가 초등학교 10개교 중 8개교로까지 확대된 것은 획기적인 성과라고 말해도 좋다. '배움의 공동체' 만들기를 추진하는 학교 개혁 중심에는 언제나 확실한 비전과 철학, 조용한 의지를 마음에 간직하고 개혁을 구체화하고 있는 존경해야 할 교사들이 있었다. 다마노 선생도 그중 한 사람이다.

다마노 선생과 만난 것은 5년 정도 전이지만, 그보다 훨씬 전부터 다마노 선생은 내가 방문하는 학교 개혁 현장에도 발길을 돌리고 있었던 것처럼 여겨졌다. "열심히 뒤따르고 있습니다."라고 멋쩍은 듯 인사하면서 다마노 선생은 '배움의 공동체' 만들기 사례를 세심하게 관찰하고 개혁 방안을 열심히 배웠다. '배움의 공동체' 만들기로 교실이 바뀌고 학교가 바뀐다는 사실이야말로 다카사고 시에서 다마노 선생이 개혁을 지속할 수 있는 활력의 근원일 것이다.

다카사고 시 교육위원회가 '배움의 공동체'의 최초 거점 학교를 기타하마초등학교로 정한 것은 2000년 4월이었다. 이후 많은 지도 주사가 지카사키 시 하마노고초등학교나 후지 시 가쿠요중학교를 방문하고 거기에서 배운 것을 들고 시내 초등학교, 중학교로 가서 교장과 교사와 협력하여 실천해 왔다.

2. 학교를 거점으로

기타하마초등학교는 다카사고 시 전체 '배움의 공동체' 만들기 거점 학교로서 역할을 해 왔다. 그 추진력이 된 것은 연수 부장인 오카자키 슈이치岡崎修一 선생이다. 오카자키 선생도 다마노 선생과 마찬가지로 나보다 12년 젊지만, 수업 만들기의 풍부한 경험을 갖고 있고, 게다가 아주 조용히 준비하여 결코 붕괴되지 않는 개혁을 하겠다는 의지를 마음에 품고 있는 존경해야 할 교사이다. 기타하마초등학교 개혁은 평탄한 길은 아니었지만, 오카자키 선생이 연수 부장으로서 유연하고 끈질기게 대처하고 다마노 선생이 지도 주사로서 협력한 덕분에 3년 뒤인 2003년 11월에는 개혁 거점 학교로서 자주적인 공개 수업연구회를 실현하고 있었다. 오카자키 선생은 "개혁은 천천히 진행하지 않으면 안 된다."는 나의 조언을 떠올리고는 매일같이 "천천히, 천천히!"라고 자신을 타일러 왔다고 한다.

제1회 공개 수업연구회에서 우에다 이쿠호植田育峰 선생이 한 '대조 할아버지와 암' 수업은 매우 뛰어났다. '서로 듣는 관계 만들기'와 '서로 배우는 관계 만들기'에서 출발하여 '누구나가 안심하고 배우는 학교 만들기'로 이어진 이 학교 개혁의 성과는 학생들이 서로 배우고 있다는 사실에서 표현되고 있기 때문이다. 학생 한 명 한 명의 다양한 읽기가 섬세하게, 그리고 역동적으로 서로 반향하는 진행은, 수업자인 우에다 교사나 참관자들이 경탄할 정도로 교재의 세세한 부분과 깊은 부분의 대화에 의한 협동적인 읽기의 즐거움을 만들어 냈다.

기타하마초등학교의 '배움의 공동체' 만들기의 근간에 매년 수십 회에 걸쳐 축적된 연구협의회가 있다. 이 학교에서는 '①VTR로 수업을 촬영하여 연수를 실시한다. ② 학생의 연결은 어떤가를 검토한다. ③협동적 배움이 성립하고 있는지 여부를 검토한다. ④수업자 의도를 중요시한 건설적인 대화를 실현한다. ⑤모두가 한마디 말로 느낌을 말한다.'라는 원칙에 따라 축적해 왔다. 교실 환경을 재정비해 교탁을 치우고 학생용 책상과 의자를 칠판 앞으로 배치한다. 학생과 시선을 같게 하여 대화를 조직하는 수업의 도전이 이루어지고 교실 한구석에 '꽃을 꽂는 코너'도 설치하여 학생들이 쉬면서 서로 사귀는 장소로서도 환경 구성을 했다. 그리고 오카자키 선생의 말대로 '천천히, 천천히' 개혁은 착실하게 결실을 맺어 왔던 것이다.

올해 공개 수업연구회는 이시이 준지 선생과 나를 강사로 하여 개최되었다. 학교에 도착하는 즉시 야마니시 교장의 안내로 이시이 선생과 함께 모든 교실을 참관했다. '누구라도 안심하고 배우는 학교 만들기'라는 공개연구회 주제가 어느 교실에서나 실현되고 있는 것은 정말이지 훌륭했다. 이 1년 동안 현저히 진보했다고 생각했다. 학교를 방문할 때마다 생각하는 것이지만 많은 교사가 '대단한 수업'을 체험하는 것보다도 기타하마초등학교와 같이 어느 교실에서나 일상 수업을 공개하고, 모든 교실에서 학생 한 명도 빠짐없이 배울 권리를 보장하고, 모든 교사가 진지하게 수업 만들기에 몰두하고 있는 것을 체험하는 것이 훨씬 중요하고 멋진 일이라고 생각한다. 그러나 그 중요하고 멋진 일이 200명이 넘는 참관자에게 어느 정도 전해졌을까?

3. 수업의 사실에서 배운다

오후에는 2학년 교실에서 오가와 메구미小川惠美 선생이 '도토리와 동물들'이라는 국어 수업을, 과학 교실에서 다나카 마사히로田中雅博 선생이 4학년을 대상으로 진행한 '공기와 물의 성질'에 관한 수업을 공개하고 각각 연구협의회를 가졌다.

다나카 선생 수업은 기타하마초등학교 수업 개혁의 전형이라고도 말할 수 있는 인상 깊은 수업이었다. 다나카 선생은 작년에도 우에다 선생이 수업을 공개하여 반향을 불러일으킨 이후 "반드시 다음에는 내가 수업 공개에 도전하겠다."고 결의하고 내가 '수업을 참관하여 조언을 해 주었으면……' 하는 간절한 소망을 갖고 있었다고 한다. 이처럼 수업 개혁으로 향하는 일편단심이야말로 기타하마초등학교 교사들이 4년 동안 서로 공유해 온 성과 중 하나이다.

학생들 앞 의자에 앉아 학생들과 시선을 맞추고 있던 다나카 선생이 "시작해 볼까요."라고 온화한 목소리로 말하면서 수업이 시작되었다. "공기 소총의 총알은 왜 날아갈까?"라는 다나카 선생의 질문에 히로시(이하 가명)가 "총알이 공기에 눌려서요."라고 답했다. 계속해서 마사코, 히토미, 리에, 마사미의 발언이 이어졌지만, '공기의 힘에 의해 눌려서'와 같은 의견이었다. 그래서 다나카 선생은 학생들 저마다에게 나누어 준 화이트보드에 "자기의 생각을 말과 그림으로 나타내 볼까요."라고 말했다. 학생들은 남녀 혼합인 4명 모둠으로 구성되었는데, 저마다 갖고 있는 의견을 합치고 조정하면서 그 내용을 화이트보드에 써넣었다. 이러한 활동 모습을 보는 것만으로도 다나카 선생이 '서로 배우는 관계 만들기'에 전념해 왔다는 것을 알 수 있었다. 한 명 한 명의 활동이 자연스럽게 진행되고 있을 뿐만 아니라 아직 의견이 충분하게 정리되지 않은 학생도 더듬더듬 모둠과 의견을 교류함으로써 의견을 확실히 하고 있었다. 어느 모둠을 보아도 웅성거리면서 교류하는 것을 볼 수 있었고, 게다가 모둠에서는 학생 한 명 한 명이 다양하고 개성적인 사고를 표현하고 있었다. 그것만으로도 볼 가치가 있다.

활동 시간 내내 다나카 선생은 활동에 어려움을 겪고 있는 학생에게로 가서 허리를 굽혀 시선을 맞추고 한 명 한 명의 말에 귀를 기울인다. 다나카 선생은 그 자리에서 답하는 것이 아니라 그 학생의 질문이나 애매한 것을 모둠 내 다른 학생의 의견과 연결하는 활동을 하고 있었다. 이처럼 신중하고 자연스럽게 서로 배우는 학급을 만들었을 것이다. 한 명 한 명 각자가 화이트보드를 활용한다는 아이디어도 훌륭했지만, 과학 탐구를 말로만 진행하지 않고, 과학적 현상의 이미지를 그림으로 표현하게 하는 아이디어도 훌륭했다. 이 활동에서 처음 학생 다섯 명의 발언에서 볼 수 있었던 의견의 동질성은 조금씩 다양한 것으로 차별화되어 갔다. "구슬이 공기에 눌려서요."와 같은 비슷한 의견도 보다 상세하게 그림 그리듯 표현하면 미묘한 차이가 두드러지게 된다. 배움은 이 미묘한 차이에 마음을 둘 때부터 시작되는 것이다.

거의 모든 학생이 화이트보드에 쓰기를 마친 것을 확인한 다나카 선생은 각각의 의견을 적은 화이트보드를 보여 주고 설명하듯 질문을 던졌다. 맨 먼저 설명하기 위해 일어선 사람은 가즈히토였다. 공기총 속에 압축된 공기가 '작아져서' 총알을 '밀어내는' 모습을 그림을 사용해 설명했다. 계속해서 아키코가 "공기가 갇혀서"라고 표현했고, 다마에가 "꽉꽉" 하고 공기총 그림에 덧붙여 설명했다. 도시야는 '서로 밀어내기'라는 말을 덧붙인 그림을 보이고 "밀어내는 힘에 총알이 날아가요."라고 표현했다. 그리고 계속하여 노리코는 거기에 동의하면서 공기총 속 공기를 작은 동그라미 집합으로 나타내고 총알과 함께 날아간 공기를 큰 동그라미 집합으로 그려 설명했다. 그 발언을 받아서 야스오가 화이트보드를 가지고 앞으로 나와 "공기의 힘은 여기도, 여기도, 여기도, 여기도 누르고 있어요."라고 발언하고 공기총 속 '공기 압력'은 한 방향이 아니라는 점을 강조했다. 야스오의 발언을 받은 학생들은 제각기 "여기도, 여기도 밀어내고 있어요.", "꽉 꽉 차 있으니까." 하고 웅성거렸다.

 야스오의 발언에서 탐구는 다음 단계로 이동했다. 도대체 공기총 속 공기는 어떻게 되어 있을까? 다나카 선생이 모기향과 큰 주사기를 꺼내어 "해 볼까요?"라고 물었다. 학생들은 그 의도를 이해하고, 4명 모둠마다 주사기 속에 모기향 연기를 모아 그것을 압축하는 실험에 착수했다. 압축하면 주사기 속의 하얀 연기가 짙어지는 실험이다. 대충 실험이 끝났을 때 다나카 선생은 학생들을 앞에 모으고 자신이 직접 실험하여 보여 주기로 했다. 다나카 선생이 힘을 주어 주사기를 누르자 주사기 속 연기가 짙은

흰색으로 변한다. "우와, 하얗다!", "대단하다! 변했어." 라고 환성을 질렀다.

"속 모습을 좀 더 볼까요."라고 다나카 선생이 말하자 "스펀지를 넣어 보고 싶어요."라는 의견이 나와서 모둠마다 스펀지를 주사기 속으로 넣어 실험을 계속했다. 스펀지가 압축되는 모양을 본 학생들은 "마시멜로 같아. 마시멜로를 넣으면 어떻게 될까?" 하고 발언하고 그 발언을 받아서 다나카 선생은 용의주도하게 준비해 둔 마시멜로를 나누어 주고 마시멜로가 주사기 속에서 오그라드는 것을 관찰하게 했다. 여기저기서 감동과 기쁨의 목소리가 나왔다. 스펀지와 마시멜로를 면밀히 준비한 것에 대해서 다나카 선생은 "그런 아이디어가 나올 거라고 예측했습니다."라고 수업이 끝난 뒤에 말했다. 학생과 눈높이를 맞추어 수업을 진행하는 다나카 선생에게는 학생의 눈높이에서 배움의 방법이 보였다.

마시멜로를 사용한 실험을 끝내자 학생들은 다시 야스오의 "공기는 여기도, 여기도, 여기도, 여기도 누르고 있어요."라는 발언으로 돌아왔다. 야스오의 아이디어를 확인하는 실험에도 몰두하게 되었다. 공기총 총신 한쪽 측면에 드릴로 구멍을 뚫어 그 구멍에서 주사기로 공기를 보내어 총알이 날아가는지 어떤지를 확인하는 실험이었다. 이 실험을 통해서 야스오의 의견과 같이 압축된 공기가 밀어내는 힘은 사방팔방으로 작용하고 있다는 것이 확인되었다.

다나카 선생은 마지막으로 인쇄물을 나누어 주고, '오늘 발견한 것'을 말과 그림으로 표현할 것을 요구하고 수업을 마쳤다. 역시 학생들에게 가장 인상 깊었던 것은 마시멜로 실험이었다. 마시멜로가 통째로 압축되는 그림을 그리는 학생이 가장 많았다. 수업을 마치고 학생들이 과학실에서 나와도 뒤쪽 테이블에 혼자 남아 종이 가득 '발견'을 그림과 말로 표현하고 있는 남학생이 있었다. 도시하루이다. 도시하루는 이날 한 번도 발언하지 않았고, 맨 처음 화이트보드에 쓰기 활동을 할 때는 단 한마디도 적지 않았던 단 한 사람이었다. 그런 도시하루가 인쇄물 종이 가득 '발견'이라는 글을 묵묵히 기록하고 있었다. 이 광경 하나를 보더라도 다나카 선생의 수업이 한 명 한 명의 배움에 바싹 다가가서 전개되었다는 점을 알 수 있을 것이다.

다나카 선생의 수업을 참관하고 기타하마초등학교 교사들이 수업 개혁에서 추구해 온 진수 중 하나를 엿볼 수 있었다. 학생 한 명 한 명의 의문이나 주춤거리는 목소리를 허심탄회하게 들어 주고, 그리고 한 명 한 명이 지닌 의문이나 생각을 빠짐없이 받아들이고, 한 명 한 명의 정성이나 아이디어를 서로 연결하여 거기에 나타나는 미묘한 차이를 서로 반향하고 서로 배우도록 탐구 활동을 조직하는 일이다. 학생 한 명 한 명의 사고를 어디까지나

중요시하는 디나카 선생의 성실한 수업은 기타하마초등
학교 교사들이 4년 동안 걸려서 공유한 재산이다.

안심하고 서로 배우는 교실 만들기에서
발돋움과 점프가 있는 배움으로
도쿄 도 네리마 구립 도요타마미나미초등학교

1. 학교교육에서 대도시 문제

2005년 1월 27일, 도쿄 도 네리마 구 도요타마미나미豊玉南초등학교에서 전국적으로 참관자 약 300명을 맞이하여 4회째 공개연구회를 개최했다. 이 학교가 '배움의 공동체' 구축을 내세워 학교 개혁을 시작한 것은 5년 전이었다. 2000년 11월 지카사키 시 하마노고초등학교 공개연구회에서 도요타마미나미초등학교 와타나베 유미코渡辺由美子 교장이 뜨거운 눈빛으로 "학교를 개혁할 수 있다는 희망이 확실해졌습니다. 우리 학교도 적극적으로 도전할 테니 협력해 주시기 바랍니다."라는 의뢰를 한 것이 그 출발점이었다. 와타나베 교장의 한결같은 염원에 "예, 가능하다면……."이라고 답하기는 했으나, 조금 주저한 것이 사실이다.

도쿄를 비롯한 대도시 학교를 개혁한다는 것은 여러

가지 어려움이 따른다. 이것은 일본만의 현상이 아니다. 어느 나라에서나 대도시 학교는 심각한 문제를 안고 있고, 개혁에 큰 어려움이 따른다는 것은 알려져 있다. '학교교육에서 대도시 문제'이다.

많은 사람들에게는 알려져 있지 않지만, 솔직히 말해서 도쿄나 오사카 등 대도시 학교 수업 수준은 지방 학교와 비교해서 낮다. 학생 시절부터 도쿄 도에 있는 학교를 방문할 때마다 왜 도쿄 도 교사의 수업은 수준이 낮은 것인가를 생각해 오고 있었다. 그 이유는 몇 가지나 들 수 있는데, 예를 들어 지방인 현에서는 어느 교사나 동료나 학부모의 눈길이 근무 학교를 바꾸어도 늘 따라다니기 때문에 어느 학교에서나 일상적으로 교육 수준을 유지하지 않으면 안 되지만, 도쿄 같은 대도시에서는 일단 근무 학교를 바꾸면 동료나 학부모의 평판에서 자유로워져 원점에서 마음 편히 재출발할 수 있다는 속편함이 있다. 더욱이 도쿄 같은 대도시에서는 오랜 기간에 걸쳐 교육행정과 조합의 대립이나 조합 상호 대립, 교육 연구 단체의 대립이 계속되어 교내 연수가 부자연스럽다거나 형식화되어 온 복잡한 사정이 있다.

학생들도 특유의 어려움을 갖고 있다. 대도시는 학생에게 스트레스가 많은 성장 환경이고, 빈곤, 가정 붕괴 등의 문제도 많다. '23구 병'이라 불리는데, 도쿄도 23구 학생에게는 ①친구의 아주 작은 결점을 지적하면서 '트집

잡는' 유치한 남학생이 많다. ②두세 명씩 틀어박혀 다른 친구를 배제하는 조숙한 여학생이 많다. 그 결과 ③끊임없이 작은 다툼이나 대립이 일어나고 ④수업은 소란한 학생과 입을 닫은 학생 둘로 나누어지고 게다가 ⑤정서가 불안정한 학생과 저학력 학생이 여기저기서 조금씩 보이는 등의 특징이 있다.

대도시 학교를 개혁할 때의 어려움을 들자면 끝이 없다. 와타나베 교장의 고집스러운 눈빛에 격려를 받으면서 나는 대도시 중심에 있는 학교에서 '배움의 공동체' 만들기를 추진할 기회가 찾아온 것을 기뻐하는 동시에 지금까지 많은 학교에서 경험해 온 대도시 특유의 어려움을 떠올리지 않을 수 없었다.

와타나베 교장은 2001년도부터 '배움의 공동체' 만들기라는 개혁 방침을 내세워 교사 전원이 연 1회는 연구수업을 실시하는 일부터 개혁에 착수했다. 교사가 긴장을 낮추고, 교실에 서로 듣는 관계를 만들어 누구라도 안심하고 서로 배우는 수업 만들기에 도전하는 것이 개혁의 첫걸음이 되었다. 와타나베 교장의 의지를 받아들여 베테랑 교사인 히마노 다카아키濱野高秋 선생과 고나이 에쓰오幸內悅夫 선생이 중심이 되어 수업 개혁이 시작되었다. 그러나 내 일정은 1년 계획이 이미 꽉 차 있었기 때문에 도쿄대학교 아키타 기요미 교수와 사이타마대학 쇼지 야스오庄司康生 교수에게 이 학교를 지원해 줄 것을 부탁하게 되었다.

1년 뒤 와타나베 교장은 수업연구회 횟수를 '1인 최소 1회'에서 '1년간 3회'로 늘려 연수를 계속했다. '학교가 바뀌기 위해서는 100회 이상 수업사례연구가 필요하다'는 내 주장을 받아들여 2년 안에 학교 개혁을 달성하기 위해서였다. 개혁에 착수한 지 1년 뒤 그 성과는 몇몇 교실에서 학생들 모습에서 눈에 띌 정도로 나타났다. 교장과 교감을 포함하여 교사 18명이 근무하는 중간 규모 학교이다. 연간 100회 수업사례연구는 해가 거듭됨에 따라 착실한 성과를 얻고 있었다.

2. 변화하는 교실

이날 공개연구회는 12시 50분에서 1시 35분까지 모든 교실에서 수업이 공개되었고, 13시 45분에서 14시 30분까지 세 교실(2학년 2반 가쓰라다 다니코桂田谷子 선생 '음악', 3학년 1반 하마노 다카아키 선생 '국어', 5학년 1반 이가라시 세이치伍十嵐誠一 선생 '과학')에서 제안 수업이 실시되었다. 연구협의회를 50분 한 뒤 약 1시간에 걸쳐서 아키타 교수, 쇼지 교수, 사토 교장과 와타나베 교장이 참여하는 심포지엄이 마련되었다.

이 학교 개혁의 성과는 어느 교실에서나 명료했다. 한

명도 빠짐없이 학생이 배움에 참여하여 서로 듣고 서로 배우는 수업이 이루어져 있었다. '23구 병'은 4년 동안의 개혁으로 완전히 모습을 감추었다. 돌보고 지지하는 협동적 배움이 실현되고 있었다. '자기다운 수업을 목표로 한다'라는 목표와 같이 교사 한 명 한 명이 제각기 개성을 발휘해서 교육 활동을 전개하고 있다는 것도 매력적이었다. 그중에서도 내가 관심을 가진 것은 베테랑인 가쓰누마 나오미勝沼栄穂美 선생(1학년)과 초임 교사인 가토 히로미加藤裕美 선생(3학년) 수업이었다.

가쓰누마 선생 수업은 1학년 교실에서 서로 배우는 커뮤니케이션이 어떻게 되면 좋은가를 교실에 일어난 사실에서 제시하고 있었다. 가쓰누마 선생이 반 학생들과 함께 호흡하고 학생들의 중얼거림을 듣는 것은 탁월했고, 교실에 1학년다운 부드럽고 탄력적인 사고의 교류가 생겨나고 있었다. 다른 한편 가토 선생의 수업은 초임 교사라고 할 수 없을 만큼 학생 한 명 한 명과 섬세하게 생각을 나누고 교류하는 동시에 초임 교사다운 앳되고 싱그러움으로 차분한 교실을 만들고 있었다. 가쓰누마 선생에게서 볼 수 있는 베테랑 교사로서 세련된 성장은 이 학교에 2년 이상 재직하는 모든 교사에게 볼 수 있는 성과이다. 또한 가토 선생에게서 볼 수 있는 초임 교사의 눈부신 성장 모습은, 교사가 협력하여 전문가로서 서로 성장하고 서로 연대하는 동료성 만들기를 내세운 학교의 가능성을 표현하고 있었다.

제안 수업을 한 세 교사 중 가쓰라다 선생과 이가라시 선생은 2004년 도요타마미나미초등학교로 전근한 교사이다. 그 두 교사에게 제안 수업을 부탁한 와타나베 교장의 의도는 이 학교가 교사들이 전문가로서 개성적으로 성장하는 학교라는 것을 드러내려 한 것일 것이다. 그 의도는 나를 포함한 참관자에게 충분히 전해졌다고 생각한다.

3. 배움의 정교함, 협동, 조화

공개연구회 맨 마지막을 매듭짓는 심포지엄에서 쇼지 교수는 이 학교 연수가 착실하게 진행되어 온 비밀로서 연구 책자에 쓰인 '교사가 바뀌면 수업이 바뀌고, 학생이 바뀌고, 학교가 바뀐다'라는 표현에 확실한 개혁 비전이 있다고 지적했다. 전적으로 동감한다. 이 학교 연구 자료집은 '배움의 공동체' 만들기로서 학교 개혁이 어떤 절차로 전개되는가를 적확한 말로 표현하고 있었다. 예를 들면 '교내 연구 중심의 학교 운영', '서로 듣는 활동, 서로 배우는 활동의 충실, 배움의 공유', '학생의 배움에 바싹 다가간 수업 구상', '학생이 배우는 모습에서 교사도 배울 것', '교재의 본질을 꿰뚫어 보는 눈을 가질 것' 등등. 4년 동안 걸려 학생 한 명도 빠짐없이 배움을 실현해 온

이 학교의 실천과 교사 한 명도 빠짐없이 전문가로서 성장하도록 서로 지지해 온 이 학교 연수 구조가 이들 적확한 문구에서 말해 주는 연수 양식을 만들어 온 것이다.

이 책자에 아키타 교수는 '배움의 정교함elaboration, 협동collaboration, 조화orchestration'로 제목을 붙인 글을 실었다. 아키타 교수가 쓴 글 표제는 도요타마미나미초등학교 수업 만들기의 특징을 나타내고 있을 뿐만 아니라 개혁의 걸음도 보여 주고 있다.

배움의 '정교함'이란 학생 한 명 한 명의 배움과 교사 한 명 한 명의 배움이 그 질質에서 연마되어 정교해질 수 있다는 것을 의미한다. 배움의 '협동'은 다양한 배움이 교류되고 개인과 개인이 서로를 자극하고 뒷받침하여 서로 발전하는 것을 의미한다. '호혜적인 배움reciprocal learning'이라고 말해도 좋다. 그리고 배움의 '조화'는 학생들이 배우는 다양한 목소리와 교사들이 배우는 다양한 목소리가 오케스트라처럼 서로 반향하여 한 명 한 명 개성 차이를 교환하고 배움으로써 서로 성장하는 학교(교실) 문화가 육성된다는 것을 의미한다.

배움의 '오케스트레이션'은 '배움의 공동체'를 표현하는 말이기도 하다. 도요타마미나미초등학교에서 모색하고 있는 '배움의 공동체'로서 학교는 일찍이 사회학자 미타 무네스케見田宗介 선생이 제시한 표현에 따르면 산호와 같이 동일성으로 일체화한 공동체가 아니고 오케스트라와 같이 다양성이 어우러지는 공동체이다.

나는 아키타 교수가 지적한 것처럼 도요타마미나미초
등학교에서 배움의 정교함, 협동, 조화가 정교함에서 협
동으로, 그리고 조화로 발전한 것이 아니고, 오히려 반대
로 조화에서 협동으로, 그리고 협동에서 정교함으로 발전
해 온 것이 중요하다고 심포지엄에서 지적했다.

학교 개혁에서 배움은 정교함에서 협동으로, 그리고 조
화로 전개되는 것이 아니다. 오히려 그 반대다. 도요타마
미나미초등학교 교사와 학생들은, 조화로운 배움을 교실
에 만들고 나서 개혁에 착수했다. 거기에서 협동하는 배
움의 가치와 그 방도를 찾아내고, 그리고 한 명 한 명 배
움을 정교하게 하는 길을 획득했다. 이러한 개혁의 전개
는 자연스럽고 무리 없는, 학교 개혁의 전개 과정을 보여
준다고 생각한다.

4. 가능한 지속으로

공개연구회는 산뜻하게 막을 내렸다. 이 산뜻함은 도요
타마미나미초등학교 교사들과 학생들이 자연스럽고 유연
하게 서로 배우는 모습에서 초래된 것이다. 이 학교 연구
책자는 '바람직한 수업이란 학생들이 ①안심하고 배우고
②교재와의 만남을 즐기고 ③친구 의견이나 중얼거림을

공유한 기쁨을 느끼는 수업'이라고 기록하고 있다. 그러한 점에서 말하면 도요타마미나미초등학교 개혁은 소기의 목적을 달성했다고 말할 수 있다. 적어도 이 학교 모든 교실을 참관하고 제안 수업과 연구 협의, 심포지엄을 경험한 참관자 절반 이상은 틀림없이 기분 좋은 감동을 가슴에 담고 귀로에 올랐을 것이다. 그러나 과연 도요타마미나미초등학교 개혁은 그 목적을 달성한 것일까?

학교 개혁을 추진하는 교사들 또는 학생들, 학부모들에게 소기의 목적 달성은 지속할 개혁의 과정일 뿐이다. 학교 개혁에서 달성은 '조용한 혁명'의 과정이고, '긴 혁명'의 과정이다. 앞으로 도요타마미나미초등학교는 보다 질 높고 서로 배우는 경험을 실현하는 수업을 찾아 새로운 도전을 시작해야 한다. 그렇게 하지 않으면 이 학교 개혁은 '안심하고 기분 좋게 서로 배울 수 있는 학교'를 만든 수준에서 머물고 말 것이다.

개혁이 새로운 단계를 맞이했다고 해서 새로운 목표를 세워야 한다는 말은 아니다. 오히려 그 반대다. 교사들은 학교 개혁을 지속하는 데 "지난해는 이러이러한 목표로 지금까지 달성했다면 올해는 새롭게 이러이러한 목표를 세워서……."라고 생각하는 경향이 있다. 이런 사고방식으로 지속을 꾀했기 때문에 학교 개혁은 언제나 실패를 거듭해 왔다. 충분히 달성하지도 못한 채 새로운 도전을 해서는 안 된다.

학교 개혁을 지속하는 데 무엇보다도 중요한 것은 같은 과제를 몇 년씩이나 반복하여 계속 도전하는 것이다. 학교 개혁은 '시작의 영원한 혁명'인 것이다. 끊임없이 '시작' 지점에 서는 것, 그리고 같은 과제에 매년 계속 도전하는 것, 거기에서 나선형 발전이 이루어진다. 지금부터 도요타마미나미초등학교는 배움의 '협동'을 충실하게 함으로써 교사도 학생도 '발돋움과 점프가 있는 배움'의 창조로 과감히 대처해야 할 것이다. 질적 배움의 추구가 새로운 전개를 가져오리라는 것은 틀림없다.

와타나베 교장의 간절한 바람은, 대도시라는 사막에 '배움의 공동체'로서 학교를 만드는 가능성을 사실에 따라 제시하는 것으로 결실을 맺었다. 그 밑바탕에 지역 학부모들의 협력은 물론 교육장을 비롯한 네리마 구 교육위원회의 지원과 격려가 있었던 것도 덧붙여 얘기해 두지 않으면 안 된다. 서로 배우는 연대는 확실한 희망을 창조하는 것이다.

마을이 함께하는 '배움의 공동체' 만들기
나가노 현 기타사쿠 군 모치즈키마치

1. 작은 마을의 큰 도전

2005년 3월 28일 이른 아침, 도쿄 역에서 나가노 신칸센을 타고 나가노 현 키타사쿠 군 모치즈키마치望月町를 향했다. 모치즈키마치는 인구가 약 1만 명이고, 가루이자와 역 북쪽에 위치하는 조용하고 분위기 있는 마을이다. 이 작은 마을 교육장인 오기하라 마키유키荻原昌幸 선생에게서 열렬한 초대를 받고 반년 가까이 지난 뒤에야 겨우 일정을 조정하여 방문한 것이다.

새로운 도전을 하기 전에는 뭔가가 시작되려는 듯한 예감이 든다. 오기하라 교육장과의 만남이 그렇다. 오기하라 교육장에게서 "마을이 뭉쳐서 '배움의 공동체' 만들기 준비에 몰두하고 있습니다."라는 편지를 받고, 처음 만난 것은 하마노고초등학교에서였다. 교육위원회 위원과 교장 한 사람을 동반하고 나타난 오기하라 교육장은 예상했던 대로 온화하고 매우 조용한 분이었다. 왜 그런 것인지는 모르겠으나, 큰일을 구상하여 성취하는 사람은 그 도전과는 어울리지 않을 만큼 조용한 사람이 많다.

얘기를 들어 보면 2년 뒤에 신설되는 초등학교를 '배움의 공동체'로 시작하기 위해 내가 쓴 《교육개혁을 디자인한다》를 그 지역 교사, 학부모, 시민 200명과 함께 읽었고, 또 내가 쓴 《배움으로부터 도주하는 아이들》을 300여 명과 함께 읽어 마을 공동으로 '배움의 공동체'로서 신설학교를 준비하고 있다고 말했다. 그것을 듣고 직관적으로 이 사람의 성실함은 신뢰할 만하고, 이 사람의 교육개혁에 대한 의지는 아주 대단하다고 생각했다.

2년 뒤에 신설될 학교를 '배움의 공동체'로 만들기 위해 모치즈키마치 유치원 1, 보육원 4, 초등학교 4, 중학교 1, 고등학교 1개교 모두가 '배움의 공동체' 만들기를 추진할 희망을 갖고 있다고 했다. 한 지역에서 유치원부터 고등학교까지 학교가 모두 '배움의 공동체' 만들기를 추진하는 것은 나로서는 처음 하는 실험이었다. 이 도전은 어떡해서라도 도와주고 싶었다. 다행스럽게도 모치즈키마치 교사 거의 대부분은 2004년 여름 시나노교육회 기타사쿠 지부가 주최한 내 세미나 수강자였다.

현재 시정촌市町村(행정구역 단위로서 우리나라의 시군면과 비슷하다.) 합병이 전국 각지에서 진행되고 있는데 모치즈키마치도 그중 하나였다. 모치즈키마치는 2005년 4월 1일에는 사쿠 시에 흡수 합병될 예정이다. 오기하라 교육장 임기는 그 전날까지였다. 모치즈키마치 교육위원회도 마찬가지였다. 내가 방문한 며칠 뒤에는 사쿠 시 교육위원회가 이 지역 학교를 관할하게 되어 있었다. 모처럼 오기하라 교육장을 중심으로 교육위원회와 모든 교장, 원장이 협동으로 구상하고 준비를 추진하고 있는 '배움의 공동체' 만들기는 어떻게 전개될 것인가?

오기하라 교육장은 모치즈키마치가 사쿠 시에 통합되기 직전에 교육위원과 모든 교장·원장과 학교 개혁 네트워크를 조직했다. 이 네트워크는 행정조직은 아니지만 비공식적인 연락 조직으로서 지금까지 준비해 온 '배움의 공동체' 만들기라는 학교 개혁 사업을 이어받는다고 했다. 모치즈키마치의 학교 구성은 앞에서 말한 바와 같이 유치원이 1원, 보육원이 4원, 초등학교가 4개교, 중학교 1개교, 고등학교가 1개교이다. 동일한 중학교 지구이므로 교육위원회가 없어진 뒤에도 서로 제휴해서 개혁을 추진하는 것은 가능했다. 나 자신도 지금까지 오사카 부 이바라키 시 도요카와중학교 지구에서 유치원, 초등학교, 중학교, 고등학교가 제휴한 '배움의 공동체' 만들기에 관여한 경험을 갖고 있었다.

그렇다 해도 전국에서 진행하고 있는 시정촌 합병은 자치단체의 재정 적자 해소에는 효과가 있을지 모르지만, 지역과 학교교육에서 그 손해가 적지 않다. 작년 중앙교육심의회에서 시정촌 교육위원회 기능을 의문시했지만 관할하는 학교 수가 적은 소규모 교육위원회는 충분한 기능을 다하고 있다는 사실에 유의할 필요가 있다. 효율적으로 기능을 하고 있지 않다는 것은 정령지정도시政令指定都市(인구 50만 명 이상의 시로, 정령으로 지정된 도시. 시민 생활 및 행정을 독립적으로 관할할 수 있다. 오사카, 도쿄, 요코하마 등이 있다.)를 비롯한 규모가 큰 도시 교육위원회인 것이다. 그런 의미에서도 모치즈키마치 교육위원회가 없어지는 것은 큰 걱정이다. 모치즈키마치 교육위원회가 희망을 걸고 구상했던 '배움의 공동체' 만들기 학교 개혁 연구회는 3일 뒤 교육위원회가 없어지는 날에 시작하는 날을 맞게 된 것이다.

2. 개혁의 시작

이날 연구회에는 나와 함께 신슈대학교 교육학부 무라세 마사쓰구村瀨公胤 교수, 후지 시 가쿠요중학교 사토 마사아키 교장과 이나바 요시하루稻葉義治 교감, 거기에 오사카 부 다카쓰키 시 다이하치중학교 진구지 다케오神宮司竹雄 선생 등이 참가했다. 무라세 교수는 대학원에서 내가 가르친 학생으로 신슈대학교 교원이고, 사토 교장과 이나바 교감은 학교 개혁의 선도자이며, 진구지 선생은 같은 개혁을 다카쓰키 시에서 준비하고 있는 교사이다.

연구회에는 교육위원회 위원과 유치원, 보육원, 초등학교, 중학교, 고등학교 교사 등 약 110명이 참가했다.

맨 처음 오기하라 교육장과 요다 에이이치依田永一 교육차관이 간단히 인사한 후 나부터 '배움의 공동체' 만들기 기본 철학에 관해 강연을 했다. 참가자 전원이 내 저서를 읽었고, 하마노고초등학교나 가쿠요중학교를 방문한 사람도 많았다. '배움의 공동체' 만들기라는 학교 개혁은 '조용한 혁명'이고 '긴 혁명'이라는 것을 설명하고, 학생, 교사, 학부모, 시민 한 명 한 명이 '주인공protagonist'인 개혁이라는 것을 이해하도록 30분 동안 강연을 했다.

강연이 끝나고 즉시 수업 비디오 기록에 의한 사례 연구에 들어갔다. 이날 연구회를 위해 8개 수업을 기록한 비디오가 준비되어 있었다. 그러나 8개 기록을 하루에 검토한다는 것은 불가능하다. 모둠 토의를 넣어 8개 기록을 모두 활용하는 방식도 생각해 보았지만 내가 참가하는 최초의 연구회라는 점을 고려하여 이번에는 부끄럽더라도 4개로 제한하여 그 4개 사례를 검토하는 것으로 앞으로 펼칠 연구 기본을 확실하게 하는 것을 우선으로 했다.

지역의 복수 학교가 동시 병행으로 '배움의 공동체' 만들기에 몰두할 때 그 출발점에서 비전과 철학을 최소한이라도 실천적으로 공유하는 것은 그 뒤 개혁을 진전하는 데 중요하다.

3. 배움의 관계 만들기

맨 먼저 검토한 수업은 교와協和보육원 고마쓰 아야小松綾 선생이 담당하는 교실의 비디오 기록이었다. '추억의 그림을 그리자'라는 주제로 고마쓰 선생이 원아 12명과 이야기를 나누고 있었다. 1년 동안 추억에서 '가장 즐거웠던 일'을 서로 얘기하고, 그리고 싶은 내용을 이미지로 명확히 하고, 그림물감을 어떻게 사용하는지 지도하는 것으로 전개된다.

이 장면처럼 나는 수업연구회에서 평소 수업 장면을 검토하는 것을 중요시한다. 이른바 연구 수업이라고 해서 특별히 준비한 수업을 검토하기보다 아주 평범한 일상적인 운영을 솔직하고 진지하게 검토하는 것이 교사 개개인의 수업을 개선하고 수업 스타일을 형성하는 데 중요하다고 생각하기 때문이다. 고마쓰 선생의 수업 한 장면을 검토한 것도 그 한 예다.

수업 비디오 기록 처음 15분간을 시청한 후 먼저 고마쓰 선생 자신은 어떻게 시청했는지 그 소감을 부탁했다. 고마쓰 선생이 가장 먼저 한 말은 "너무 말이 많았어요."라는 반성이었다. "그렇게까지 장황하게 말하지 않고도 바로 그림물감 지도에 들어갈 수 있었어요."라고 말했다. 유치원 교사, 보육원 보육사에게서도 고마쓰 선생의 솔직한 반성을 지지하는 의견이 나오고, 이런 성향은 유치원 교사, 보육원 보육사 대부분의 공통점이라는 지적이 잇따랐다. 그와 동시에 고마쓰 선생의 교실 아이들 말투가 부드럽고 섬세하여 감수성이 뛰어나다는 것을 이야기하는 의견도 나왔다. 나도 동감이었다. 이 정도의 부드러움과 섬세함은 고마쓰 선생이 평소 아이들에게 자상하고 진지하다는 것과 이 교실에서 이루어지는 평소 경험에 아이들이 만족하고 있다는 것을 보여 준다.

아마 고마쓰 선생이 스스로 말했듯 너무 말이 많게 된 데는 아이들 목소리를 듣는 일이 아이들과의 관계에서 토대로 확립되어 있지 않은 결과일 것이다. 이 점은 유치원·보육원과 초등학교 저학년 지도에서 기본적 사항이므로 조금 자세하게 검토하기로 했다. 실제로 연구회장에 들어가기 전 고마쓰 선생에게 유치원생 12명 정도에게 다가가 말을 주고받게 해 보았다. 고마쓰 선생의 신체적 자세와 목소리 발화 방식에서, 비디오 기록에서 볼 수 있었던 고마쓰 선생과 아이들의 관계에 두 가지 모습이 있다는 것이 분명해졌다.

하나는 고마쓰 선생이 아이 한 명 한 명의 존재를 자기 안에서 그대로 받아들이며 게다가 한 명 한 명에게 말을 걸고 있는 모습이고, 또 하나는 한 명 한 명의 모습을 자기 몸 안에 받아들이지 않고 교실의 '모두'를 향해서 또는 한 명만을 상대로 말을 걸고 있는 고마쓰 선생의 모습이었다. 전자는 한 명 한 명의 아이가 개개인으로 존재하고, 고마쓰 선생의 신체적 자세의 중심도 확고하다는 것을 보여 주고, 후자는 아이 한 명 한 명의 존재에 대한 관점이 애매하고 고마쓰 선생의 대처 기준도 애매해져 한 명 한 명에 대응하다 보면 고마쓰 선생이 휘둘리게 되는 형태가 된다.

고마쓰 선생 사례를 통해서 나는 교사가 '듣기'를 대응의 기본으로 하여 아이와 관계를 만드는 방법과 아이 한 명 한 명에 대해 유연하게 대응할 수 있는 교사의 '신체적 자세'를 중심으로 코멘트 했다. 아이 한 명 한 명의 목소리를 '듣는' 것을 기본으로 한 교사의 '신체적 자세'와 '관계'는 서로 배우는 교실 만들기에서 가장 기본이 되는 태도이기 때문이다.

고마쓰 선생의 보육원 사례에 이어서 후세布施초등학교 3학년 기타야마 마사유키北山雅路 선생의 사회과 수업, '옛부터 내려오는 재미있는 오하야시おはやし(가부키 같은 예능·연예에서 연기의 장단을 맞추거나 흥을 돋우려고 피리 북 징 샤미센 등으로 연주하는 반주 음악)를 배우자'의 수업 기록을 검토했다. 앞 시간 수업에서 아이들은 이 지역의 '사자춤'과 북 등 전통 예능에 관해 할아버지에게서 이야기를 들었다. 이 시간에서는 앞 시간 수업에서 들은 이야기 요점을 교실에 있는 모든 학생에게 확인하고 북(북 치기)을 배우기 시작하는 등 이후의 학습 과제를 그려 내는 것이 목표이다. 그러나 수업 비디오에서는, 학생의 의

견이 나오기는 했으나 대화는 생각한 만큼 진전되지 않았다. 수업 후 소감에서 기타야마 선생은 "아이의 의견을 연결하는 것이 과제입니다."라고 말했다.

기타야마 선생의 평소 수업을 아는 참가자에게서도 여느 때와 같은 역동적인 전개를 볼 수 없다는 것이 의문이라는 의견이 나왔고, "더 빨리 북 치기 연습에 들어가도 좋았을 것"이라는 의견도 나왔다.

나는 이 수업에서 기타야마 선생이 설정한 내용은, 앞 시간 수업에서 할아버지에게서 듣고 이해함으로써 아이들의 배움은 모두 끝나 있었던 것은 아닌가 생각했다. 학생들은 이미 한 걸음 앞서 점프를 기대하고 있었던 것이다. 이것도 흔히 볼 수 있는 현상이 아닌가 싶다. 교사는 좀 더 확실히 이해시키려고 한다. 그러나 학생 입장에서는 그 배움은 이미 끝났고, 다음 점프를 기대한다. 이 수업은 그러한 엇갈림의 전형이었다.

기타야마 선생이 제기한 '연결 방법'에 관해서 나는 중점적으로 조언하기로 했다. 교사의 일은 기타야마 선생이 알고 있는 대로 '듣기'와 '연결하기'와 '되돌리기' 세 가지이다. 그중에서도 '연결하기'는 핵심적인 활동이다. '연결하기'의 기본은 '듣기'에 있고, 그 의견이 교재의 어디와 연결되어 나온 것인가, 그 의견이 다른 아이의 어떤 의견과 연결되어 나온 것인가, 그리고 그 의견이 그 아이의 이전의 어느 생각과 연결되어 나오고 있는가라는 세 가지 차원에서 의견을 듣는 일이 '연결하기' 활동의 기본이 된다. 이 듣는 방법이 수행됨으로써 '연결하기'라는 일이 가능하게 되는 것이다.

4. 개혁의 희망

이날 오후에는 모치즈키중학교 이토 다케히코伊藤岳彦 선생의 체육 수업 사례에서 '협동적 배움'을 검토하고, 모치즈키고등학교 오기하라 히토시荻原均 선생이 제시한 고전 수업 기록을 가지고 수업 디자인에 관해 검토했다. 이 두 사례 연구도 오전 중 두 사례와 마찬가지로 '배움의 공동체' 만들기의 출발점에 부합하는 기본적인 내용을 나누는 알찬 시간이었다. 더욱이 점심시간에는 교육위원회 위원, 여러 유치원 원장 및 학교 교장들과 함께하는 간담회를 했고, 연구회 마지막에는 개혁의 기본적인 사고방식을 주제로 하여 학부모와 주민을 대상으로 하는 강연도 했다. 나로서도 풍부하고 세밀하게 배운 점이 많은 날이었다.

돌아오는 신칸센에서 사토 교장, 이나바 교감, 진구지 선생과 하루의 소감을 서로 나누면서 모치즈키마치에서 내디딘 작은 한 걸음이 '배움의 공동체' 만들기라는 학교개혁의 새로운 단계를 준비하고 있다는 것을 예감했다.

물론 작은 한 걸음에 지나지 않고, 이 한 걸음이 어떻게
진전될지도 결정된 것은 없지만 이 한 걸음이 열 미래를
기대하고 싶다.

나선계단을 오르듯 개혁을 지속하다
가나가와 현 지카사키 시립 하마노고초등학교 ①

1. 반복되는 시작

하마노고초등학교가 8년째를 맞이했을 때이다. 그해 첫 교내 연구회는 이례적으로 조용한 연구회였다. 연구회 개최 일정을 홈페이지에 올리지 않았기 때문에 참관자가 몇몇으로 제한되었기 때문이다. 그 조용함은 8년 전 연구회 기억을 새롭게 했다. 하마노고초등학교 학교 개혁 시작은 대략 몇몇 참관자로 제한된 조용한 시작이었다. 그리고 8년 동안 하마노고초등학교는 매년 같은 것에 계속 도전해 왔다. '시작의 영원한 혁명'이다. 올해도 이 나선형 순환의 출발점에 하마노고초등학교는 우뚝 서 있다.

당시 나의 8년 동안을 회고하여 말하면 '예상대로 나아간 것'과 '예상을 뛰어넘은 것', '예상과는 반대로 진행된 것' 세 가지가 겹쳐서 이루어진 것이 현재 하마노고초등학교이다. 하마노고초등학교의 현재 모습은 내가 실감하는 대로 말하면 '예상대로 나아간 것'으로 결론지어도 좋다. 학생 한 명도 빠짐없이 배울 권리를 보장하고 학생들이 협동하여 서로 배우고 성장하는 학교, 한 명도 빠짐없이 교사들이 교육 전문가로서 성장하는 학교, 그리고 학부모와 지역 주민이 교사와 협력하고 연대하여 만들어가는 학교인, '배움의 공동체'로서 학교 만들기는 창학 이념에 따라 기대한 바대로 전개되고 있었다.

'예상을 뛰어넘은 것'은 여럿 있다. 아직 개교 1년째였던 1999년 9월 1일 개교 당시 20명 이상이던 부등교 학생들이 한 명도 빠짐없이 등교를 하게 된 일이다. 여름방학 동안 학생들이 자율적으로 학교에 오지 않던 친구들에게 학교 모습을 전하고, 등교를 촉진한 결과이다. 어느 교사도 눈치채지 못한 사이에, 학생들은 학교의 주인공이 되고, 서로 배우는 관계에서 가져야 할 책임을 행동으로 보여 준 것이다. 그 이후 하마노고초등학교는 부등교 학생이 전무한 상태를 계속 유지하고 있다.

하마노고초등학교가 경제적 사회적으로 불우한 학생이 시내 다른 학교의 평균보다 몇 배나 많이 다니는 학교라는 것, 전교 학생이 720명을 넘는 대규모 학교라는 것, 매년 몇 명이나 부등교로 고민하는 학생이 희망을 찾아 전학해 가는 학교라는 것을 생각하면 이 성과는 경이적이라고 말해도 좋을 것이다.

계속해서 '예상을 뛰어넘은 것'은 하마노고초등학교 학

교 개혁이 전국 교사들의 열렬한 지지를 얻었다는 사실이다. 하마노고초등학교는 지카사키 시 교육위원회가 추진하는 '21세기 학교' 만들기 사명을 받아 창학 이념으로 '배움의 공동체'를 내세운 파일럿 스쿨로 탄생했다. 그 작은 도전이 전국 교사들에게서 이 정도로 열렬하게 지지를 받을 것이라고는 상상하지 못했다. 한 지방 도시 초등학교 개혁이었음에도 불구하고 개교 후 8년 동안에 이 학교를 방문한 교사는 2만 3천 명에 달하고 해외에서도 교육학자나 교사가 방문하여 '하마노고Hamanogo'라는 이름은 국제적으로도 유명해졌다. '하마노고 스타일'을 도입한 학교는 국내만 해도 1천 개 학교를 넘어 확대되고 있다. 이 정도로 열렬한 지지와 반향은 개교 당시에는 상상하지 못했던 일이었다.

'예상과는 반대로 진행된 것'의 최대 사건은 하마노고초등학교를 구상한 창설 지도자이고 초대 교장인 오세 도시아키 선생이 암으로 투병 생활을 하다가 사망한 일이었다. 오세 교장의 장렬한 투병 생활과 '생명을 건 수업' 실천은 하마노고초등학교에 역사를 또 하나 만들었다. 2005년 1월에 영면하기까지 오세 교장의 위업과 오세 교장을 잃은 교직원과 학생들의 슬픔이 하마노고초등학교의 오늘을 음으로 양으로 떠받쳐 주고 있다. 2005년 1월 오세 교장의 유지를 받들어 부임한 다니이 시게히사谷井茂久 교장은 일찍이 오세 교장과 함께 하마노고초등학교 설

210

립을 준비한 한 사람이다. 개혁 계승자로서 최적의 교장
이었다. 이 1년 동안 다니이 교장이 중심이 되어 하마노
고초등학교는 지금까지 펼친 그 이상으로 착실한 전진을
이루어 새로운 한 페이지를 열어 왔다.

2. 아장걸음의 하마노고초등학교

하마노고초등학교를 방문할 때마다 느끼는 것은 학생
들의 행동이 자연스럽고 유연하다는 점과 교사와 학생의
관계와 학생 상호 간의 관계가 따뜻할뿐더러 충분히 배
려하고 있다는 점이다. '서로 듣는 관계'를 바탕으로 하
는 '서로 배우는 관계'가 학생들 사이에도 교사들 사이에
도 만들어져 있기 때문이다. 이 특징이야말로 하마노고초
등학교 교육의 핵심이라고 말해도 좋을 것이다.

그러나 그동안을 돌이켜 보면 하마노고초등학교는 결
코 순풍에 돛단배처럼 그렇게 흘러온 것이 아니다. 다니
이 교장이 자주 하는 말이지만 "아장아장 걸음마 떼는 하
마노고"로서 개혁을 지속적으로 실천했다고 해도 좋다.
특히 교원 인사이동이 심했던 3년째부터는 매년이 '아장
걸음'의 시작이었다. 30명도 채 되지 않는 교원 중 10명
가깝게 이동하는 해도 몇 년인가 계속되었다. 현재 개교
당시부터 근무하고 있는 교사는 없다. 이 변화 속에서 하

마노고초등학교는 세 가지 추진력에 따라 개혁을 지속하고 있었다.

첫째는 개교 당시부터 뜨거웠던, 교사들의 학교 개혁에 대한 의지다. 이러한 교사들의 진지한 의지에는 감복할 뿐이다. 언제나 조용히 일에 매진하고 있지만 하마노고초등학교의 운명에 교사로서의 모든 것을 걸고 있었다. 두 번째 추진력은 하마노고초등학교에 신임으로 부임하여 성장한 젊은 교사들이다. 젊은 교사들은 학교 미래의 희망이다. 하마노고초등학교에서는 젊은 교사들이 수업 만들기에서 주도적 역할을 하고 있었다. 그들의 젊고 활발한 실천은 안정된 교육 수준을 유지하는 데에도 소중했다. 세 번째 추진력은 다른 학교에서 전근해 온 베테랑 교사들이 한 새로운 도전이다. 베테랑 교사들에게는 하마노고초등학교로 난 발령이 결코 즐거운 일은 아니었다. 이 학교 '배움의 공동체'에 참여하기 위해서는 자기 자신의 교육 스타일을 형성하고 실천하는 것을 보여 주어야 했기 때문이다. 그러한 새로운 도전이 하마노고초등학교에 긴장감 있는 새로운 숨결을 끊임없이 불어넣었던 것이다.

그런가 하면 이 세 추진력이 동시에 작용하고 합쳐져도 어려운 시기는 몇 번이나 있었다. 10명 가깝게 교사 이동이 반복된 몇 년은 4월부터 10월까지는 개교 첫해와 같은 과정이 반복되었고, 어딘가 학급이 붕괴하지는 않을까 하는 위험이 도사리고 있었다. 쌓고 또 쌓아도 무너질 수밖에 없는 헛된 노력이라고 생각한 교사도 많았을 것이다. 오세 교장과 나는 "학교 개혁은 시작하는 것보다 지속하는 쪽이 몇 배나 에너지가 든다"는 대화를 가끔 나눈 적이 있다.

이 사태를 다니이 교장과 나는 "아장아장 걸음마 떼는 하마노고"라고 표현했다. 매년 모든 교사, 모든 학생이 '아장아장 걸음마'를 반복하고 있다는 의미다. 결코 자조적으로 말하는 것은 아니다. 그 반대이다. 오히려 긍지를 갖고 스스로 '아장아장 걸음마'라고 말하는 것이다. 학교 개혁은 어려운 사업이고 그것을 지속하는 것은 더욱 어려운 일이다. 어떤 교사든 어떤 학생이든 '아장아장 걸음마'를 계속하면서 배우고 서로 성장하는 모습이야말로 학교 개혁이 가장 착실하고 견실하게 진행되고 있다는 증거라고 생각한다.

3. 기본으로 되돌아가는 일

올해도 '아장아장 걸음마 떼는 하마노고'의 1년이 시작되었다. 올해 교사 이동은 적었지만, 베테랑 교사 세 명이 떠나고 신임 교사 두 명을 포함해 교사 네 명을 새로 맞아들였고, 젊은 교사가 중심이 되는 학교로 모습을 바꾸

었다. 문자 그대로 '아장아장 걸음마 떼는 하마노고'의 1
년이 될 것이다.

곧장 모든 교실을 참관했다. 4월 초 교실은 왜 그런지
전통적인 교실로 돌아가는 경향이 있다. 새로 담임한 학
급의 모습이 파악되지 않기 때문에 교사는 어루더듬어
새 학급 만들기를 시작하게 된다. 어떤 교실에서도 5월
연휴가 끝날 즈음부터 각 학급에 맞는 교실 배치와 수업,
저마다 가장 중요한 사항을 탐색하여 배움의 양식을 모
색하게 된다. 학생이 서로 배우는 것을 중심으로 수업 개
혁을 지속해 온 하마노고초등학교에서조차 4월 초는 전
통적 수업이 출현하는 경향이 있다. 이미 교사들의 의식
을 깊게 지배하고 있는 전통적 수업에 대한 고집을 고려
하지 않을 수 없다.

이날 검토된 공개 수업은 하마노고에 전근해 온 지 3년
째인 다카하시 마사미치高橋正通 선생의 2학년 생활과 수업
과 개교 당시부터 8년간 근무해 온 우에조노 요시나리上園
良成 선생의 6학년 산수(소인수) 수업이었다. 두 사람 모두
교직 경험 햇수에서나 수업 만들기에서나 베테랑 교사였
다. 4월 초 연구회라는 점도 있어서 이 두 수업에서 관찰
한 사실을 중심으로 서로 배우는 수업 만들기 기본으로
되돌아가는 대화가 이루어졌다.

학교 개혁을 지속하기 위해서는 끊임없이 기본으로 되
돌아갈 필요가 있다. 나는 교내 연구회 중에서 하마노고

초등학교의 실천 기본을 개괄하여 보여 주기로 했다.

그들 기본을 열거하면 ①교실에서 교사는 학생들을 한 명도 빠짐없이 자기 신체 공간으로 받아들이는 위치에 서서 커뮤니케이션을 할 것 ②서로 배우는 기반으로서 서로 듣는 관계를 정성스럽게 만들어 갈 것 ③모르는 학생이 "저, 이거 어떻게 해?"라고 옆 친구에게 묻는 습관을 형성할 것 ④교사가 하는 일은 '듣기', '연결하기', '되돌리기' 세 가지일 것 ⑤수업 디자인에서는 점프하는 배움을 핵심으로 설정하고 점프와 관련하여 첫 번째 단계 hop와 두 번째 단계step 활동을 생각할 것 ⑥3학년 이상의 학년에서는 남녀 혼합 4명을 기준으로 하는 모둠에 의한 협동 학습을 반드시 도입할 것, 특히 점프의 배움에서 협동 학습을 활용할 것 ⑦수업연구회에서는 어디에서 배움이 이루어지고 어디에서 배움이 주춤거리는가를 사실에 맞추어 자세하게 검토할 것 ⑧수업연구회에서 참관자는 수업자에게 조언하는 것은 아니고 그 수업을 참관해서 자기가 배운 것을 교류할 것 ⑨수업연구회에서 특정 문제가 있는 학생을 중심으로 대화하지 말 것, 어느 학생이든 대등하게 다루는 수업연구회로 할 것 등이다.

하마노고초등학교는 매년 이러한 기본으로 되돌아가 새로운 도전을 반복해 왔다. 그 1년이 또다시 시작되고 있는 것이다.

4. 새로운 도전을 하는 1년으로

다니이 교장을 중심으로 하는 하마노고초등학교의 도전은 작년 예술교육에서 진전을 이루었고, 교육과정을 '담론discourse 교육(탐구 교육)', '예술교육', '시민성 교육'이라는 세 내용 영역에서 구조화하고 실천하는 도전을 하고 있다. 올해도 이 도전을 계속하게 될 것이다.

그리고 앞으로 요구되는 연구로서 교사의 교과 내용지식의 신장level up을 도모하는 과제가 있다. 하마노고초등학교에서는 교사 한 명 한 명이 저마다 연구 주제를 설정하고 있고, 저마다 연구하고 싶은 교과를 결정하고 있다. 지금까지 교과 내용 지식에 관해서는 각 교사가 개발하여 실천한 단원 자료를 파일로 만들어 축적하고 공유하는 방식을 취하고 있었다. 그보다 한 걸음 더 나아가 개척하는 것이 올해 과제가 될 것이다.

나는 교과 교육이나 교재 연구를 연수회에 도입하는 것을 최선이라고 생각하지 않는다. 오히려 산수 교과 내용의 지식으로 교사에게 요구되는 것은 수학 그 자체의 지식을 고도화하고 세련되게 하는 일일 것이다. 미술 교과에서는 미술 그 자체를 감상하고 이해하는 좀 더 세련되고 고도화된 수업이 요구된다. 하마노고초등학교 연수는 미래 교사 연수 방법을 모색하는 실험이므로 이 새로운 과제에도 도전해 보기 바란다.

지금까지 일관하여 계속 검토하고 있는 과제도 있다. 그 하나는 '배움'과 '돌봄'의 관계이다. 이 둘을 유효하게 동시에 효과적으로 균형 있게 실천하는 것은 현실적으로는 매우 어렵다. 하마노고초등학교 학생은 경제적, 사회적, 문화적으로 불우한 학생이 많고, 그것만으로도 '돌봄' 기능을 평소 교육 활동에 도입하는 것은 중요하다. 그 성과라고 말해도 좋을, 하마노고초등학교 학생들 사이에 형성된 '돌봄' 관계는 정말로 훌륭하다.

　그러나 학교의 핵심은 끊임없이 '배움'으로 설정해야 한다. 학생들을 둘러싸고 있는 문제는 심각하고 교사가 '돌본'다고 해결할 수 있을 만큼 단순하지는 않다. 학생 자신이 '배움'에 도전하고 '서로 배우기'로 서로를 격려함으로써 학생은 현실의 어려움을 뛰어넘는다. 이 '배움' 과 '돌봄'의 관계는 올해에도 이어받아 연구해야 할 과제이다.

　하마노고초등학교 교내 연수회를 마치고 오후 7시부터 지카사키 시 역 앞에서 진행하는 시내 신임 교사 모임에 초대를 받아 그 모임에 함께했다. 지가사키 시 신임 교사는 4, 5년 전은 3, 4명으로 많지 않았지만, 올해는 60명 이상이다. 요코하마 시에서는 몇 년 전까지 12명이었으나 올해는 600명 이상이다. 대도시와 그 주변에 신임 교사가 폭발적으로 증가하는 현상은 앞으로 적어도 10년은 계속될 것이라고 한다.

이들 젊은 교사들이 전문가로서 배우고 성장할 수 있
는 학교로 개혁할 필요가 있다. 하마노고초등학교의 도전
은 매해 그 중요성을 증대할 것이다.

젊은 교사들이 서로 성장하는 학교
가나가와 현 지카사키 시립 하마노고초등학교 ②

1. 젊은 교사들

하마노고초등학교 젊은 교사들의 성장은 훌륭하다. 2005년 5월 20일 진행한 교내 연구회는 그 훌륭함을 깊이 실감한 하루였다. 이날 수업을 공개한 교사는 하마노고초등학교에 신임 교사로 부임하여 올해로 4년째를 맞이하는 마스야 유미增家祐美, 2년 전에 하마노고초등학교에 부임해 온 젊은 교사인 모리타 주니치森田潤一 두 교사였다. 마스야 선생은 2년 전부터 '색'을 주제로 하는 예술 수업에 도전하고 있다. 다른 한편 모리타 선생 수업은 그에게는 첫 도전인 문학 수업이고, 다자이 오사무太帝治의 〈달려라 메로스〉를 교재로 하여 다양한 읽기를 교류하게 하는 수업이었다. 이 두 수업을 참관하면서 나는 지금까지 70회 이상 걸쳐서 이 학교를 방문한 경험 중 가장 깊은 감명을 받았다.

솔직히 고백하면 나는 하마노고초등학교를 '배움의 공동체'로서 구상하는 시점에서 이만큼 젊은 교사들이 활약하는 학교가 되리라고는 예상하지 못했다. 학교 만들기 리더십은 베테랑 교사가 담당하는 것이라고 굳게 믿고 있었고, 수업 만들기에서도 선진적인 실천은 언제나 베테랑 교사에게서 나온다고 생각했다. 대부분 구상할 때의 디자인대로 진행된 하마노고초등학교 학교 만들기였지만 젊은 교사들의 활약과 성장은 나의 상상력을 확실하게 뛰어넘은 것이다.

그 선봉에 선 것은 개교한 해에 신임으로 부임한 야마자키 사토시山崎悟史 선생이다. '한 명 한 명이 서로 듣는 관계'를 기반으로 하는 '차분한 수업'을 누구보다도 빨리 교실에서 실현한 사람은 신임 교사인 야마자키 선생이었고, 그것은 문학 수업에서 이루어졌다. 그 영향에 관해서는《학교를 만들다 – 지카사키 시 하마노고초등학교의 탄생과 실천》에 상세하게 담았다.

개교 4년째에 신임 교사로 부임한 이가 나카니시 기와코中西貴和子 선생과 호리우치 도시키堀內利起 선생이다. 야마자키 선생의 눈부신 성장을 눈앞에서 보아 온 우리들은 이 두 교사가 야마자키 선생과 마찬가지로 처음에는 실패하면서도 '서로 배우는 관계'를 기반으로 하는 수업 만들기 수행 능력을 순조롭게 습득하는 모습을 마음 놓고 바라봐 왔다. 나카니시 선생은 '집의 방 배치'를 주제로 삼은 총합 학습으로 조사 활동을 기초로 하는 협동 학습의 실천을 개척해 왔다. 그리고 호리우치 선생은 미디어를 주제로 하는 총합 학습을 추진하고, 최근에는 저학년을 담당하여 아주 섬세하고 상냥한 호리우치 선생다운 근사한 학급을 만들고 있었다.

그다음 해에 신임 교사로 부임한 이는 올해 연수 부장을 맡고 있는 마쓰나가 쇼지松永昭治 선생과 앞서 말한 마스야 선생이다. 마쓰나가 선생이 신임 1년째에 전념하게 된 통합 학습 '사마귀의 삶 – 사마귀 박사로의 길'은 압권이었다. 사마귀 알의 부화와 사육에서 시작해 그 생태 연구, 사마귀의 보행步行과 비행飛行에 대한 과학적 분석 등 도무지 초등학교 3학년이라고는 생각할 수 없을 정도로 수준 높은 내용을 집약적으로 배우고 탐구하는 실천은, 배움에 열중하고 몰입하는 학생들과 마쓰나가 선생의 모습과 함께 모두 잊을 수 없는 것이었다(《학교를 바꾸다 – 하마노고초등학교 5년간》 참조).

그다음 해에 신임 교사로 부임한 이가 이리사와 리에ㅅ澤理惠 선생이다. 이리사와 선생의 성장에 관해서도 한마디 해 두지 않으면 안 된다. 이리사와 선생이 신임 초에 학생에 대응하는 데 고심하던 모습과 10월이 되어도 학생과 매끈한 관계를 만들지 못한 모습을 보고 생각 없이 "나무라거나 계속 주의를 주게 되면 학생들도 싫어하게 되겠죠."라고 조언한 적이 있다. 그로부터 1년 뒤 이리사

와 선생의 1학년 음악 수업 '지코탄ちこたん(어린이를 위한 합창 모음곡으로 '지코탄'은 노래 가사에 나오는 소녀 '지에코ちえこ'의 애칭)'을 보고 놀랐다. 초등학교 고학년에서도 어렵다고 할 수 있는 모음곡을 제재로 삼고 있는데도 1학년 학생들이 그 어려운 곡을 자연스럽고 즐겁게 습득할 뿐만 아니라 이야기의 세계를 자기 세계로 만끽하면서 열심히 노래를 부르고 있었다. 뛰어난 저학년 음악 수업의 전형을 구축했다고 말해도 좋을 것이다. 이리사와 선생은 마쓰나가 선생의 '사마귀'와 같이 학급 학생들이 열중하게 하고, 가상의 전학생 에이지 군을 교실 안에 있는 골판지 상자에 앉혀 놓고 그 에이지 군과 가상의 대화를 즐겼고, 가상의 이야기를 서로 만들어 내면서 음악 수업으로 발전시켰다. 이리사와 선생의 음악성과 학생들이 이야기를 좋아하는 것이 절묘한 앙상블을 만들어 낸 실천이었다.

이와 같이 돌이켜 보면 하마노고초등학교 신임 교사들은 개교부터 오늘까지 그동안 이 학교에서 선구적인 실천을 솔선하여 실현해 왔다. 개교 3년째부터 매년 3분의 1에 가까운 교사들이 이동하는 가운데서도 신임으로서 이 학교에서 성장한 젊은 교사들은 언제나 창의적인 실천을 개척하여 이 학교의 교육 수준이 안정적으로 지속되도록 뒷받침해 온 것이다. 이와 같이 신임 교사가 성장하는 모습에 하마노고초등학교는 정말 대단하다고 생각

했다. '아장아장 걸음마 떼는 하마노고'의 훌륭함은 '아
장아장 걸음마'의 자유로운 창조성과 그 높은 수준에 있
다고 말해도 좋을 것이다.

2. 상쾌한 도전

이날 마스야 선생의 예술 수업(4학년)과 모리타 선생의
문학 수업(6학년)은 하마노고초등학교 젊은 교사의 훌륭
함을 나에게 재인식시켰다.

작년 말 '색'을 주제로 해 온 마스야 선생의 수업은 연
한 색조를 기조로 색채 감각을 표현하는 수업이었고, 교
사의 미적 감각과 학생 한 명 한 명의 미묘한 색채 감각
이 서로 교류하는 아주 흥미로운 실천으로 이루어졌다.
뭔가 조잡하고 난폭해진 경향이 있는 학생들의 생활 의
식 속에 섬세한 미의식을 일깨우고 그것을 표현하게 함
으로써 좀 더 풍부하고 섬세한 생활세계를 만드는 전망
을 탐구하는 것이 마스야 선생이 '색'을 주제로 한 미술
수업의 목적이다.

이날 수업은 '양복을 즐기자'라는 주제인데 교실에 다
양한 많은 헝겊이 준비되어 있었다. 그것을 이용하여 본
종이 위에 자기가 좋아하는 양복을 디자인해서 패치워크
patchwork와 같이 서로 붙여서 표현하는 활동이다. 우선

마스야 선생이 자신이 창작한 양복 디자인의 실례를 칠판에 내걸고, 재단 가위 사용법과 초크 페이퍼chalk paper 사용법을 지도한 후에, 곧바로 학생들은 자신의 아이디어와 디자인에 따라 작업을 했다. 책상은 3~4명 모둠 활동으로 배치했는데, 어느 모둠에서도 필요에 따라 아이디어 교환이나·조언이 자연스럽게 생겨나고 있었다. 재단 가위 사용법을 모르는 학생이나 패치워크를 잘 활용하지 못하는 학생, 디자인을 결정하지 못한 학생 등도 많았지만 그 대부분은 모둠 내에서 자연스럽게 교류하고 서로 돌봄에 의해 극복하고 있었다. 그 풍경은 이 학급에서 서로 듣고 서로 배우는 관계가 세련되게 형성되어 있다는 것을 여실히 말해 준다.

수업을 관찰하고 비디오로 기록하면서 무엇보다도 관심을 가진 것은 마스야 선생이 학생 한 명 한 명을 대하는 대응 모습이었다. 마스야 선생의 말씨나 몸의 움직임은 어디에도 나태함이 없고 더욱이 학생들을 세심하게 관찰하는 데 적확한 것이었다. 이 학급에는 다운증후군 학생이 한 명 있다. 그 학생을 보살피면서도 마스야 선생의 관심은 그 학생에게만 미치지 않았다. 학생 한 명 한 명의 행동을 세심하게 받아들이면서 지켜보고 있었다. 이러한 동안에 어떤 학생이라도 도움이 필요하면 마스야 선생을 찾았고, 마스야 선생은 학생들이 자신을 찾지 않아도 난감해하는 학생의 작업을 지켜보고 있었다. 이 밖에도 마스야 선생의 움직임은 자연스러웠고, 결코 쓸데없이 참견하려 하지 않았다. 오히려 학생에게 대응할 준비를 하면서 구석구석 주도면밀하게 눈길을 보내고 있었다. 나는 마스야 선생의 세련된 신체 움직임을 넋을 잃고 주시하였다. 참관자 대부분은 알아채지 못했겠지만 어떤 베테랑 교사도 이만큼 자연스럽고 무리 없이 세련된 움직임을 보이지 못할 것이다. 마스야 선생은 어디에서 이만큼 성장하게 된 것일까?

마스야 선생의 수업 디자인에도 감복했다. '멋'은 그 자체가 매력적인 배움의 주제이다. 학생은 누구나 양복의 '멋'을 즐기고 싶어 한다. 그것이 교재의 매력이다. 게다가 재봉사에게서 제공받은 다양한 종류의 헝겊은 손에 쥐는 것만으로도 상상력을 불러일으켰다. 학생이 수업에 빠져든 것도 무리가 아니다.

그리고 이 예술 수업은 '능숙하다, 서툴다'와는 관계없는 자유로움이 있다. 마스야 선생이 '색' 수업에 집중하여 '형태'를 자유롭게 한 것도 학생들의 미술 표현을 '능숙하다, 서툴다'라는 의식에서 해방시키고 싶었기 때문이다. 그 의도는 지금까지의 실천에서 충분히 그 성과가 나타나고 있다. 거듭 말하자면 이 '양복을 즐기자' 작품 만들기는 양복 디자인 수업으로서 전개하고 있지만 더 본질적으로는 콜라주collage 수업이 되고 있었다. 다양한 소재를 활용하고 그 색조나 촉감을 즐기면서 그것들을 구

성하여 하나의 작품 세계를 펼친다. 이 아이디어는 조형
미술 수업으로서 세련되어 있다. 반드시 다른 교사에게도
권장하고 싶은 아이디어이다. 실제 학생들 작품은 '양복
디자인'을 뛰어넘어 콜라주 작품으로서 멋을 창조했다.

3. 성장의 희망을 잇다

다른 한편 모리타 선생의 수업은 문학을 학생 한 명 한
명이 즐기고, 교사 자신이나 학생이 함께 문학을 즐기는
멋진 실천으로 전개하고 있었다. 나는 모리타 선생의 반
학생들이 배우는 모습과 그것을 뒷받침하는 모리타 선
생의 열정적인 모습을 비디오 영상으로 담으면서 솟구쳐
오르는 감격의 눈물을 억누를 수가 없었다. 거기에는 이
유가 있다.

작년 모리타 선생의 체육 수업을 검토하고 그의 인격
이 파괴되는 것은 아닐까 싶을 정도로 심하게 격한 코멘
트를 했기 때문이다. 그때 내가 가장 강하게 지적한 것은
그의 '서투른 배움'이었다. 모리타 선생은 동료 누구에게
서도 배우려 하지 않고, 끊임없이 남의 눈을 의식하여 모
양만 내고 있었다. 게다가 수업이 고르지 못하고 학생의
목소리를 자기 것으로 힘껏 받아들이지 못했다. 그러한
오만의 벽을 그 자신이 스스로 타파하지 않고서는 성장

은 있을 수 없다고 판단했기 때문이다. 그날 모리타 선생은 남자가 감정에 북받쳐 울듯이 눈물을 흘렸다. 그리고 반년 뒤 이번은 내가 모리타 선생이 경탄할 정도로 성장한 모습을 눈앞에서 보고 내부로부터 솟아오르는 감동의 눈물을 억누를 수가 없었다.

모리타 선생은 나에게 극심한 코멘트를 들은 뒤 도쿄도 네리마 구 도요타마미나미초등학교 공개연구회에 참가했다. 그리고 많은 교실에서 문학 수업을 참관하고 '하마노고보다도 하마노고다운 인상'에 충격을 받았다고 했다. 그다음 날부터 수업에 진지한 도전을 시작했다. "적어도 서로 들을 수 있는 수업, 서로 반향할 수 있는 수업, 발돋움과 점프가 있는 수업, 혼자서 만족하지 않고 학생들에게 맡기면서 함께 만들어 가는 수업, 솔직하고 정중하게 한 명 한 명을 보는 수업을 할 수 있도록 만들고 싶다."그 일념으로 수업에 도전해 왔다고 한다. '하마노고에서 자기 스타일을 만들기' 위해서는 지금까지 힘들어 피해 왔던 문학 수업에 도전하는 방법밖에는 없다고 결단했다고 한다.

모리타 선생은 본래 따뜻한 인품으로 학생들을 성실히 대했다. 게다가 어릴 때부터 독서를 좋아했다. 그런 모리타 선생의 개성이 그 자신의 수업 스타일로 결실을 맺고 있었다. 이날 연구회에서도 "올해 1월부터 모리타 선생의 업무가 진지하고 성실하게 변화되었기 때문에 반드시 그 성과가 수업에서 결실을 맺을 것이 분명하다"고 동료 모두가 말했다. 배움에 대한 겸허함이 그 경탄할 만한 성장을 뒷받침한 것이다. 나는 반년 전 격하게 코멘트를 할 수밖에 없었던 나 자신의 무례를 부끄럽게 여겼고, 내 코멘트를 온전히 받아들여 스스로 수업 개혁에 돌진한 모리타 선생에게 감사하다는 말을 전했다. 이만큼 나에게 격려가 된 적이 없었고, 우리들에게 희망을 준 적도 없었다. 하마노고초등학교의 희망은 모리타 선생이 몸으로 보여 준 젊은 교사의 성장에 있다.

하마노고초등학교에는 작년에는 다카하시 미즈호高橋みずほ 선생과 나루미 나오코鳴海奈緒子 선생, 올해는 오가와 마치코小川眞智子 선생과 후쿠다 유코福田悠子 선생이 신임 교사로 부임했다. 그 두 교사가 이 학교에서 어떻게 자신의 개성을 재발견하고 어떻게 자기 스타일을 형성해 갈지 기대된다.

협동하는 배움의 도입
오사카 부 다카키 시립 다이하치중학교

1. 어려움을 인식할 것

학교 개혁의 어려움은 학교 개혁의 어려움에 대한 인식 부족에서 생겨난다. 지금까지 30년 동안 쌓은 경험을 돌이켜 보면 초기에 개혁 실패를 많이 경험해 왔지만 그 실패들은 학교가 변화하는 어려움을 충분히 인식하지 못한 데서 비롯되었다. 역설적으로 들릴지도 모르겠지만 학교를 바꾸는 어려움을 제대로 아는 데서 비로소 학교를 바꾸는 현실적 전망을 얻을 수 있다.

학교 개혁이 실패하는 또 한 가지 원인이 있다. 졸속 개혁에 따른 실패이다. 학교는 완고하다. 학교를 내부로부터 바꾸기 위해서는 결코 조급해서는 안 된다. 여러 외국의 우수한 학교 개혁 사례를 조사해 보면 어떤 개혁도 10년 단위로 몰두한다. 그러나 일본에서 10년 단위 개혁을 추진하는 것은 불가능하다. 일본에서는 교장은 3년,

교사는 6년에서 8년 단위로 이동한다. 일찍이 뉴욕 할렘에 '기적의 학교'를 탄생시킨 데보라 메이어 교장을 만났을 때 교장이나 교사가 전근하는 일본의 조건을 얘기했더니 데보라 메이어 교장은 "일본의 학교 개혁은 기적"이라고 경탄했다. 그 교장의 말 그대로이다. 학교는 보수적이고 완고한 조직이다. 개혁을 성공적으로 완수하려면 10년 단위로 추진해야 하며 결코 서둘러서는 안 된다.

그러나 내가 추진하는 학교 개혁은 3년 단위로 디자인되고 있다. 교장 임기인 3년 단위로 디자인하지 않으면 일본에서 학교 개혁을 실현하는 일은 불가능하다. 게다가 일본 학교에서는 매년 교사 20퍼센트 이상이 이동한다. 이러한 조건은 개혁이 진전되면 한층 더 혹독해진다. 학교 개혁이 진전되면 될수록 교육위원회는 그 학교의 우수한 교사를 타교로 이동시키는 방책을 강구하기 때문이다. 따라서 학교 개혁을 지속하기 위해서는 매년 교사 30퍼센트 이상이 교체되는 일을 상정해 두어야 한다.

새로운 지역에서 새로운 학교 개혁을 시작할 때 나는 언제나 이와 같은 혹독한 조건을 상정하면서 개혁을 디자인한다. 지역적인 특성도 충분히 고려해 둘 필요가 있다. 예를 들면 대도시와 그 근교(수도권 및 오사카와 고베 사이의 지역)의 학교 개혁은 어느 지역보다도 어렵다. 수도권 및 오사카와 고베 사이에 있는 지역 학교는 다른 지역과 비교해서 수업 수준이 낮고 교사들 수업 능력도 열등하다. 수업은 조잡하고 교내 인간관계나 교사와 학부모 관계, 교장과 교사의 관계는 얽히고 얽혀 있다. 교육위원회 장학사 수준도 낮다. 학생의 사회·문화적 배경도 복잡하고 교실에 서로 배우는 관계를 형성하는 일이나 교내에 동료성을 형성하는 일, '배움의 공동체'로서 학교 만들기를 추진하는 일도 복잡한 어려움이 항상 따라다닌다. 이들 복잡한 어려움을 충분히 인식하는 일 없이는 개혁이 성공할 수 없다.

2. 시작할 때

2005년 5월 21일 오사카 부 다카쓰키 시립 다이하치第八 중학교(다니자키 에미코谷崎惠美子 교장)을 방문했다. 이 학교는 시즈오카 현 후지 시립 가쿠요중학교 개혁에서 깨우침을 얻어 작년부터 '배움의 공동체' 만들기라는 개혁에 착수하고 있다. 이 책에서 소개해 온 바와 같이 가쿠요중학교 개혁은 생기를 잃고 꽉 막혀 버린 상황에 고민하는 전국 중학교 교사들에게 개혁 희망을 제시했다. 이미 전국에서 300개교 이상이 '가쿠요중학교 스타일'을 도입한 개혁에 도전하고 있었고, 다카쓰키 시립 다이하치중학교도 그중 하나이다.

오사카·고베阪神 지구에서 '배움의 공동체' 만들기 개

혁을 착수한 학교는 초등학교에서 수십 개교, 중학교에서 10개교 이상에 달한다. 그러나 그들 학교는 지금은 아직 안정이 된 확실한 거점 학교가 되지는 못했다. 이 몇 년 동안만 하더라도 오사카·고베 지역에서 '배움의 공동체' 만들기에 들어간 학교는 적어도 대강 어림잡아 100개교를 넘어선다. 그러나 그들 학교의 개혁은 중도에 어중간한 대처로 끝나 버리고 전국 다른 지역과 같이 안정된 거점 학교를 형성하는 데는 이르지 못했다. 이 몇 년 동안 내 업무나 학회 관련 업무 등이 고될 정도로 많아진 터라 헤아릴 수 없을 정도로 많은 의뢰를 받았으면서도 오사카·고베 지역에서 개혁에 협력할 수 있던 학교는 10개교가 못 된다. 좀 더 면밀한 관계를 만들면 좋겠다는 생각은 하지만 업무 일정상 이 이상의 협력은 불가능했다.

그 한정된 10개교만의 개혁은 계속 면면히 지속되고 있기는 해도, 다른 지역의 개혁 거점 학교와 같은 안정된 위치를 형성하고 있지는 않았다. 어느 학교나 중도에서 어정쩡한 것이다. 중도에서 어정쩡한 개혁으로 달성할 수 있을 만큼 학교 개혁은 이루기 쉬운 사업이 아니다. 내가 방문함으로써 '마음 다잡기'가 이루어지지만 그 '마음 다잡기'는 수개월 후에는 정체되어 있다. 그 상태에서 방문해도 내 협력이나 조언은 의미가 없다. 이 관계는 최악이다. 교사들은 자기 개혁을 추진하거나 내 방문과 조언에 의한 '고조되기'와 '마음 다잡기'를 기대하고 '업어 주면 안아 달라 하고 당연한 듯 의존하는'상태가 될 뿐이다. 나는 할 수 없이 관계를 끝낼 필요가 있다고 생각하고 그 뜻을 전하면, 꼭 "○○에 대처하고 있으니까"라는 개혁 열의를 전해 온다. 그 열의에 끌려 방문하면 '계약 불이행'이라고 말할 수 있을 만큼 의뢰받을 때 들었던 내용과는 다르다. 전년도에 합의한 것은 대부분 전념하지 않고 다시 '마음 다잡기'를 하려는 상태이다.

도대체 왜 이러한 상태가 되는 것일까? 전국 다른 어느 지역의 학교에서도 이와 같은 사태는 일어나지 않는데 왜인지 오사카·고베 지역 학교만 이와 같은 사태에 빠져들고 만다. 나는 아직 오사카·고베 지역의 학교 개혁의 어려움을 충분하게는 인식하지 못한다.

다카쓰키 시립 다이하치중학교 개혁의 협력 의뢰를 맡은 것은 어떡하든지 오사카·고베 지역에 '배움의 공동체' 만들기의 안정된 거점 학교를 만들 필요가 있기 때문이었다. 만약 안정된 거점 학교를 구축하지 못한다면 현재 100개교 이상으로 추정되는 이 지역 '배움의 공동체' 만들기에 도전하고 있는 학교는 충분한 성과를 올릴 수 없을 것이다.

의뢰를 맡은 이유는 또 하나 있다. 다카쓰키 시립 다이하치중학교에서 '배움의 공동체' 만들기를 추진하고 있는 중심적인 교사는 진구지 다케오 선생이다. 진구지 선생은 수년 동안 전국 각지의 '배움의 공동체' 만들기 학교를 방문했고, 오사카·고베 지역에서 학교 개혁의 어려움을 충분히 인식하고 있는 많은 교사 중 한 사람이다. 그가 교사로 근무하는 학교라면 오사카·고베 지역 학교의 어려움을 돌파하는 개혁이 실현될 수 있지 않을까. 그 점에 희망에 걸어 보고 싶다.

3. 확실한 한 걸음

다카쓰키 시립 다이하치중학교는 각 학년이 4학급인 중간 규모 학교이다. 방문한 5월 21은 토요일, 내 스케줄에 맞춰 학부모가 참관하는 날을 겸해서 토요일에 연구회를 실시했다. 토요일이라 인근 학교에서 교사 약 70명이 수업을 참관하고 연구협의회에도 참가했다. 오전 중 1교시와 2교시는 모든 교실에서 공개 참관 수업, 3교시와 4교시에 연구 수업이 실시되고 오후에는 연구 수업 두 개에 관한 연구협의회가 열렸다.

아침에 학교에 도착하는 즉시 다니자키 교장 안내로 모든 교실 수업을 참관했다. 이 학교 구역은 예전 그대로의 지역에 위치하고 있다는 점에서 많은 학부모가 수업 참관을 위해 학교를 찾았다. 그러나 많은 학부모는 복도에서 창문 너머로 수업을 참관하거나 복도에서 다른 학부모들과 잡담에 몰두하고 있었다. 수업 참관일에 학부모가 복도에서 잡담을 하고 교실에 들어가지 않는 현상은 몇 년 전 도쿄 시내에서도 있었고, 그동안 계속 전국적으로 퍼지고 있다. 다니자키 교장은 학부모 한 명 한 명에게 말을 걸어 교실 안으로 들어가도록 권했다.

각 교실에서 이루어지고 있는 수업은 평상시와 같은 수업이지만 모든 교사가 '서로 듣는 관계'와 '서로 배우는 관계'를 의식한 수업 만들기에 도전하고 있었다. 교실 대부분이 책상 배치를 ㄷ 자로 하고 모둠에 의한 협동적 배움을 도입하고 있었다. 수업 개혁은 아직 시작되지 않았지만, 교사의 진지한 생각은 착실히 학생에게 전해지고 있었다. 각 교실을 몇 분씩 참관하면서 이 학교가 '배움의 공동체' 거점 학교로서 성장해 간다는 전망을 확실히 할 수 있었다. 진구지 선생에게서 이 학교 모습을 전해 들었을 때 마음에 품은 내 직감과 다르지 않았다.

3교시 연구 수업은 2학년 국어이고 우치모토 요시노부內本義宣 선생이 '단가를 즐기는 마사오카 시키正岡子規에 관해서 안다'라는 주제로 수업을 공개했다. 이미 학생들이 알고 있는 고전 단가를 몇 개 예시하고, 다음으로 '샐러드 기념일'을 비롯한 현대 단가를 일부 괄호 형식으로 나타내어 그 괄호를 채우는 단어를 탐색하는 활동을 했고, 마사오카 시키에 관한 소개와 그의 작품으로 나아갔다. 수업 전개는 내용이 풍부했다. 그 때문에 학생들의 배움은 단편적으로 진행되는 전개였다.

우치모토 선생이 연구 수업에 도전한 것은 우치모토 선생의 희망에 따른 것이라고 한다. 우치모토 선생은 일제 수업 형식에서 좀처럼 탈피하지 못하고 학생과 학생이 서로 영향을 주는 교실 만들기가 진전되지 않아 고민에 싸여 있었다.

4교시 연구 수업은 1학년 수학 수업으로 단게 다카시丹家敬 선생은 '양수와 음수의 곱셈'을 트럼프 게임으로 배우는 수업을 공개했다. 검정색 1~3을 각각 2장, 빨강색 1~3을 각각 2장, 그리고 검정색 4를 1장 포함해서 총 카드 13장을 모둠마다 나누어 주었다. 검정이 양수, 빨강이 음수이다. 13장 중 1장은 숨긴 채 세 사람에게 4장씩 나누어 주고 옆 사람에게 1장씩 두 번 카드를 건네주어 수중에 지니고 있는 카드 4장을 곱셈하여 점수를 겨루어 보는 게임이다. 양수와 음수의 곱셈을 습득하게 되면 단게 선생은 '점프하는 배움'으로서 수준 높은 문제를 던졌다. "A군, B군, C군은 점수가 같았습니다. 그때 카드를 생각하세요. 남은 1장은 무엇인가요?"라는 문제였다. 이 문제는 참관하고 있는 교사들에게도 어려운 문제였다. 그러나 학생들은 시간은 걸렸지만 모둠 4명 모두 이 어려운 문제를 해결했다. 협동적 배움의 놀랄 만한 위력을 보여 주는 수업이었다.

4. 한 명 한 명의 도전

연구협의회에서는 '수업 어디에서 배움이 이루어졌는가? 수업 어디에서 배움이 이루어지지 않았는가? 이 수업에서 무엇을 배웠는가?' 세 관점에서 교내 참관자 전원이 의견을 나누었다. 참관자 발언은 모두 구체적이었고, '학생의 배우는 자세', '학생과 학생의 연결', '교사와 학생의 연결', '교재와 학생의 연결'이 수업 사실에 의거해서 부각되었다.

우치모토 선생의 국어 수업에 대해서는 교사의 말이 빠르면서 많고, 게다가 입을 다물고 있는 시간이 없기 때문에 다음에서 다음으로 단편적인 말만이 쌓여 학생 상호 간의 대화가 이루어질 수 없다는 문제가 분명히 드러났다. 우치모토 선생은 성실하고 온화한 인품을 지녔다. 그 점에서는 학생에게서 전폭적인 신뢰를 얻고 있는데 왜 수업에서는 일방적으로 되고 마는 것일까? 거칠었던 전임 학교에서 악전고투했던 트라우마에서 우치모토 선생 스스로가 벗어나는 것이 수업을 바꾸는 가장 근본적인 과제라고 지적했다. 우치모토 선생은 전임교의 거친 상황에서 얻은 깊은 상처를 가슴에 품고 있었다. 예상대로 이 학교에서 '배움의 공동체' 만들기에 도전하면서 크게 비약하고 있는 것은 틀림없다. 그 첫걸음은 학생을 믿는 것, 수업 한 시간 한 시간을 정중하게 학생과 함께 만들어 가는 도전을 거듭하는 것이다.

단게 선생의 수학 수업에 대해서는 이미 교사의 긴장이 이전과는 비교가 되지 않을 정도로 낮아졌다는 점이 언급되었다. 또 수업 중 말이 고르고 쓸데없는 말이 한마디도 없었다는 것도 언급되었다. 단게 선생은 가쿠요중학교 수학 수업을 참관했을 때, 온화하면서도 차분하게 서로 배우는 속에서 학생 한 명 한 명이 매우 수준 높은 배움의 점프에 도전하여 달성하는 모습에 감동했다고 한다. 단게 선생이 습득한 수업 비전이 이 교실에서 서로 배우는 일을 지원하고 있는 것이다.

이렇게 하여 다카쓰키 시립 다이하치중학교의 '배움의 공동체' 만들기는 오사카·고베 지구에 확실한 거점 학교를 구축하는 첫걸음을 떼었다. 그 도전이 실현될지 어떨지는 앞으로 이 학교 교사들이 진지하고 성실하고 세밀하게 하루하루를 실천해 나가는가에 달려 있다. 거기에 희망을 걸어 본다.

국경을 넘은 '배움의 공동체'
중국, 한국

1. 세계화 시대의 학교 개혁

'배움의 공동체' 만들기는 국경을 넘어서 국제화되고 있다. 세계화 시대이다. 지금까지도 내가 추진하는 '배움의 공동체' 만들기라는 학교 개혁은 미국에서 협동 연구를 진행해 온 연구자들에 의해 실천되거나 5년 전부터 교육정책 컨설팅을 해 온 멕시코 교육에서 추진되고 있다. 그러나 '배움의 공동체' 만들기가 구미 이외의 나라들에서 보급되는 일은 상정하지 않았다. 최초로 놀라운 일은 이란 교육학자 모하메드 아라니 선생에 의해 초래되었다. 아라니 선생은 나고야대학교에서 매우 신뢰하는 교육학자인 마토바 마사미的場正美 교수 지도로 수업 연구에 관한 박사 논문을 썼고, 귀국 후 테헤란에서 '배움의 공동체' 만들기라는 학교 개혁을 추진해 왔다. 교사는 여성의 일이었고, 교실은 종bell으로 닫혀 있어 교사는 고립되어 있었다. 그 닫힌 교실을 열고 교사들이 동료성을 형성한다는 이야기는 교사 성장의 원점을 보여 주어 감동적이다.

국경을 넘어 다른 나라에서 '배움의 공동체' 만들기가 추진되고 있다. 세계화의 진행을 생각한다면 이 움직임은 당연하다고 말해도 좋을지도 모른다. 몇 년 전부터 인도네시아에서 '배움의 공동체' 만들기가 활발하게 추진되고 있다. 교육성 정책 담당자, 지방 교육위원회 정책 담당자, 대학 연구자, 교장, 교사들이 몇몇 그룹으로 나누어 내 연구실과 하마노고초등학교, 가쿠요중학교를 방문하여 '배움의 공동체' 만들기를 인도네시아 각지 대학 부설 학교와 공립학교에서 추진하고 있다.

인도네시아에서 '배움의 공동체' 만들기의 중심을 맡고 있는 이가 JICA(일본국제협력기구)의 사이토 아이스케 선생이다. 인도네시아는 아시아 중에서 민주화가 늦은 나라이지만 교육정책에서 캐나다 시스템을 도입하는 등 요근래 민주화가 눈부시다. 사이토 선생은 내가 제창하는 '배움의 공동체' 만들기의 비전을 소개하고 그 개혁의 선두에 서서 인도네시아 교육의 민주적 발전에 공헌하고 있다.

2005년 5월 사이토 선생 등은 JICA 단체가 개혁에 협력하고 있는 학교(부설 고교와 일반 공립 고교)에서 서로 배우는 모습을 전하는 스냅사진을 보내왔다. 그 사진들을 보면 학생들이 있는 그대로의 모습으로 유연하게 서로 배우고 있다. 또한 사진에 확연히 드러난 교실 풍경에서 교육 수준의 높이를 확신할 수가 있다. 약 2년 동안 배움의 공동체를 실천해 온 JICA 회원 몇몇과 인도네시아 교장, 교사들의 노력에는 경탄할 뿐이다.

8월에는 가쿠요중학교 초대 교장인 사토 선생이 2주 동안 인도네시아 각지 '배움의 공동체' 만들기 거점 학교를 방문하고 지원 활동을 했다. JICA에 의해 연결된 일본과 인도네시아 학교 개혁 연대가 한층 더 발전할 것을 기대한다.

2. 중국과 한국에서의 보급

요 몇 년 동안 '배움의 공동체'로서 학교 개혁이 해외에서 가장 널리 보급된 나라는 중국이고, 현재 급속히 보급되고 있는 나라는 한국이다. 두 나라 모두 번역 출판된 내 저서가 계기가 되었다. 내 저서가 아시아 사람들에게 읽히고 교육개혁을 촉발하게 될 것이라는 것은 전혀 예상하지 못했다. 내 저서나 논문은 아무래도 일본이나 구미 교육을 대상으로 하고 있고 영어로 한 논문 집필에 이어 독일어, 프랑스어, 스페인어로 번역되어 왔지만, 아시아 언어로 번역되는 일은 예상하지 못했다.

'배움의 공동체' 만들기라는 학교 개혁에 대한 관심은

상하이 화동華東사범대학 종치촨鐘啓泉 교수 그룹에 의해서 약 10년 전부터 준비되어 있었다. 종 교수는 일찍이 오사카 교육대학에 유학한 경험을 갖고 중국 정부 교육부 학교 개혁 정책에서 주도적 역할을 맡고 있다. 종 교수는 내 저서나 논문을 거의 모두 읽고 교육과정 관련 논문을 중심으로 번역 소개하고 있다.

그중에서도 나의 대표적 저서 3부작 《교육과정 비평 – 공공성의 재구축》, 《교사라는 아포리아 – 반성적 실천》, 《배움의 즐거움 – 대화로》를 번역하고, '세계과정여교학신리논문고世界課程与教學新理論文庫'로서 교육과학출판사에서 출판하게 된 일은 대단했다. 이 번역 출판은 중앙교육과학연구소 주샤오완朱小蔓 소장 추천도 얻어 많은 중국 교육학자들의 관심을 모으게 되었다. 이어서 같은 화동사범대학 리리메이李李湄 교수에 의해 《수업이 바뀌면 학교가 바뀐다》가 '조용한 혁명'이라는 표제로 장춘출판사에서 번역 출판되었다. 이 번역서도 중국 교사들 사이에 베스트셀러가 되어 '배움의 공동체' 만들기를 이끌었다.

중국에서 '배움의 공동체' 만들기로서 학교 개혁이 어느 정도로 학교에서 실천되고 있을까? 여하튼 광대한 나라다. 인터넷에서 '배움의 공동체'나 내 이름을 검색하면 수백 건에 이를 정도로 상당히 보급되었다고 예상하지만 구체적인 사항은 아무것도 알 수 없었다. 작년 10월 베이징시 중앙교육과학연구소 초청으로 실시했던 강연에는 중국 각지 사범대학에서 청중으로 참가한 많은 사람들에게서 '배움의 공동체' 만들기를 추진하고 있다는 말을 들었다. 그러나 그들 학교를 방문한 것은 아니다.

내가 방문할 수 있었던 유일한 학교는 작년 10월 화동 사범대학에 초빙되었을 때 방문한 상하이 시내 초등학교인 신황푸新黄浦실험학교이다. 이 학교 교장은 교수로도 근무하며, 교사들 전원이 내 저서를 읽고 창조적인 실천에 도전하고 있다. 원래부터 중국 도시 학교교육은 교육 내용 수준이 높고, 시험으로 측정할 수 있는 학력은 세계 최고 수준임을 알고 있다. 그러나 그 세계 최고 수준인 교육 내용이 획일적 일제 수업이라는 주입식 교육으로 추진되고 있는 것이 지금까지 중국 학교교육 실태이다. 그 교실에 지금 조용한 혁명이 급속히 진행되고 있다. 신황푸실험학교는 조용한 혁명에서 맨 앞에 선 학교 중 하나이다.

교실을 방문했을 때 어느 교실 수업이나 배움이 세련되어 있다는 점이 인상적이었다. 나는 중국 교실에 대해 획일적이고 효율을 앞세운 경쟁적인 배움이라는 판에 박힌 방법이 둘러싸고 있다고 여겼는데, 그 판에 박힌 방법은 모두 과거의 일이라는 것을 알았다. 어느 교실에서도 사고와 탐구를 활동적으로 추진하는 배움이 구성되어 있었다. 게다가 협동적 배움이 어느 교실에서도 의식적으로 구성되어 있었다. 개인주의가 강한 국민성에도 불구하고 협력적 배움이 원활하게 도입되고 있는 모습은 인상적이었고, 교사들의 교육철학에 대한 식견도 놀라웠다. 중국에서 학교 개혁은 빈부 격차 확대와 시장주의 폐해 등이 심각해지면서 이런 교실 변화에서 볼 수 있는 것처럼 새롭고 창조적인 교육을 향해서 질주하고 있다. 특히 미술교육이나 음악교육 등 예술교육 영역에서 보인 수업 개혁의 진보는 무척 인상적이었다.

신황푸실험학교 개혁 키워드는 탐구와 협력 두 가지이다. 교실에서, 학생 배움에서, 교실을 넘은 교사들의 연수에서도 탐구와 협력 두 원리가 이루어지고 있다. 또 키워드 하나를 든다면 질적 추구이다. 상하이라는 지역성도 있지만 이 학교에서 추진되고 있는 개혁은 지금까지 학교 개혁인 개선이 아니고 21세기 새로운 중국 사회에 부합하는 학교교육의 질적 창조로서 성격을 부여하고 있다. 그 변화는 매우 빨라 질주하는 중국이라는 인상을 강하게 받았다.

3. 개혁을 지지하는 민주화 물결

인도네시아와 중국에서 '배움의 공동체' 만들기가 보급된 바탕에는 아시아 여러 나라에서 일어난 민주화 물결이 있다. 이 20년 동안 교육과 사회의 보수화를 강화해 왔던 일본과는 대조적으로 아시아 여러 나라는 오랜 시간에 걸친 군사정권과 개발독재의 역사를 털어 없애려는 민주화 물결 속에서 교육개혁을 추진하고 있다. 이 점을 가장 현저히 보여 주는 나라가 최근 한국에서 펼치는 교육개혁이다.

한국에서 '배움의 공동체'에 대해 관심이 높아진 것은, 내 저서《교육개혁을 디자인한다》가 2001년에 손우정 박사에 의해 번역 출판된 것이 계기가 되었다. 손우정 박사는 내 지도로 도쿄대학교에서 박사 학위를 취득한 젊고 우수한 교육학자이다. 이 책은 출간 직후에 교사들을 위한 필독서로 교원 단체 추천 도서로 선정되었다. 그 이후 매년 한국에서 교사들이 하마노고초등학교와 가쿠요중학교를 방문하고 있다.

그동안 서울 사립학교에서 '배움의 공동체'를 내세운 학교 개혁이 시도되는 등 몇몇 학교에서 단편적이고 피상적인 개혁이 시도되어 왔다. 또한 손 박사는 그 후 나의 다른 저서《배움으로부터 도주하는 아이들》,《수업이 바뀌면 학교가 바뀐다》등도 번역하여 출판했다.

'배움의 공동체' 만들기라는 학교 개혁은 작년(2005년) 부터 비약적으로 발전하고 있다. 손 박사가 제안한 '배움의 공동체'를 내세운 프로젝트가 학술재단의 연구 기금을 획득하였고, 부산대학교 교육학과의 반이 넘는 교수와 연구진이 총출동하여 '배움과 돌봄의 학교 공동체' 연구를 진행했다. '신교육 공동체'를 건설하고 '민주적 시민'을 교육하는 정부 교육정책이 이 프로젝트의 배경이다.

이 프로젝트의 책임자인 주철안 교수는 하버드대학교에서 학위를 취득하고, '배움의 공동체'를 제창하는 교육학자 토마스 J. 세르조반니Thomas J. Sergiovanni의 저서를 번역하기도 했다. 이 프로젝트의 워크숍에 초대된 나는 기념 강연을 하는 영광을 가졌는데 그때 반향의 크기는 '배움의 공동체' 만들기가 새로운 개혁 운동을 창출하리라는 것을 예감하게 했다.

그로부터 1년 후 2006년 10월 손 박사에게서 다시 부산대학교 연구소에서 강연을 하고 교사들의 연구회에 참가해 달라는 초빙을 받았다. 부산시교육청이 '배움의 공동체' 만들기 정책을 세워 교장을 중심으로 하는 연수가 기획됐다고 한다. 한 달 전 손 박사는 부산시교육청 장학사와 함께 지카사키 시 교육위원회와 하마노고초등학교를 방문하고 그로부터 한 달 뒤 나는 인터넷 화상회의를 활용하여 도쿄대학교 연구실에서 부산 시 교감 약 100명을 대상으로 학교 개혁에 관한 강의도 했다.

부산대학교 강연회에는 예상했던 교장 30명을 훨씬 넘는 100명 가까운 교장, 장학사가 모였다. 더 놀란 것은 강연회 후에 계획된 수업 비디오 기록에 의한 사례 연구회였다. 이 사례 연구회는 '배움의 공동체' 만들기를 추진하여 실천하고 있는 교사를 대상으로 한 것이고, 오후 8

시에서 11시까지 진행되는 혹독한 일정이었다. 이 사례 연구회도 참가 예상은 30명이었으나 심야 연구회인데도 불구하고 멀게는 서울에서도 참가자가 찾아와 100명을 넘는 규모로 연구회를 했다. 참가한 모든 교사가 '배움의 공동체' 만들기라는 개혁에 착수하여 추진하고 있는 실천자였다. 게다가 수업 사례를 살핀 발언이나 논의는 일본에서 '배움의 공동체' 만들기를 추진하고 있는 학교와 동등한 수준에 이르고 있었다.

이 정도로 급속히 보급되리라고는 1년 전에는 전혀 예상하지 못했던 일이다. 약 1년 동안 이 정도까지 개혁을 추진한 손 박사의 열정적이고 헌신적인 활동과 역량에는 감복할 수밖에 없다. 부산대학교 교육연구소 연구진들의 협력에도 감사할 따름이다. 이 조용한 혁명의 파도는 어느 누구도 멈출 수 없을 것이다.

아직도 보수적인 권력 구조가 복잡하게 얽혀 있는 한국 학교 조직에서 '배움의 공동체' 만들기는 수많은 시련을 경험할 것이지만 한국 사회 전체를 동요시키는 민주화 파도가 계속되는 한 '배움의 공동체' 만들기 실천은 21세기 학교 모델이 되어 더 한층 더 강하게 계속 나아가리라는 것은 틀림없다.

학교와 학교가 연대하다

오사카 부 이바라키 시 도요카와중학교 학구

1. 학구學區 교사의 연대

2005년 8월 22일 오사카 부 이바라키 시 도요카와豊川중학교 학구 수업연구회에 참가했다. 도요카와중학교는 지역에 도요카와초등학교, 고리야마郡山초등학교 그리고 작년 개교한 사이토니시彩都西초등학교 세 초등학교가 있다. 이 네 학교와 학구에 있는 유치원, 거기에 도요카와중학교 졸업생 대부분이 다니는 부립 후쿠이福井고등학교 교사들은 동화(同和, 동화교육은 차별받는 특수 마을의 해방을 목적으로 하는 교육) 인권 교육을 바탕으로 협력하여 수업연구를 해 왔다.

내가 도요카와중학교 학구의 학교 개혁에 협력하고 수업연구회에 처음으로 참가한 것은 5년 전이다. 내가 제창하는 '배움의 공동체' 만들기라는 학교 개혁이 도요카와초등학교에서 시작되었고, 이어서 도요카와중학교에서도

248

시도되었다. 그리고 고리야마로 확대되고, 거기에다 작년 개교한 사이토니시초등학교에서도 시작되었다.

같은 학구 유치원과 초등학교, 중학교 교사들이 협력하여 수업 연구를 하고, 학교 개혁을 실행하고 있는 도요카와중학교 학구의 대응은 매력적이다. 그러나 지금까지도 같은 방식에 협력해 왔지만 이러한 학교 개혁은 대체로 어렵다.

'배움의 공동체' 만들기가 같은 학구 학교가 서로 협력하면, 단번에 진행될 것이라고 생각하지만 학교 개혁이 그리 쉬운 사업이 아니다. 네 학교에서 '배움의 공동체' 만들기를 실현하기 위해서는 역시 한 학교를 거점 학교로 만드는 네 배의 노력과 시간이 필요하다. 게다가 이 방식의 경우 몇 년이 걸려도 거점이 되는 학교가 한 학교도 만들어지지 않는다면 개혁 노력이 무익하게 끝나는 경우도 각오하지 않으면 안 된다. 그러한 의미에서 나는 지역 단위로 복수의 학교 개혁을 동시에 추진하는 방식에는 회의적이다.

그러나 같은 학구의 초등학교와 중학교가 '배움의 공동체' 만들기에 연대할 수 있다면 그 교육 효과가 아주 크다는 것을 확신한다. 학생들이 여러 가지 어려움을 갖고 있는 지역에서는 유치원과 초등학교, 초등학교와 중학교 교육에서 연속성이 중요하다. 그 점에서는 같은 학구에 소재하는 학교가 연대하고 학생 한 명 한 명의 발달을 주시하면서 교사가 협력하여 수업 개혁을 시도하는 것은 한 학교를 '배움의 공동체'로서 개혁하는 데서 실현할 수 없는 효과를 기대할 수 있다.

5년 전에 도요카와중학교 학구의 수업 개혁에 협력하기 시작하고부터 나는 이 두 갈림길에 서서 학구의 학교가 연대하여 '배움의 공동체' 만들기를 추진하는 방식의 옳고 그름에 대해서 계속 고민해 왔다. 게다가 시기가 좋지 않았다. 이 2년 동안은 대학과 학회 등의 격무에 시달리는 와중에 어떻게 사정이 된다고 해도 도요카와중학교 학구의 네 개 학교 개혁에 협력하려면 한 학교 개혁에 협력하는 네 배의 힘을 들여야 할 필요가 있는데 전혀 그럴 여건이 못 되었다.

맨 먼저 도요카와중학교 학구의 도요카와초등학교를 방문하고 수업 연구를 실시한 것도 평소 일정으로는 도저히 잡을 수 없었고, 여름방학 전 종업식을 하는 날, 종업식을 마친 오후에 연구 수업을 공개하고 그 학구 교사들과 연구회를 가졌다. 그 이후 4년 동안 도요카와중학교 학구의 수업연구회 참가는 언제나 토요일에 학생을 등교시켜서 연구 수업을 하든가 여름방학 하루를 이용하여 세 개 학교 수업 비디오 기록을 가지고 학구 교사 전원이 연구회를 갖는 것 외에는 불가능했다.

2. 개혁의 재출발로

어중간한 협력으로 여러 학교의 개혁을 동시에 전개하
는 것은 아무래도 무리이다. 나는 충분한 책임을 다하지
못한 것을 자각하고 도요카와중학교 학구의 협력은 작년
까지만 하기로 하고 올해는 발을 빼기로 결심했다. 4년
동안 진전이 없었다는 뜻은 아니다. 도요카와초등학교는
'배움의 공동체' 만들기를 적극적으로 추진하여 지역 거
점 학교로서 안정된 성과를 거두었고, 고리야마초등학교
도 3년째는 도요카와초등학교와 같이 수업 개혁에 적극
적으로 전념하게 되었다. 신설교인 사이토니시초등학교
도 개교 첫해부터 '배움의 공동체' 만들기에 전념했다.
그러나 도요카와중학교에서는 모든 교사가 수업을 공개
하여 서로 검토하는 일이 곤란해져 학생의 배움도 정체
되는 상황이 발생했다. 이렇게 되면 적어도 하루만이라도
도요카와중학교 모든 교실을 참관해서 학교 전체 현상을
진단하고 개혁의 초점을 명시하여 교사 한 명 한 명에 대
한 상담과 지원을 행할 필요가 있지만 그 하루조차도 확
보한다는 것이 불가능했다. 변명할 여지가 없지만 물러날
수밖에 없었다.

이런 나의 결심을 뒤엎고, 떳떳하게 책임을 다하지 못
했던 나의 무력감을 구해 주었던 사람은 도요카와중학
교 다나카 선생과 도요카와초등학교 야마모토 선생을 비

롯한 몇몇 교사들이었다. 야마모토 선생과 다나카 선생은 사회적, 문화적, 경제적으로 불우한 학생이 많은 도요카와중학교 학구에서 '배움의 공동체' 만들기의 필요성을 누구보다도 절감하고 학교 지원이 준비되지 않은 상황에서도 끈질기게 개혁을 추진해 왔다. 신뢰할 만한 교사들이 계속하여 도전하는 한 나도 미력하나마 계속 협력할 책임이 있다. 그렇게 생각을 바꾸어 여름방학 일정을 조정해서 하루 연구회에 참가하기로 했다.

3. 확실한 한 걸음

올해의 획기적 전진은 도요카와중학교에서 모든 교사가 교실을 공개하고 학년 단위로 학생이 서로 배우는 사실에 관해서 연구회를 쌓아 가고 있다는 것이었다. 모든 교실에서 책상과 의자 배치를 'ㄷ 자'형으로 하고 모둠을 구성하여 협동적 배움을 도입하고 있다고 한다. 눈에 띄는 성과가 나타나는 것은 6개월 후가 되겠지만 이 개혁 첫걸음의 의미는 크다. 도요카와중학교의 '배움의 공동체' 만들기가 본격화됨에 따라 도요카와초등학교, 고리야마초등학교, 사이토니시초등학교 등 네 학교 모두가 보조를 맞추어 '배움의 공동체' 만들기를 추진하게 되었다. 개혁을 시작하고 나서 5년째, 그것만으로도 훌륭한 성과이다. 나는 끊임없이 "개혁을 서둘러서는 안 된다"고 스스로에게 타일러 왔던 것을 뼈저리게 느꼈다. 다나카 선생과 야마모토 선생의 끈질긴 도전에는 머리가 숙여질 뿐이다.

이날 수업연구회에서는 오전 중에 도요카와초등학교 사사가와 지아키笹川千昌 선생의 4학년 1반 산수 '어떻게 달라질까?' 수업 비디오 기록을 시청하고 검토했다. 오후에는 도요카와중학교 지하라 야스모토千原康幹 선생의 2학년 역사 '가마쿠라 시대 산업 발달'에 관한 수업 비디오 기록을 시청하고 검토했다. 네 학교 합동 연구회이기 때문에 연구회 참가자는 100명 정도였다. 맨 먼저 사회자가 "오늘 하루 참가하신 모든 분이 의견 한 가지씩은 말씀해 주세요."라고 호소하고 연구회가 시작되어 실제 모든 참관자가 수업 비디오 기록 사실에 의거하여 간단히 발언했다. 모든 발언이 사실에 의거해 적확했고, 게다가 수업자를 배려한 발언이었다. 이것도 5년 동안의 귀중한 성과이다.

사사가와 선생의 산수 수업은 한 변이 1cm인 정삼각형을 띠 모양으로 전면에 빈틈없이 깔아 나란히 하고 삼각형 수와 띠 모양 둘레 길이의 관계를 활동하면서 발견하여 '말의 식'으로 표현하는 수업이었다. 사사가와 선생은 맨 먼저 '삼각형과 둘레 길이의 관계'에 관해서 확인하고, 칠판에 '삼각형의 수'와 '둘레 길이'의 변화를 나타내는 표 만들기를 한 후, 학생들 저마다에게 한 변이 1cm 인 정삼각형을 몇 개인가 건네주고 띠 모양으로 줄을 세워 '삼각형의 수'와 '둘레 길이' 두 수의 관계에 관한 표를 작성하는 수업으로 유도하고 있었다. 그리고 표를 작성하면서 발견한 '둘레'를 '말의 식'으로 노트에 적게 하고, 모둠에서 '말의 식'에 관해서 서로 이야기하는 활동을 전개했다.

사사가와 선생은 배우는 일에 진지한 교사이다. 초임으로 부임한 전임 학교에서 3년간 근무했는데, 1년에 한 번도 연구 수업이나 교내 연수를 시행하지 않는 학교를 바꾸기 위해 스스로 연구 수업을 하고 연수 기회를 만들 것을 제안하고 실천했다고 한다. 도요카와초등학교로 전근하고 나서 교사로서 배우는 기회가 풍부한 것을 즐거워했지만, 1년 반 동안 출산으로 육아 휴직을 했고 금년 봄에 복직하여 즉시 연구 수업을 신청하여 발표하게 되었다고 한다. 배움에 진지한 교사에게서 공통적으로 볼 수 있는 산뜻함이 온몸에서 배어 나오는 젊은 교사이다.

수업 검토에서는 이 교과서 교재가 함수관계 인식을 목적으로 하는 교재로서 적절하지 않은 것은 아닐까 하는 의문이 제기되었고, 그 어려운 점을 사사가와 선생이 엄청나게 많은 정삼각형을 오려 내어 준비함으로써 활동을 통한 조작적 사고로 극복하고 있다는 것이 언급되었다. 대화의 중심은 학생 한 명 한 명에게서 배움이 이루어지는 사실과 배움이 주춤하는 사실에 맞췄다.

특히 모둠 작업을 어려워하는 학생들이 다른 학생에게 도움을 구하고 배움에 적극적으로 참여하게 하려면 한층 더 모둠 활동에 학생들이 몰두할 수 있도록 교사는 말을 최소화하고 학생 개개인의 질문에 개별적으로 응답하는 것이 아니라 학생과 학생을 '연결하는' 활동을 중심으로 해야 한다는 것이 확인되었다.

사사가와 선생의 훌륭한 점은 그녀 자신이 학생들과 수학적 추론을 즐기고 있다는 것이다. 이 토대가 오늘 교실에 안정감을 만들어 냈다. 사사가와 선생이 좀 더 긴장을 풀고 학생의 말을 '듣는' 일에 전념하고, 학생 상호 간 발언이나 중얼거림을 '연결하는' 일에 전념한다면 사고가 한층 더 깊어지는 협동적인 탐구가 틀림없이 실현될 수 있을 것이다.

오후에는 도요카와중학교 지하라 선생의 수업 비디오 기록을 검토했다. 중학교 2학년이 선정된 것은 이 학년 교실에서 서로 배우는 것을 형성하기가 힘들었기 때문이다. 가마쿠라 시대 시장 성립에 관해 가르치기 위해 오카야마 현 후쿠오카 시(당시 지명) 모습을 그린 '일편상인회전一遍上人繪傳'을 확대하여 컬러 복사한 것을 준비했다. 그것을 제시하기 전에 지하라 선생은 학생의 관심을 그들의 생활과 결부시켜 끌어내기 위해 '자유 시장'에 관해 학생들에게 묻고 팔리고 있는 것을 서로 얘기한 후에 '일편상인회전' 그림 복사본을 나누어 주어 모둠 학습에 들어갔다. 무엇이 팔리고 있는가, 그리고 이 그림에서 무엇을 알 수 있는가에 대해 서로 이야기 나누기를 재촉했다. 지하라 선생의 의도는 '일편상인회전'에 묘사된 당시 시장의 모습과 교과서에 게재되어 있는 '대산사록기도大山寺緣起図'의 모내기 모습 그림에서 가마쿠라 시대의 생산 발전을 상상하고 '농업의 발달 → 잉여 생산물 → 시 형성, 상품 작물 → 상업, 운송업 등 산업 발달'에 관해서 인식시키려는 것이었다.

자유 시장 도입은 지하라 선생이 기대한 만큼 효과는 없었고, 그림 두 장에서 직접적으로 '가마쿠라 시대 산업 발달'에 관해 생각해 보게 하려는 의도도 충분한 성과를 올리지는 못했다. 그러나 모둠 활동에서 학생들은 그림을 세밀한 부분까지 관찰하며 활발하게 서로 의견을 교환했다. 어쨌든 성과가 있었다.

4. 신뢰와 협력의 회복으로

그러나 모둠에 의한 배움의 장면을 제외하면 이 학급의 인간관계가 심각하다는 것을 여기저기에서 엿볼 수 있었다. 예를 들면 여학생은 전부가 대화에 참여하려 하지 않고 입을 다문 채 칠판 글자를 묵묵히 노트에 베껴 쓰고 있었다. 이 학생들은 초등학교 때 학급 붕괴를 경험했고, 그 심리적 상처가 심각하여 신뢰와 협력 관계가 무너졌다고 한다. 지하라 선생의 진지하고 성실한 수업도 학생의 상호 불신과 고립의 벽 앞에서는 무력했다.

수업 후 연구협의회에서도 이들 학생들의 상호 불신과 고립에 대해서 서로 이야기를 나누었다. 실제 이 학년 학생들의 인간관계상 어려움은 교실에 비친 모습을 한번 훑어보는 것만으로도 분명히 알 수 있다. 모둠 활동에 의해 서로 배우는 장면을 제외하면 발언은 남학생만 할 뿐이고 여학생이 학급 전체 대화에 참여하는 장면은 볼 수 없었다.

이 교실에서 서로 배우는 관계를 형성하려고 한다면 지하라 선생처럼 1회 1회 수업에 모둠 활동을 넣고 끈질기게 학생 상호 간의 신뢰와 협력 관계를 회복할 수밖에 없다. 교사가 세세하고 신중하게 임할 필요가 있는 것이다.

초등학교 교사들은 이 교실 풍경을 관찰하고 "초등학교 책임이 크다"고 입을 모았다. 앞일이 까마득하다고 말할 수밖에 없지만 개혁을 위한 새로운 첫걸음은 확실하게 내딛었다. 앞으로의 진전을 기대하고 싶다.

배움을 중심으로 하는 학교 개혁의 시작

도야마 현 도야마 시립 오쿠다초등학교

1. 배움의 풍경

2000년 10월 8일 토요일, 도야마 시립 오쿠다奥田초등학교에서 '배움의 공동체' 만들기를 내세운 공개연구회가 열렸다. 도야마 시 소재 초등학교에는 전후 한결같이 수업 만들기를 추진해 온 호리카와堀川초등학교가 알려져 있다. 오쿠다초등학교는 호리카와초등학교와 나란히 현 내에서 수업 연구를 이끌어 온 전통을 갖고 있는 초등학교이다. 일찍이 전국 어느 지역에서나 수업 만들기 거점 학교가 존재했고, 그들 학교는 수업 연구와 교내 연수에서 부설 학교에 준하는 역할을 담당하고 매년 한 번씩 공개연구회를 실시하고 있었다. 그러나 학교 위기가 확실하게 눈에 보였던 1980년경부터 그들 학교 대부분은 거점 학교로서의 성격을 잃어버렸다. 지금도 거점 학교로서 기능을 하고 매년 공개연구회를 열고 있는 학교는 조금밖에 남아 있지 않다. 오쿠다초등학교가 그중 하나이다.

수업 연구와 교내 연수의 오랜 전통은 그 전통을 끊임없이 묻고 개선하여 혁신해 가지 않는다면 보수주의와 형식주의로 전락해 버릴 것이다. 작년 이 학교 교장으로 부임한 데라니시 야스오寺西康雄 교장은 수업 연구와 교내 연수의 전통을 혁신하고 활성화하기 위해 '배움의 공동체' 만들기를 추진했다. 데라니시 교장이 '배움의 공동체' 만들기에 눈을 뜬 계기는 내가 출연한 TV 다큐멘터리 프로그램을 보고서였다. 7년 전의 일이다. 이후 데라니시 교장은 내 저서를 읽고 지카사키 시립 하마노고초등학교 등 '배움의 공동체' 만들기를 추진하고 있는 학교를 방문하여 그 실천을 모색해 왔다. 수년간에 걸쳐 계속 나에게 방문 의뢰를 했고, 겨우 오쿠다초등학교 방문이 실현된 것이다.

데라니시 교장이 오쿠다초등학교에 부임하여 직면한 것은 전통이 있는 학교였기 때문에 파생되는 교사의 완고함과 형식주의 수업이었다. 결코 연수를 열심히 한다는 점이 좋은 것만은 아니다. 내가 지금까지 방문한 학교에서도 연수를 열심히 하는데도 수업은 형식화되었거나 획일화되어 있고, 교사 간의 동료성도 일부 교사의 권위적 지도에 의해서 고착되어 있는 경우가 많았다. 그렇게 되면 언뜻 보면 활발하게 학생들이 서로 의견을 주고받고 있다 해도 그 내용은 표면적이거나 형식적으로 되는 경향이 있다. 가짜 '주체성'에 의해서 배움이 이루어지기 때문에 학생은 활발하게 의견을 발표하지만 그들의 사고에 깊이나 높이는 없고, 서로 배우는 관계도 보이지 않는다. 수업 연구와 교내 연수가 형식주의에 빠져 있는 학교 대부분이 배움의 '주체성'을 연구 주제로 내세우는 것은 흥미로운 현상이다.

데라니시 교장에게서 이 학교 모습을 듣고 내가 이해한 것은 수업 연구와 교내 연수로 전통이 있는 학교의 완고함과 형식주의를 극복하는 일의 어려움이다. 실제 이 학교의 수업 비디오를 보면 교사들은 진지하고 성실하고 정직하지만, 그 진지함과 성실함과 정직함이 교사 한 명한 명의 개성과 참신한 창조성을 사라지게 하고 있다. 데라니시 교장이 큰 결심을 하고 개혁에 착수한 것은 확실히 뛰어난 결단이다.

그러나 그 벽이 어마어마하다는 것도 현실이다. 데라니시 교장의 부탁을 받아들이기는 했지만, 올해 한 번밖에 방문할 수 없는 상황이고 어느 정도 공헌할 수 있을지 불안이 컸다. 이러한 궁지에 몰린 나를 구해 준 이가 전국 각지에서 나와 협력하여 '배움의 공동체' 만들기를 추진하고 있는 이시이 준지(미에 현 퇴임 교장) 선생이었다. 이시이 교장은 6월 9일에 이 학교를 방문하여 모든 교실을 참관하고 수업사례연구에 참여해서 조언을 하는 등 교사들의 개혁을 격려해 왔다.

2. 도전의 시동

공개연구회에는 도야마 시뿐만 아니라 현 안팎에서 오쿠다초등학교의 새로운 도전을 배우려는 교사 약 500명이 참가했다. 아침 공개 수업에서부터 어느 교실이나 참관자로 붐볐다.

처음 방문한 학교이지만 개혁은 착실한 첫걸음을 대딛고 있었다. 어느 교실을 방문해도 교사들의 목소리 강도는 누그러져 있고 ㄷ 자형으로 배치한 책상과 의자 중앙에 교사가 앉는 작은 의자가 놓여 있다. 이 의자에 앉아 학생들과 시선을 나란히 하여 대화적 커뮤니케이션을 해 나가는 교사의 활동이 준비되어 있는 것이다. 그리고 교사들은 학생 한 명 한 명의 의견이나 중얼거림을 '듣는' 일을 중심으로 학생에게 대응하고 있었다. 그러나 교사들이 얼마나 섬세하게 학생의 의견이나 중얼거림을 듣고 있는가, 그리고 그들 의견이나 중얼거림을 얼마나 적확하게 연결하고 있는가에 관해서는 아직은 불충분하다. 그러나 교사들이 자연스럽게 학생들에게 대응하고 학생들이 자연스럽게 수업에 참여하고 있는 모습은 이 학교 교사들이 서로 배우는 교실의 비전을 찾아내어 공유하고 있다는 사실을 나타낸다. 서로 배우는 교실의 비전 형성과 공유는 개혁에서 무엇보다도 중요하다. 그 귀중한 첫걸음을 오쿠다 초등학교 교사들은 이미 달성했다.

학생들의 모습도 인상적이다. 아직 많은 교실에서 지금까지 몸에 밴 습관으로 인해 손으로 신호를 하는 학생도 여기저기 조금씩 보이지만 교사들이 형식주의에서 벗어남에 따라 학생들도 형식주의에서 벗어나고 있었다. 지금 아직 서로 듣는 관계는 성숙되어 있지는 않지만 '저요! 저요! 수업'에서는 벗어나 있고, 학생들 사이에서 자연스럽게 의견을 주고받는 것이 형성되어 있다. 4명 단위 모둠 학습도 도입되어 개개인이 스스로 조정하면서 '발돋움과 점프'에 도전하는 협동적 배움도 시작되었다. 보통 교실에 서로 듣는 관계를 형성하고 서로 배우는 수업을 정착하는 데는 6개월 이상 시간이 필요하다. 오쿠다초등학교에서도 서로 배우는 교실이 안정되어 가는 것은 올해 내내 걸릴 것이다. 그 첫걸음은 확실하게 내딛었다고 말해도 좋다.

1교시와 2교시 공개 수업을 마치고 점심까지 1시간은 교과별로 나누어서 '수업자와 이야기하는 모임'으로 예정되어 있었다. 종래는 '교과 협의회'를 마련해 수업자에게 참관자가 의견을 건네고, 강사가 조언하는 연구회로 계획되었다. 올해는 그 방식을 폐지하고 수업자가 참관자와 자유로이 서로 이야기를 나눈다는 목적에서 '수업자와 이야기하는 모임'을 마련했다고 한다. 이 변화는 성공적이었다. 어느 교과 교실도 참관자가 많이 참여하고, 수업자와 참관자가 솔직하게 의견을 나누고 있었다. 예년 같다면 공개 수업이 끝나면 참관자 대부분이 돌아가 버렸을 것이다. 이만큼 많은 참관자가 수업자와 서로 얘기한 적은 없었다고 한다. '한 명 한 명이 주인공'을 표어로 하는 데라니시 교장의 학교 만들기와 공개연구회는 여기에서도 착실한 성과를 내고 있었다.

3. 모델의 창출

오후에는 가와바타 기요미川瑞紀代美 선생이 6학년 학생들과 '똘배山梨'(미야자와 겐지宮沢賢治)라는 수업을 공개하고, 이 수업 사례를 검토하는 교내 연수를 공개했다. 수업 공개와 동시에 그 수업을 검토하는 교내 연수를 공개하는 것은 '배움의 공동체' 만들기를 추진하는 학교에서 정착되어 온 방식이다. '배움의 공동체' 만들기에서 수업 개혁과 교내 연수 개혁은 분리될 수 없다.

참관자 500명이 수업을 관찰할 수 있도록 체육관에 칠판과 책상, 의자를 운반하고 설치하여 수업을 공개했다. 참관자가 모두 의자에 앉을 때까지 학생들은 제각기 '똘배' 교재를 작은 소리로 읽고 있었다. 그 학생들의 모습을 관찰하고 나는 '혁명'이라고 말해도 좋을 정도의 개혁이 가와바타 선생의 교실에 일어났다는 것에 놀랐다. 가와바타 선생의 수업 모습은 여름방학에 요시노 연수 부장이 갖고 온 비디오 기록을 이미 보았다. 6월에 촬영한 비디오였다. 작년까지 오쿠다초등학교 수업의 전형이라고 해도 좋은 수업이었다. 그 비디오 기록에 대한 조언을 요시노 선생에게 전했는데, 몇 주 후에 니가타 현 교사들과 실시한 수업연구회에 가와바타 선생이 참가했다. 거기서 서로 배우는 수업 만들기 비전이 확실해졌다. 그 성과가 눈앞에 있는 학생들 모습에서 나타났다. 수업이 시작되기 전에 나는 지금부터 시작되는 '똘배' 수업이 지금까지 참관해 온 어느 '똘배' 수업보다도 훌륭한 수업이 될 것이라는 예감을 갖고, 오쿠다초등학교 학교 개혁의 기념비적인 첫걸음이 될 것을 직관하고 있었다.

"자아, 시작해 볼까요."라고 가와바타 선생이 조용히 외치면서 수업이 시작되었다. 오늘 장면은 '12월'이다. 맨 처음 학생이 "5월의 장면은 두려운 느낌이었지만 12월은 밝아서 즐거울 것 같아요."라고 발언하고 차례로 '12월'의 인상을 서로 이야기했다. 도중에 가와바타 선생이 "어디서부터 그렇게 생각했나요?"라고 물으면 '똘배의 둥근 그림자'를 게 세 마리와 그 그림자가 '춤추는 것처럼' 뒤쫓아 가는 모습이 이야기된다. 더욱이 '5월'이 '아침'의 '일광' 광경인 데 대해 '12월'이 '밤'의 '월광'의 광경이라는 것, '월광'의 빛이 '레모네이드 병'의 빛과 같고, '수정 알맹이나 금운모金雲母 조각'으로 장식되어 '청백색 불꽃'이나 '금강석 가루'로 채색돼 있다고 이야기한다.

학생들은 '똘배' 교재를 세세한 부분까지 암기하고 있는 것일까? 하나의 발언이 교재에 있는 언어의 이미지에 관해서 언급하면 그 발언에 대한 파문과 같은 반응이 학생들 가운데서 일어나고, 차례로 개성적인 읽기 이미지가 교환된다. 그들 발언은 어느 것이나 서로 연결되어 있을 뿐만 아니라 교재에 담긴 표현과도 연결되어 있다. 학생 한 명 한 명이 서로 듣는 관계를 형성하고 있다는 증거이다. 가와바타 선생은 오로지 듣는 데 철저하고, 여기저기 필요한 곳에서 "어디에 쓰여 있나요?"라고 물어 학생의 발언을 연결하는 역할을 하고 있다. 그것으로 충분하다.

　거의 완벽하다고 말해도 좋은 수업 전개였는데 단 한 곳에서 가와바타 선생의 판단에 실수가 있었다. 가와바타 선생은 '토분'이라고 표현되는, 똘배가 떨어진 모양을 모둠의 대화 과제로 할 예정이었다. 그러나 학생들은 '토분'의 느낌을 충분히 이해했고, 그 이상의 수준에 도달해 있었다. 그것을 알아차린 가와바타 선생의 판단은 적확했다. 그러나 어디에서 '점프'가 있는 배움을 준비하여 모둠에서 이야기 나누게 할 것인가? 이 판단이 서지 않았다. 거기서 '이야기하기 쉽다'고 생각되는 '똘배가 익기를 기다리는 게의 기분'을 과제로 하여 모둠 대화를 설정했다.

　그러나 이 과제 설정은 학생들의 읽기에서 벗어나 있을 뿐만 아니라 '똘배'라는 교재의 가치에서도 벗어나 있

었다. 그것을 알아차린 여학생이 즉시 '달무리' 모양에
관해 화제를 옮긴 것은 놀라웠다. 이 여학생의 발언이 암
시하고 있는 것처럼 여기서는 '12월'의 장면에서 반복 등
장하는 '푸른 빛'과 '희푸른 빛'의 차이에 관해서 모둠으
로 서로 이야기하게 하면 지금까지의 학생의 사고가 하
나로 묶여 도약할 것임이 틀림없다. 그러나 그 한 부분을
제외하면 가와바타 선생의 학급 학생들의 '똘배' 읽기와
배움은 감탄할 수밖에 없는 것이었다.

4. 새로운 한 걸음으로

가와바타 선생의 수업 사례를 검토한 교내 연수 모습
도 훌륭했다. 초임 교사부터 교장에 이르기까지 한 명도
빠짐없이 발언하는 진행 방법은, 이 학교가 일부 교사가
중심이 되는 교내 연수에서 한 명 한 명이 주인공이 되는
교내 연수로 탈피한 것을 보여 준다. 서로 이야기하는 내
용도 큰 변화를 이루고 있었다. 지금까지는 '교사의 교수
방법'을 서로 이야기했던 것에 비해 '학생의 배움'의 사
실(어디에서 배움이 이루어지고 어디에서 배움이 주춤하는가)
을 서로 이야기하고, 종래는 참관자가 수업자에게 '조언'
하던 것에 비해 참관자가 수업자의 수업 사실에서 '배운
것'을 서로 이야기한다. 사회자는 진행자 역할에 철저하

고 화제를 한쪽으로 밀어붙이거나 '통합'하지 않는 것도 특징적이다.

오쿠다초등학교에서 '교내 연수'의 대화를 이와 같이 전환한 것은 몇 개월 전이었지만 그 성과는 만족할 만했다. 지금까지 목소리를 죽이고 있던 교사들이 자유로이 솔직하게 이야기를 꺼낼 뿐만 아니라 학생 한 명 한 명의 사실에 대해 자세하게 관찰하고, 수업의 복잡함과 심오함이 한층 더 명료해졌다. 이것도 몇 개월 만에 이룬 것이라고는 생각할 수 없는 진전이다.

오쿠다초등학교 공개연구회는 도야마 현에 '배움의 공동체' 만들기의 거점 학교가 탄생한 것을 학교 안팎으로 보여 주었다. 그러나 폐회사에서 데라니시 교장이 강조한 바와 같이 이 한 걸음은 귀중하지만 지금부터 많은 벽이 우리를 기다리고 있다. 조급해하지 말고 착실히 나아가기를 기대한다.

교사의 개성과 다양성을 존중한 공동 연구
후쿠오카 현 노가타 시립 노가타히가시초등학교

1. 개혁의 동기Motive

2005년 11월 11일, 후쿠오카 현 노가타 시립 노가타히가시直方東초등학교 공개연구회에 참가했다. 노가타히가시초등학교는 시영 아파트, 현영 아파트와 맨션이 늘어서 있는 지역의 학교로 창립 25주년째를 맞이하고 있다. 18학급으로 전교생이 565명이고 교직원이 26명인 시내에서 가장 규모가 큰 초등학교이다.

이 학교로부터 방문 의뢰를 받은 것은 3년 전이다. 그러나 학교 방문 의뢰는 1천 건이 넘고 하루도 여유가 없어 이 학교 요청에 응할 수가 없었다. 대신에 지카사키 시립 하마노고초등학교의 당시 연수 부장이던 후쿠야 히데코福谷秀子 선생이 이 학교를 방문하여 '하마노고 스타일'의 '배움의 공동체' 개요를 전수하고 있다.

노가타히가시초등학교의 나가토미 아키이치永富淳一 교

268

장이 '배움의 공동체' 만들기에 착수하게 된 계기는 6년 전 일이다. 전국 교장회에서 하마노고초등학교 오세 도시아키 교장(고인)과 만나 학교 개혁 비전에 의기투합한 것이다. 당시 전임 학교에서 교장으로 근무했던 나가토미 교장은 교사들을 조금씩 하마노고초등학교에 방문하게 하고 '배움의 공동체' 만들기라는 개혁에 착수했다. 그리고 3년 반 전에 노가타히가시초등학교로 옮겨 전임 학교와 같이 매년 몇 회로 나누어 이 학교 교사들을 하마노고초등학교에 방문하게 하고 '배움의 공동체' 만들기를 추진해 왔다.

후쿠오카 시나 노가타 시 등 기타큐슈 지역은 '배움의 공동체' 만들기라는 학교 개혁이 활발하게 실천되고 있는 지역이다. 나와 연락을 주고받는 학교만도 100개교 가깝게 확대되어 있다. 그러나 이 몇 년 동안은 바쁜 공무에 쫓겨 어느 학교도 협력할 수 없는 상황이 계속되었다. 그 때문에 이 지역에서 안정된 거점 학교는 벳푸 시 아오야마초등학교와 몇몇 학교로 제한되었다. 그러한 의미에서도 이 학교를 방문하는 것은 나의 염원이기도 했다.

노가타히가시초등학교를 방문하고 나 자신이 배운 것은 두 가지이다. 하나는 학교 개혁의 확실한 방침이고, 또 하나는 나가토미 교장의 리더십과 교직원 간의 확실한 동료성이다. 이날 공개연구회를 목표로 하여 제작한 보고서 〈교사가 변하면 학생이 변하고, 학교가 변한다 - 개인 연구에 근거하여 교직원 상호 간 서로 배우기〉를 전날 숙박 장소인 호텔에서 읽고, 이 학교 연수가 이 보고서 제목대로 내용을 충실히 축적해 왔다는 사실을 알고 감동했다. 공개 수업 당일 아침 나가토미 교장에게 "3년 동안 착실히 개혁을 추진해 오셨더군요."라고 소감을 전했다. 나가토미 교장은 "네, 직원들 덕분에……."라고 즉시 대답했다. 보통 교장이라면 개혁 성과를 칭찬하면 "예, 고생 좀 했습니다."라며 교장의 고생담이 이어진다. 나가토미 교장은 칭찬받아야 할 사람은 교직원 한 명 한 명이라며 교직원을 칭찬하며 응답했다. 이런 교장이기에 교직원 누구도 교장의 리더십을 신뢰하고, 스스로 창조성을 발휘해서 쭉쭉 개혁에 도전해 온 것이다.

나가토미 교장은 보고서 서두에 다음과 같이 말하고 있다. 이 학교 개혁의 특징을 나타내는 한 구절이다. "2000년도에 '진실한 학교 개혁은 내부로부터의 개혁에서'를 모토로 삼아 '학교개혁위원회' 활동을 시작했다. '시스템 개선', '공동 연구의 올바른 모습', '학교 행사 개선', '주간 일정 개선', '학교 평가 도입' 등을 전 직원에게 심의를 받았다. …… 본 공동 연구 〈개인 연구에 근거하여 교직원 상호 간 서로 배우기〉는 지금까지 '지정되는 연구'로부터 탈피하기 위해 학교 개혁의 일환으로서 생겨난 현재의 연구 모습이다."

2. 개인 연구를 중심으로

　나가토미 교장은 교직원에 대한 불만도, 학교 개혁의 노고에 대해서도 한마디도 하지 않았다. 나가토미 교장이 말하는 것은 모두 현실 통찰과 장래 전망이다. 나가토미 교장은 학교 개혁이 10년 이상 장기간에 걸쳐 견실하게 지속해야 하는 개혁이라는 점을 알고 있다. 그러므로 조급하게 서두르지 않는다. 담대히 준비하고 교직원을 신뢰하면서 담담히 개혁을 추진하고 있다.

　이 학교 개혁은 어떻게 벽을 뛰어넘어 진전해 온 것일까? 공개연구회 수업 참관과 검토회 사이 틈을 이용하여 몇몇 교사에게 물어보았다. 누구나가 3년 반 전 출발 시 당혹스러움을 이야기했다. 나가토미 교장이 '학교 내부로부터의 개혁'을 제기하고 '학생의 배움을 성장시키는 수업 만들기'와 '동료성 구축'을 제안했을 때 교사 대부분이 그 취지를 이해하지 못하고 종래 '지정 연구'의 나쁜 폐단을 떠올리며 저항감과 반발감을 느꼈다고 한다. 교사들은 '수업 만들기 연수를 중심으로 하는 학교 경영'이라는 제안에 대해 '하는 연구'로서가 아닌 '시키는 연구'를 떠올린 것이다. 나가토미 교장이 제창하는 '프로로서 전문성＝진실'과 '풍부한 인간성＝성실' 두 가지를 원리로 하는 교사상은 당시에는 교사들이 공감하지 못했다.

　노가타히가시초등학교 개혁은 '시키는 연구에서 탈피'

하는 것으로 출발했다. 학교에서 통일적인 주제를 내세워 실시하는 교내 연수가 아니고, 교사 한 명 한 명이 '개인 연구 주제'를 정하고 그 '개인 연구'를 지원할 강사를 저마다 찾아서 위촉하는 '나의 강사 제도'를 도입한 교내 연수를 시작했다. '개인 연구 주제'에 따른 연구와 '나의 강사 제도'는 '하마노고 스타일'을 도입한 형식이지만, 교사 '개인 연구'와 '공동 연구'를 총체적으로 추구하는 것은 노가타히가시초등학교 교내 연수의 특징이 되었다.

'개인 연구 주제'와 '나의 강사 제도'에 따른 '공동 연구'라는 교내 연수 양식은 교사 한 명 한 명의 개성과 자율성을 신장시키는 기반이 되었다. 당초에 "자유가 가장 어렵다"고 불평하던 교사들도 개혁 2년째는 '학생을 성장시키는 수업 만들기' 밑그림을 그려 각각 '개인 연구 주제'를 명확하게 하고 있었다. '개인 연구 주제'의 구체적 예를 몇 가지 들면 '한 명 한 명이 전념하여 자기를 잊고 운동하는 체육 학습', '배움·서로 배우는 일을 통해 생각하는 힘을 키우는 학습 활동 시도', '스스로 배우는 힘과 함께 배우는 힘을 기르는 수업 만들기', '학생이 즐거움과 기쁨을 느끼는 음악과 학습 지도', '직원 경영 참가 의식을 높이는 학교 경영 방식(교장)', '책무·관리의 관점을 발휘한 교무 경영(교감)' 등이다.

노가타히가시초등학교에서 또 하나 중시되어 온 것이 교내 연수의 '일상성'과 '계속성'이다. 이 학교에서는 교사 한 명 한 명이 매년 최저 1회는 동료에게 수업을 공개하여 서로 검토하는 수업협의회를 계속 쌓아 왔다. 일반적으로 연구 수업이라 하면 준비에 매우 많은 시간을 사용하고 연 1~2회밖에 할 수 없는 수업을 공개하는 경향이지만, 이 학교에서는 일상 수업을 공개하고 준비 시간보다도 오히려 수업 사실로부터 서로 배우는 사후 연구협의회에 시간을 할애해 왔다. 그래서 나가토미 교장 자신도 다른 교사와 동등한 입장에서 수업에 도전하고 공개하면서 연구협의회에 참여하고 있다. 교장 자신이 수업자로서 참여함으로써 이 학교의 '동료성'은 한층 더 친밀한 관계로 발전한 것이다.

3. 서로 배우는 수업 창조로

공개연구회에서는 오전 중 1교시에 모든 교사가 교실 수업을 공개하고, 2교시에는 세 개의 부회(A '학생 마음에 영향을 미치는 수업 만들기')마다 제안 수업을 실시하고, 오후에 세 제안 수업에 근거한 연구협의회와 '학생 마음에 영향을 미치는 수업 만들기'로 제목을 붙인 내 강연을 실생했다. 세 제안 수업은 부회마다 교사들이 입후보하여 결정했고, 와타나베 사치코渡邊佐智子 선생(5학년 2반)의 '면적' 수업, 아시타니 고이치芦谷浩一 선생(4학년 1반)의 '인

권' 수업, 미조베 도시에溝邊利枝 선생(6학년 1반)의 '합창'
수업을 공개했다.

와타나베 선생의 수업에서는 평행사변형 면적을 구하
는 방법을 목표로 하여 다양한 의견을 활발하게 나누었
다. 아시타니 선생의 수업은 학생들이 서로 듣고 서로 배
우는 관계를 기반으로 직업 차별을 극복하는 노동의 과
학적 인식 형성이 목적이었다. 미조베 선생의 수업에서는
자연스럽고 부드러운 목소리로 서로 영향을 미치는 합창
의 아름다움이 인상적이었다. 세 수업 모두 이 학교의 교
사들이 공동으로 연구해 온 '학생의 배움을 키우는 수업
만들기' 성과를 배움의 구체적인 사실에서 보여 주어 참
가자에게 공감을 불러일으켰다.

노가타히가시초등학교 교사들이 공개 수업 마무리 모
임에서 이구동성으로 대화를 나누고 있었듯이 이날 공개
연구회는 '3년 동안 진행한 연구 마무리'가 아니고 '새로
운 연구를 시작하는 첫걸음'으로서 자리매김했다. 이날
모든 교사 수업과 모든 학생들이 배우는 모습을 참관하
고 나는 이 학교 교사들이 수업 개혁에 진지하게 몰두하
고 있다는 점에서 감명을 받았다. 그리고 동시에 학생이
서로 배우는 수업으로 개혁하기 위해서는 몇 가지 문제
를 극복할 필요가 있다는 점을 인식했다. 강연에서 지적
한 과제의 개요는 다음과 같다.

①학생들이 서로 듣고 서로 배우는 관계를 만들기 위해서는 교사가 한층 더 목소리 강도를 낮추고, 말을 최소화하여 학생 한 명 한 명의 발언이나 중얼거리는 소리, 침묵하는 소리를 '듣는' 자세를 강화할 필요가 있다.

②교실에 서로 듣고 서로 배우는 관계를 만들기 위해서는 학생의 책상 배치와 교사의 위치에 대해 더욱 연구할 필요가 있다. 특히 저학년에서는 학생들이 서로 밀착하여 ㄷ 자형이나 부채형이 되게 배치하고 중, 고학년에서는 ㄷ 자형이나 4명 모둠형 어느 쪽을 선택해도 좋다. 교탁은 치우든가 교사 옆에 두고 언제나 교사의 몸이 학생 전원에게 열려 있는 위치가 좋다.

③수업에서 교사가 하는 일은 '듣기', '연결하기', '되돌리기' 세 가지이다. 이 세 가지 일이 어떻게 이루어지고 있는가를 협의회에서 검토할 필요가 있다. 특히 '연결하기'를 중심으로 의식하면 이 학교 수업 개혁은 한층 더 진전될 것이다.

④몇몇 교실에서 학생의 '좋은 점'을 발견한다는 취지에서 '감상'이나 '조언'을 구하는 식으로 학생에게 학생을 평가하게 하는 활동은 중단해야 한다. 서로 듣고 서로 배우는 관계는 서로 평가하는 관계나 서로 가르치는 관계와는 정반대의 위치에서

성립한다.

⑤ 서로 듣고 서로 배우는 관계를 만들기 위해서는 학습 과제 수준을 더 높게 설정하고, 4명 모둠(남녀 혼합)에 의한 협동적 배움을 도입할 필요가 있다(초등학교 3학년 이상). 이 학교 수업은 아직도 학생들이 수업에 활발하게 참여하는 '저요, 저요, 수업' 양식에 얽매여 있다. 학생들이 활발하게 참여하는 수업은 겉모습은 훌륭할지도 모르지만, 수업이 이루어지고 있어도 배움이 이루어지지 않는 수업이 많다는 점을 염두에 둘 필요가 있다.

⑥ 이론적으로나 실천적으로나 '주체적인 배움'을 추구하는 수업을 극복할 필요가 있다. 배움의 본질은 '주체성'에 있는 것이 아니라 '수동성'에 있고 '응답성'에 있다. 배움의 내용 수준과 서로 배우는 관계를 높이기 위해서는 '주체적인 배움'보다도 다른 사람에게 의존하고 다른 사람에게 응답하는 배움을 강화할 필요가 있다.

4. 동료성 확립

노가타히가시초등학교 공개연구회는 '배움을 성장시키는 수업 만들기'라는 목적에서 말하면 '새로운 시작'

의 지평선에 서 있다. 그러나 그 시작은 나가토미 교장의 리더십으로 형성된 동료성에 의해 확실한 초석을 다지고 있었다. 이 학교의 공동 연구를 뒷받침해 온 '성실함과 겸허함, 편안하게 생각하는 마음'에 대해서 연수 부장인 미요시 에이슈三好永修 선생은 보고서에 다음과 같이 기록하고 있다.

"성실함을 중요시하는 사람은 학생에게도 동료에게도 성실할 것입니다. 동료에게 겸허한 이는 학생에게도 겸허할 것입니다. 배려하는 사람 주변에는 언제라도 배려하는 공기가 감돌 것입니다. 이 눈에는 보이지 않는, 더구나 수치 등으로는 잴 수 없는 것이지만, 그러나 무엇보다도 중요한 것입니다. 그러한 것들이 모습을 감추고 성실함 대신에 불성실함이나 이기심이, 겸허함 대신에 오만함이, 배려 대신에 냉랭함이 가득 찬 교무실이나 교실을 상상해 보기 바랍니다. 그 속에서 도대체 무엇을 배울 수 있을까요? 배우기 전에 달아나고 싶지 않을까요?"

미요시 선생이 쓴 대로다. 나 자신은 언제나 교사에게 세 가지 자세를 요구해 왔다. '학생 한 명 한 명의 존엄성에 대해 성실할 것', '교재의 발전성에 대해 성실할 것', 그리고 '자기 자신의 교육철학에 대해 성실할 것' 세 가지이다. 이 세 가지는 자주 수업에서 서로 대립한다. 그러나 이 세 가지 자세를 타협하지 않고 계속 추구하는 교사만이 학교와 교실의 미래를 개척할 수가 있다. 노가타히가시초등학교 교사들이 형성해 온 '동료성'은 이 세 가지 성실함으로 관철되고 있다. 희망을 걸 가치가 있는 동료성의 든든함이다.

계승하고 지속하는 개혁
아이치 현 안조 시립 안조니시중학교

1. 배움의 풍경

아이치 현 안조니시安城西중학교는 올해(2005년)에도 공개연구회 날을 맞이했다. 이 학교와 인연을 맺은 것은 8년 전으로 거슬러 올라간다. NHK '클로즈업close up 현대'에서 이 학교 총합 학습이 소개되어 방송국 스튜디오에서 이를 비평한 것이 계기가 되었다. 내 비평은 이 학교 교사들에게 공감을 불러일으켰고, 그다음 해부터 공개연구회에 초대받게 되었다. 당시 교장은 가미야神谷 선생이었다. 총합 학습의 도전을 각 교과 수업 개혁으로 발전시켜 '배움의 공동체' 만들기 학교 개혁으로 결실을 맺은 유명한 교장이다.

다음 해 가미야 교장은 퇴임을 했고, 다카하시高橋 교장이 새로 부임했다. 교장이 바뀌면 학교 개혁은 중단되는 경향이 있다. 어떤 학교에서도 새로 부임한 교장은 전 교장과 선을 긋고 새로운 개혁에 전념하기를 좋아하기 때문이다. 그러나 안조니시중학교에서는 '배움의 공동체' 만들기를 중단하지 않았다. 한 명도 빠짐없이 진지하게 서로 배우는 학생의 모습이, 교사들이 지속적으로 개혁하도록 뒷받침했다고 해도 좋다.

그리고 3년 후 다카하시 교장도 퇴임하고 후카쓰深津 교장이 부임했다. 이해 개혁을 계속 지원해 온 교감도 2005년 봄에 전근하고, 개혁의 중심에 있던 연수 부장도 전근하고, 개혁에 장기간 종사해 온 교사 절반이 다른 학교로 전근했다. 이 시점에서 나는 5년 동안 계속해 온 개혁은 중단할 수밖에 없다고 단념했다. 그런데 새로 부임한 후카쓰 교장이나 가미야 교장, 이와이岩井 교무 부장도 '배움의 공동체' 만들기를 계속하고 싶다고 했다. 올해 새로 부임한 교사 13명 거의 전원이 개혁을 지속하기를 바랐다. '배움의 공동체' 만들기라는 개혁은 끊임없이 계속되고 후카쓰 교장과 이와이 교무 부장을 자원으로 올해 2년째(시작 이래 8년째) 공개연구회를 맞은 것이다.

개혁의 지속을 축복하듯 올해도 학교 주변에 코스모스가 만개했다. 학교에 인접하는 농가 사람들은 매년 벼 베기가 끝난 논에 코스모스를 심어 뭔가 고민이 많은 중학생들을 격려해 왔다. 근년에는 공개연구회 날에 만개하도록 개화기를 조정해 주었다. 몇 년 전 공개연구회 석상에서 농민 한 사람이 "코스모스는 수고를 한 만큼 아름답게

핀다. 결코 코스모스는 배신하지는 않는다."라고 말했다.
교육 메시지로서 명언이다.

2. 지속하는 개혁

안조니시중학교는 덴마크식 농업으로 유명한 안조 시
교외에 소재하는 중학교이다. 학생 624명, 교직원 43명
인 대규모 학교이다. 대규모 학교임에도 불구하고 어떻게
'배움의 공동체' 만들기라는 개혁이 지속되고 있는 걸까?
이 비밀을 다카하시 교장 시대에 연수를 이끈 시바타紫田
교무 부장에게 물어본 적이 있다. 시바타 선생 말에 의하
면 "개혁의 허리가 선" 것은 4년 전이라고 한다. 공개연
구회 전날 호텔에서 협의했을 때의 일이다. 다카하시 교
장과 시바타 교무 부장이 "작년까지는 '서로 듣는 관계'
를 주제로 해 왔기 때문에 올해는 다음 단계로서 '수업
중에 연결하는 일'을 연수 주제로 하고 있습니다."라고
말했을 때이다.
개혁의 정체를 느꼈던 나는 "이루어지지 않았는데도
다음 차례로 연수 주제를 바꿔서는 안 됩니다. 그런 진행
방식을 취하니 교사들은 언제나 발밑부터 무너질 것 같
은 학교 개혁밖에 할 수 없는 것입니다."라고 아무 생각
없이 격노했다. 시바타 선생이 이 말에 따라 '매년 같은

일을 반복하는 개혁의 중요성'을 인식하고, 그 이후 이 학교 교사들은 '허리가 선 개혁'을 착실히 진행할 수 있게 되었다고 한다.

시바타 선생이 적확하게 인식한 바대로다. 학교 개혁은 적게 어림잡아도 10년은 걸리는 큰일이다. 보통 교사들은 학교 개혁을 너무 손쉽게 생각한다. 그러므로 1년마다 연수 주제를 대충 바꾸어 무엇 하나 달성하지 못한 채 단 몇 년 전념하여 '연구 보고'를 제작하고 연수도 개혁도 중단하고 만다. 더욱 겸허하고 진지하게 개혁을 수행해야 할 것이다. 혹시 학교를 바꾸려고 생각한다면 같은 연수 주제를 최저 10년은 일관되게 추구할 필요가 있다. 해마다 같은 과제로 반복하여 도전함으로써 학교 개혁은 착실히 나아갈 수 있는 것이다.

3. 동료성으로 어려움을 뛰어넘다

다른 여러 학교와 마찬가지로 안조니시중학교에서도 개혁을 지속하는 데 가장 큰 장해가 되는 것이 잦은 인사이동이다. 교장이나 교사가 거의 전근하지 않는 미국이나 유럽 학교와는 대조적으로 일본 학교에서는 교장은 약 3년마다 이동하고 매년 5분의 1에 가까운 교사가 전근을 간다. 이 상황을 미국과 유럽 교육학자나 교사들에게 이야기하면 누구라도 "그러한 상황에서 학교 개혁은 무리"라고 말한다. 이 반응은 놀랍게도 옳다. 그러나 인사이동에 따른 긍정적인 면이 없는 것은 아니다. 미국과 유럽 학교에서는 한 학교를 개혁했다 하더라도 그 영향이 다른 학교에 미치기 어렵지만 일본에서는 한 학교의 개혁이 지역의 학교 개혁에 영향을 미칠 수가 있다. 지역에 '배움의 공동체' 거점 학교를 하나 구축하고 10년 개혁을 지속한다면 인근 학교에 미치는 영향은 크다.

그러나 그렇다 해도 안조니시중학교 인사이동은 매우 심했다. 매년 3분의 1에 가까운 교사가 이동했다. 지나친 인사이동은 '배움의 공동체' 만들기라는 개혁에서 피할 수 없는 운명이다. 지카사키 시 하마노고초등학교도 후지시 가쿠요중학교도 해마다 교사 3분의 1에서 4분의 1이 이동하고 있다. 어느 교육위원회라도 우수한 학교 교사를 어려움을 겪고 있는 학교로 이동시키고, 어려움을 겪고 있는 학교 교사를 우수한 학교로 이동시키는 경향이 있다. 그것은 그것대로 당연한 이유가 있겠지만 개혁을 추진하는 측면에서 말하면 해마다 많은 교사가 이동하는 상황에서 학교 개혁을 지속하는 것은 쉽지 않다. 아무리 견실하게 쌓아 올린 개혁이라도 붕괴할 때는 어이없이 무너지고 만다. 개혁을 지속하기 위해서는 개혁을 시작하는 것보다도 매우 많은 에너지가 필요하다.

아이치 현뿐만은 아니나 근년에 인사이동에 따른 어려

움은 한층 더 심각해지고 있다. 적은 수의 학생 지도나 인원이 적은 학급 설치에 따라 비상근 강사와 임시 채용 교사 수가 격증하여 개혁을 지속하기가 한층 더 어렵게 되었다.

안조니시중학교도 예외는 아니었다. 작년에는 교사 15명이 인사이동을 했고, 올해는 교사 17명이 인사이동을 했다. 올해 전근한 17명 교사 중 10명이 임시 채용(6명) 또는 비상근 강사(4명)이다. 그리고 그 대부분이 처음으로 교단에 선 강사들이다. 올해 신임 교사도 한 명 배치되었지만, 정규 신임 교사라면 초임자 연수 대상자이고 경력 교사에게서 지도와 도움을 받게 된다. 그러나 비상근과 임시 채용 강사에게는 그 기회조차 없다. 말하자면 교육 실습을 단독으로 실시하고 있는 것 같은 풍경이다. 교직원 4분의 1을 비상근과 임시 채용 강사로 채우면 당연히 정규 교사의 업무는 늘고, 교사는 그만큼 바빠진다.

그래도 안조니시중학교 교사들은 '배움의 공동체' 만들기를 추진하기 위해 반년 동안 총 50회에 이르는 수업 참관과 검토 기회를 각 학년 연수에 적용해 왔다. 인사이동이 심한 데다 비상근과 임시 채용 강사 비율이 높아지고 있는 것만으로도 수업 관찰 기회 및 사례 연구 기회를 늘려 동료성을 강화하고 교사들이 서로 성장하는 기회를 풍부하게 할 필요가 있다.

매스컴에는 보도되고 있지 않지만, 소인수 지도와 소

인수 학급 도입이 재정난을 겪고 있는 지방자치단체에서 실시될 경우, 정규 교사 인건비를 비상근 및 임시 채용 강사의 인건비로 충당하게 된다. 이 조치에 따라 학교 현장에서 문제가 심각해지고 있다. 안조니시중학교 상황도 결코 예외는 아니다. 약 5년 전까지만 해도 어느 도도부현都道府県의 학교에서도 비상근 강사는 산후 휴직 교사 대신으로 제한되어 있었다. 한 학교에 한 명 있을까 말까 하는 상황이었다. 그런데 약 5년 동안에 상황은 크게 바뀌었다. 소규모 학급을 도입한 도도부현(45 道府県) 대다수 학교에서 비상근과 임시 채용 강사가 넘쳐 나는 상황이다. 안조니시중학교와 같이 수업을 서로 참관하여 연수하는 기회를 반년 동안에 총 50회나 실시하고 있는 학교는 거의 전무에 가깝다고 해도 좋을 것이다. 일본 학교는 언제까지 버틸 수 있을까?

4. 학생들에게 지지를 받고

오전 중에 이 학교의 모든 교실 수업을 참관했다. 어느 교실에서도 배움에 참여하고 있지 않은 학생은 한 명도 없었다. 어느 교실에서도 책상과 의자는 ㄷ 자로 배치되었고, 모둠 학습도 어느 교실에서나 도입되고 있었다. 8년 동안 계속해 온 개혁에 의해 학생들은 확실히 성장하고 있다. 학교의 사명과 책임은 학생 한 명도 빠짐없이 배울 권리를 보장하는 것에 있다. 그러한 의미에서 안조니시중학교는 학교의 사명과 책임을 충분히 다하고 있는 학교라고 할 수 있다. 이날 공개연구회에는 전국 각지에서 교사 150여 명이 참가했는데 어느 참가자도 교실에서 진지하게 서로 배우는 학생의 모습에 감명을 받았을 것임에 틀림없다.

내게 인상 깊었던 것은 오랜 시간에 걸쳐서 '배움의 공동체' 만들기를 추진해 온 교사들의 수업이다. 이 학교에 5년 이상 근무하고 있는 교사는 이미 전체 교사 중 5분의 1 정도밖에 안 되지만 그들 수업 수준은 전국적으로 볼 때 최고 수준이라고 할 만하다. 한마디로 "과연!"이라고 할 수 있다. 8년 동안 계속해 온 개혁은 질 높은 배움을 실현하는 기초가 된다.

그러나 비상근과 임시 채용 강사들의 수업은 솔직히 말해서 '교육 실습' 수준에 머물고 있었다. 당연한 일이다. 교실에서 교사가 하는 일은 매우 복잡하고 고차원적인 것이다. 교단에 서서 1년 정도 경험하는 것으로 충분히 습득할 수 있는 일이 아니다. 그럼에도 불구하고 어느 교실에서나 일정한 수준을 뛰어넘는 수업과 배움이 실현되고 있었다. 그 비밀은 학생들에게 있다. 개혁이 지속됨에 따라 어느 교실의 학생들에게도 서로 듣고 서로 배우는 관계가 형성되어 있었고, '어떤 교사에게도 인내할 수 있는 학생들'로 성장하고 있었다. 이것으로 좋은 것이다. 지속적인 학교 개혁을 가능하게 하는 최대의 열쇠는 학생들의 지지에 있다고 해도 과언이 아니다.

5. 앞으로의 과제

공개 수업에서는 올해 이 학교로 전근 온 히라카와 다로平河太郞 선생의 2학년 과학 수업 '핫케이크가 부풀어 오르는 비밀 탐구하기(화학변화와 분자·원자)'가 공개되고 오후에는 이 수업에 대한 연구협의회가 공개되었다.

히라카와 선생의 공개 수업은 베이킹파우더(탄산수소나트륨)를 넣은 밀가루와 베이킹파우더를 넣지 않은 밀가루를 각각 가열하여 베이킹파우더가 들어 있는 재료 쪽이 팽창한다는 것을 실험으로 확인하고 그 이유를 추론하는 수업이었다.

연구협의회에서는 히라카와 선생의 목소리 긴장도가 아직 높기는 해도, 말이 간결하고 학생 한 명 한 명의 연결을 의식한 관계가 실현되고 있는 점, 이 학급 학생들이 모둠에 따라 서로 배우는 것을 즐거워하고, 모둠 속에서 학생 서로서로가 돌보는 관계가 성숙되어 있다는 사실 등이 구체적으로 언급되었다. 연구협의회는 학생 이름이 고유명으로 불리고 학생 한 명 한 명에게서 이루어진 배움의 구체성에 대해서 참관자가 자세하게 발견한 것을 교류하고 공유했다. 모든 교사가 한마디씩은 발언하는 협의회 진행 방법도 정착되어 있었고, 형식적인 대화에 머무르지 않고 교실에서 벌어진 세세한 사실의 의미를 서로 탐구하고 대화를 나누었다.

안조니시중학교의 앞으로 과제는 수업 참관 기회를 늘리는 것뿐만 아니라 히라카와 선생의 수업에 대한 연구협의회처럼 참관한 교실의 사실에 관해서 보다 자세하고 보다 성실하게 대화하는 기회를 중요시하는 일일 것이다. 특히 수업 후 검토에 충분한 시간을 확보하는 것에서부터 개혁의 전진을 도모하는 것이 바람직하다. 이 학교에서 경험 기간이 다른 점은 교실에서 일어나는 배움의 수준에서 명백하게 나타난다. 교사들이 학교와 교실을 개혁하는 경험을 나누어야 할 것이다. 교사들이 학교와 교실의 사실에 바탕을 두고 비전과 철학을 탐구하기 시작하는 일이 중요하고, 그 추구에서부터 이 학교는 앞으로도 확실한 개혁을 지속할 수 있다는 것은 틀림없다.

최고 학생들
나가노 현립 모치즈키고등학교

1. 고등학교의 도전

2005년 12월 3일, 나가노 현 사쿠 시의 현립 모치즈키望月고등학교의 공개연구회에 참가했다. 나가노 신칸센 사쿠다이라 역에서 내려 작년까지 모치즈키마치 교육장이었던 오기하라 마키유키 교육장과 함께 모치즈키고교로 향했다. 모치즈키마치는 작년 사쿠 시에 통합되었지만 그 직전부터 오기하라 마키유키 교육장(당시)을 중심으로 '배움의 공동체' 만들기라는 개혁을 추진하고 있었다. 보육원 4원, 초등학교 4개교, 중학교 1개교 그리고 현립 고교인 모치즈키고교가 소재하고 있다. 그들 모든 보육원, 초등학교, 중학교, 고등학교에서 '배움의 공동체' 만들기라는 개혁이 추진되고 있었다. 모치즈키마치는 사쿠 시와 통합했기 때문에 모치즈키마치 교육위원회는 문을 닫았지만, 교육위원회 위원이었던 쓰치야 게이土屋けい 선생과

오기하라 마키유키 교육장을 중심으로 '모치즈키 교육 플랫폼platform'이 조직되고 모치즈키마치 교육위원회가 추진해 온 '배움의 공동체' 만들기는 지속되고 있었다. 이날은 개혁의 거점 학교인 모치즈키고교가 맨 처음 실시한 공개연구회였다.

신슈 분지의 겨울 추위는 극심하다. 이 지역의 학교 개혁을 지원해 온 신슈대학교 무라세 마사쓰구村瀬公胤 교수와 교실에 들어서니 여학생들은 저마다 제 나름대로 보온용 무릎 덮개로 허리 아래를 푹 둘러싸고 수업에 임하고 있었다. 그 모습이 무척이나 소박하고 사랑스러웠다. 모치즈키고교는 남학생 127명, 여학생 86명 모두 합해 213명인 작은 일반계 고교이다.

마을 단위 또는 시 단위로 '배움의 공동체' 만들기에 도전하고 있는 지역은 모치즈키 지역 외에도 있지만 고교가 개혁의 중심적 추진력이 되고 있는 지역은 이곳뿐이다. 왜 모치즈키 지역에서는 고교가 '배움의 공동체' 만들기에 적극적으로 전념해 온 것일까?

이 의문에 대한 해답은 교실 학생들 모습이 말해 주는 것처럼 생각되었다. 어느 교실을 참관해도 학생들은 소박하지만, 한 명도 빠짐없이 서로 협동하고 서로 뒷받침하며 성실하게 배움에 몰두하고 있었다. 모치즈키고교는 도신東信 지역에서 가장 배우는 데 어려움을 갖고 있는 학생들을 받아들이고 있는 학교였다. 배움에 어려움을 갖고 있는 학생들뿐만이 아니다. 모치즈키고교는 중학교 시절에 부등교를 경험한 학생들을 해마다 입학생의 20~30퍼센트 범위에서 받아들이고, 그 대다수 학생을 사회에 내보내 왔다. 교실을 참관하면서 나는 친구들을 지속적으로 섬세하게 배려하고 한결같이 수준 높은 배움에 도전하고 있는 학생들 모습에 깊은 감명을 받았다. 모치즈키고교 학생들처럼 성실하게 그리고 한결같이 배움에 도전하고 있는 고교가 얼마나 더 있을까?

모치즈키고교의 '배움의 공동체' 만들기라는 개혁은 착수한 지 1년도 채 안 된다. 내 기대와 같이 이 학교는 '배움의 공동체' 만들기라는 개혁의 첫 단계를 달성하고 있었다. 어느 교실을 방문해도 학생 한 명도 빠짐없이 배울 권리를 보장하고, 누구 한 사람도 책상에 엎드려 있다든가 배움을 거부하는 학생은 없었다. 게다가 협동적 배움에 즐거워하고 친구와 서로 협력하여 좀 더 수준 높은 배움에 진지하게 몰두하고 있었다. 이제 모치즈키고교 학생들은 '최고 학생들'이라고 불러도 좋을 것이다.

2. 학생의 존엄성을 지키다

모치즈키고교의 개혁에는 이전 역사가 있다. 교장인 요시다 시게오吉田茂男 선생이 부임한 지 1년째(2004년도 말)

의 일이었다. 학생들 다섯 명이 가담한 폭력 행위가 발생하여 가해자 부모와 피해자 부모가 심하게 대립하는 사건이 일어났다. 학교 측에 따르면 즉각 다섯 명 학생을 퇴학 처리해야 하는 사건이었다. 그러나 요시다 교장을 중심으로 교사들은 교사들 사이에 그리고 학부모와 대화를 반복해서 학생 다섯 명을 '교육에서 책임지고 맡는' 결단을 내렸다. '학교는 누구를 위해, 무엇을 위해 존재하는가?'라는 주제로 반복하여 대화를 나누었다. 이 사건 처리 과정에서 최대 성과는 학생들이 교사를 신뢰하게 되었다는 것이다. 이 학교 학생들은 중학생에게 학교를 소개할 경우 학교 특징을 "선생님들을 신뢰할 수 있는 학교"로 말하게 되었다고 한다.

이 학교가 '배움의 공동체' 만들기라는 개혁에 착수한 것은 그다음 해이다. '배움의 공동체' 만들기라는 학교 개혁을 가장 환영한 것은 학생들이었다. 모든 교실에서 책상과 의자는 ㄷ 자형으로 바꾸어 배치하고 모둠에 따른 협동적 배움을 모든 교사 수업에 도입했다.

'배움의 공동체' 만들기라는 개혁에 착수한 지 약 6개월이 지났다. '배움의 공동체' 만들기라는 개혁은 교사들보다도 학생들에게 더욱 환영을 받아 그 취지나 방법도 보다 빨리 쉽게 이해되는 것 같았다. 학생들은 매일 수업 속에서 배움의 의미를 찾아내고 서로 배우는 친구를 발견했다. 그리고 배움을 지지해 주는 교사를 찾아내고 자

292

기 자신에게서 희망을 발견하고 있었다.

 이 학교 교사들도 '배움의 공동체' 만들기라는 개혁
에 확신이 깊어졌다. 무엇보다도 학생 한 명 한 명이 보
여 주는 구체적인 변화가 교사들이 확신할 수 있게 만들
었다. 1년 전 사건 이후 교사와 학생의 신뢰 관계를 보
다 중요시해 왔던 학교이다. "선생님과 학생의 관계가 좋
은 것이 우리 학교의 특징"이라고 학생들은 말한다. '배
움의 공동체' 만들기라는 개혁 취지는 직접 학생들에게
전했다. 무엇보다도 큰 변화는 학교와 교실 분위기가 평
온해지고 부드럽고 조용한 환경에서 배우는 데에 전념하
는 학생의 모습이 나타난 것이라고 한다. 실제 어느 교실
이든 교사 목소리는 긴장이 완화된 목소리였고, 학생들과
하는 커뮤니케이션도 유머러스하면서도 품위 있게 느껴
졌다. 서로 듣는 관계가 형성되어 대화적 커뮤니케이션이
신장되고 있다는 증거이다.

 모든 교실을 참관하고 또 하나 인상적인 사실을 발견
했다. 교사가 추구하고 있는 배움의 수준이 낮지 않다는
것이다. 이것은 모치즈키고교와 같이 배움에 어려움을 갖
고 있는 학생들을 받아들이고 있는 학교에서는 중요한
사실이다. 몇 년 전 이른바 '밑바닥 학교'에서 중퇴자가
급증하는 실태를 파악하기 위해 문부과학성이 중퇴자를
대상으로 조사를 한 적이 있다. 그 조사 결과에서는 중퇴
하는 가장 첫 번째 이유가 '수업이 너무 쉽다'는 것이었

고 두 번째 이유가 '이야기를 들어 주는 선생님이 없다'
였다. 이 조사 결과에 흥미를 느꼈던 나는 몇몇 '밑바닥
학교'에 똑같은 조사를 의뢰했고, 결과는 같았다.

이 조사 결과는 교사들에게는 의외의 결과였다. '밑바
닥 학교' 교사들이 일반 고교보다도 낮은 수준을 설정하
여 수업을 하고 있다는 것은 '이해하지 못하는' 학생들의
배움을 쉽고 확실하게 하기 위해서였다. '이야기를 들어
주는 선생님이 없다'는 이유도 교사들에게는 의외였다.
중퇴하는 학생 중에는 교무실에 와서 교사를 붙들고 이
야기를 하는 학생도 많았기 때문이다. 그러나 이 두 가지
가 엇갈리는 것은 '밑바닥 학교' 교육 방법을 살피는 데
매우 중요한 시사점을 부여하고 있는 것은 아닐까?

배움에 어려움을 갖고 있는 학생들을 상대로 배움의
수준을 낮추지 않고 수업을 한다는 것은 학생의 배울 권
리를 보장하는 것뿐만 아니라 학생의 존엄성을 지키는
데에도 결정적으로 중요하다. 그들은 한 명도 빠짐없이
저학력에서 탈출하기를 희망하고 그 희망이 고교에 다니
는 최대 동기이다. 3년 동안 하루도 쉬지 않고 학교에 다
녀도 현상 유지 혹은 현상 이하의 저학력에 머무르게 된
다면 학생이 그 고교를 그만두려고 생각하는 것은 당연
할 것이다.

언제나 교사를 붙들고 수다를 떠는 학생이 '이야기를
들어 주는 선생님이 없다'고 절망하여 고교를 중퇴하는

것도 납득하기 어려운 말이다. 중퇴한 학생들이 교사를 붙들고 잡담을 한 것은 어쩌면 무의식이지만 그 교사가 어디까지 얘기를 들어 줄 것인지를 시험하고 있었던 것은 아닐까? 그들은 가장 묻고 싶고 관심 있던 것은 말하지 않은 채 고교를 떠나고 있었던 것이다.

 일반 고교와는 달리 교사들이 학생들에게서 신뢰받고 있다는 사실과 교사와 학생이 함께 수준 높은 배움에 도전하고 있다는 사실은 모치즈키고교가 가진 두 가지 특징이다. 이 두 가지 모두 학생의 배움의 존엄성에 그 뿌리를 두고 있다는 점에서 공통점이 있다.

3. 수준 높은 배움에 도전하다

이날 모치즈키고교는 모든 교실을 공개하고 스미 가쓰에鷲見克江 선생의 '가정 총합'(2학년 복지 과정) 수업과 아에바 요시히토饗場良仁 선생의 '생물'(3학년) 수업을 '공동 참관'(오후 수업연구회 연구 대상 수업)으로 공개했다.

스미 선생의 수업이나 아에바 선생의 수업도 교과서 수준보다 한 단계 높은 수준의 배움에 도전하고 있었다. 스미 선생 수업은 '재봉'이었고 쿠션, 팔걸이armrest, 슬리퍼 꿰매기 중에서 제재를 선택하는 것이었다. 창의성을 발휘하여 디자인에 몰두하고자 하는 학생은 자신이 직접 디자인하고 그 디자인에 따라 제작하는 도전을 하고 있었다. 작은 목소리로 아이디어를 교환하고 서로 격려하면서 작업을 하고 있는 남녀 학생들은 '치유'하듯이 바느질에 전념하고 있었다. 그중 인상적이었던 것은 교실 친구들 사이에서도 수업에서도 겉돌던 요시코(가명)이다. 요시코는 곰 인형 제작이 완성되자 갑자기 의욕을 불태워 자기 힘으로 열심히 디자인하고는 멋진 작품을 완성했다. 교실 친구들의 반응도 훌륭하다. 그 모든 공정을 완수하기까지 교실 친구들은 전혀 티를 내지 않고 조용히 요시코를 응원했다.

아에바 선생의 '생물' 수업 제재는 '여러 가지 유전'이다. ABO식 혈액형 유전 방식을 인식한 후, 세계 8개국 ABO식 혈액형 분포와 '유전자 빈도'의 개념을 설명하고, 마지막으로 '어떤 지역에서 유전자 ABO의 유전자 빈도가 A가 0.3, B가 0.1, O가 0.6이라고 하면, A형, B형, AB형, O형 비율은 각각 몇 퍼센트가 되는가?' 하는 물음을 모둠과 반 전체에서 탐구하는 수업으로 진행했다. 아에바 선생의 수업도 교과서보다 수준 높은 배움을 추구하고 있다는 점이 중요하다. 교과서에서는 ABO식 혈액형 유전의 패턴에 대해서는 언급하고 있다. 그러나 '유전자 빈도'에 대해서는 언급하고 있지 않다. '유전자 빈도'를 활용하여 복잡한 유전 현상의 확률 계산을 수행하는 것은 교과서 수준을 제법 뛰어넘는 내용이다.

스미 선생도 아에바 선생도 쓸데없는 말이 한마디도 없다. 그래서 학생들은 편안하게 수업을 받아들일 수 있었고 잡담도 한마디도 나오지 않았다. 이것만으로도 이 두 교사의 수업에서 배울 것이 많다.

아에바 선생이 설정한 배움의 수준은 높았지만, 학생들은 전자계산기를 활용하면서 작은 목소리로 서로 생각을 주고받으며 거의 전원이 어려운 과제를 완수했다. 도중에 몇몇 학생이 지난 수업에 결석한 학생이 있는 곳으로 가서 질문에 답해 주고 있었다. 그 모습도 자연스럽고 산뜻했다.

4. 미래의 전망

공개연구회 전체 회의에서 요시다 교장은 모치즈키고교가 중대한 갈림길에 서 있다고 보고했다. 6월 24일 나가노 현 교육위원회는 다나카 야스오田中康雄 현지사의 뜻에 따라 현립 고교 89개교를 75개교로 통폐합할 계획을 발표했다. '시안試案'으로 공표된 통폐합 예정 고교 14개교 중에서 모치즈키고교도 포함되어 있었다. 도신 지역에서 가장 배움에 어려움을 갖고 있는 학생들이 다니는 모치즈키고교는 통폐합의 맨 선두에 위치하고 있었던 것이다. 긴급히 직원회, 동창회, PTA 임원회를 개최하고 현

교육위원회에 백지 철회를 요구하는 서명 활동을 펼쳤다. 그러나 결국 어려운 정세로 인해 '백지 철회' 방침을 크게 바꿔, '다부제多部制·단위제單位制 고교'로서 지원하여 모치즈키고교 존속을 도모하는 운동을 전개했다. '다부제·단위제 고교'로 전환하는 것은 이 학교에서는 가능하다면 피하고 싶은 길이다. 그러나 '다부제·단위제 고교'로 전환하지 않고는 모치즈키고교를 존속하는 일은 불가능했다. 공개연구회가 실시된 12월 3일, 사흘 뒤에는 '모치즈키고교 존속과 발전을 도모하는 주민 대집회'도 준비되어 있었다.

모치즈키고교 사례가 단적으로 말해 주듯이 현재는 위기와 개혁이 동시에 진행되고 있다. 오직 위기에만 눈을 부라린다면 비탄과 절망에 허덕일 수밖에 없을 것이다. '최고 학생들'의 모습은 개혁의 희망을 보여 준다. 공개연구회를 끝내고 사쿠다이라 역으로 가는 도중, 국도변 논에 '배움의 공동체 만들기를 추진하는 모치즈키고교의 존속을!'이라고 쓰인 큰 입간판이 세워져 있는 것을 보았다. 고교의 미래 희망은 학생의 미래 희망이고 지역의 미래 희망이다. 이 희망의 실현에 올해도 계속 협력하고 싶다.

제3부

교내 연수에 대한 제언

学校の挑戦

동료성을 구축하는 교내 연수
- 내부로부터 학교 개혁

1. 무엇을 위한 연구인가?

학교는 내부로부터가 아니고서는 바뀌지 않는다. 그리고 학교를 내부로부터 변화시키는 최대의 추진력은 교사들이 전문가로서 성장하여 서로 연대하는 동료성을 형성하는 데 있다. 그러나 지금까지 교내 연수가 교사 한 명한 명이 가진 개성을 존중하고 다양한 성장을 촉진하여교육 전문가로서 동료성을 구축하는 데 기여했을까? 보통 어느 초등학교에서나 1년 동안에 3회 정도 교내 연수기회를 정하고, 수업 관찰에 근거하는 사례 연구를 하고있다. 그러나 연간 3회 정도 하는 교내 연수로 교사가 전문가로서 성장하여 학교를 변화시킨 사례가 있을까? 게다가 그들 교내 연수에서 수업자로 나서는 이는 대부분이 젊은 교사이다. 젊은 교사에게 수업을 시키고 그것을관찰한 선배 교사가 이것저것 조언하는 형식이 대부분이다. 이것저것 조언을 받은 젊은 교사는 침울해지고, 그 날 밤은 술집에서 선배 교사에게서 "나도 젊을 때는 그랬어."라는 위로를 받게 된다. 마치 야쿠자 입회식 같다. 이러한 교내 연수로는 교사들이 서로 배우는 동료성이 구축될 수 없다.

한편 문부과학성이나 현 또는 시정촌 교육위원회의 지정을 받은 학교에서는 2~3년 계획으로 연구부를 중심으로 통일된 주제를 연구하고 있다. 그 연구 성과는 최종연도에 〈연구 보고서〉로 정리하고, 제안 수업을 포함한 공개연구회에서 발표하게 된다. 그렇게 엄청난 노력을 들여 편집하고 인쇄한 〈연구 보고서〉는 얼마만큼 교사에게 읽히고 있을까? 이들 지정 연구를 추진한 학교에서는 지정 연도가 끝난 뒤에도 연구를 계속하고 있을까? "이렇게 했으니 4~5년은 지정 연구가 돌아오지 않기 때문에 연구할 필요가 없다."고 안도하는 방식에 얼마만큼 의미가 있을까?

교내 연구에 가장 열심히 전념하는 학교는 대학교 교육학부 부설 학교일 것이다. 부설 학교는 실천적 연구를 사명으로 하는 학교이고, 교육 실천과 그 연구 모델을 제시하는 사명을 떠맡고 있는 학교이다. 어느 부설 학교나 학교 경영의 중심에 교내 연구를 설정하고 있고, 일반 공립학교 교사보다 몇 배 더 많은 시간과 노력을 들여 교내 연구를 추진하고 그 성과를 공개하고 있다. 그러나 밤늦

게까지 학교에 틀어박혀 헌신적으로 연구하는 방식이 공립학교의 '모델'이 될 수 있을까? 그러한 교내 연구에 의해 사회적·학문적 시야가 넓은 교육 전문가로 성장할 수 있을까?

교사들은 교내 연수에 열심히 전념하면 좋은 학교가 만들어지고, 좋은 교사로 성장하여 좋은 교육을 할 수 있다고 소박하게 믿고 있는 것 같지만, 나는 그렇게는 생각하지 않는다. 교내 연수에 열심히 전념하면 할수록 학교 및 교사는 일그러지게 되고 교육도 일그러지게 된다는 것이 현실이다. 이 악순환을 어떻게 끊을까를 묻고 바로 세우지 않으면 안 된다.

먼저 묻고 바로 세우지 않으면 안 되는 것이 교내 연수의 목적이다. 학교 대부분은 교내 연수 목적을 '좋은 수업' 만들기에 둔다. 그러나 학교의 책임이 '좋은 수업'을 하는 것에 있을까? 교사의 책임은 '좋은 수업'을 하는 데 있을까? 그렇지는 않다. 학교의 목적은 그리고 교사의 책임은 학생 한 명 한 명이 배울 권리를 실현하고 높은 수준의 배움에 도전하는 기회를 보장하여 민주주의 사회를 준비하는 데에 있다. 몇몇 '우수한 수업'을 실현했다고 해도 1년 뒤에 그 교실에서 설령 한 명이라도 배울 권리를 보장받지 못했거나 교과를 배우는 일이 싫어진 학생이 생겼다고 한다면 그 학교는 책임을 완수했다고 말할 수 없고, 그 교사도 책임을 완수했다고 말할 수 없다.

2. 다양한 경험과 견해의 교류

'배움의 공동체' 만들기를 추진해 온 나는 교사가 전문가로서 서로 성장하는 '동료성' 구축을 학교 개혁의 중추에 설정하고 학교 경영의 중심에 교내 연수를 설정해 왔다. '배움의 공동체'로서 학교에서는 먼저 교사 자신이 '가르치는 전문가'에서 탈피하지 않으면 안 된다. 그리고 '배움의 공동체'로서 학교에서는 학생 한 명 한 명이 배울 권리를 실현하는 동시에 교사도 한 명도 빠짐없이 교육 전문가로서 성장할 수 있도록 그 기회를 보장해야 한다. 내가 제창하고 추진해 온 교내 연수는 지금까지의 학교 교내 연수와는 목적도 성격도 방식도 달리하고 있다. 여기서는 그 원리와 방식의 개요를 나타내고자 한다.

모든 교사가 1년 동안에 최소 한 번은 수업을 공개하여 사례 연구를 축적한다.

교사 한 명이라도 교실을 닫고 있는 동안에는 학교를 내부로부터 개혁하는 것은 불가능하다. 나는 아무리 훌륭한 수업을 하고 있어도 1년 동안에 단 한 번도 교실을 동료에게 공개하지 않는 교사를 공립학교 교사로서 인정하지 않는다. 왜냐하면 그 교사가 아무리 훌륭한 일을 하고 있다 해도 교실을 닫고 있는 한 학생을 사유화하고 교실을 사유화하며 학교를 사유화하고 있는 것이기 때문이다. 학교는 교사들이 동료와 연대하여 학생 한 명 한 명이 배울 권리를 실현하는 장소이다.

더 나아가 학생들이 서로 배우는 관계를 만들고, 교사들이 전문가로서 서로 배우는 관계를 만들기 위해서는, 내 경험상 100회 정도 면밀한 수업사례연구가 필요하다. 수업은 일반 교사가 예상하고 있는 것 이상으로 복잡한 일이고, 지적인 일이다. 배움을 중심으로 하는 수업 개혁과 교사가 전문가로서 성장하는 것을 실현하기 위해서는 수업 관찰에 근거하여 2시간 정도 토의를 포함하는 수업사례연구를 100회 정도는 축적할 필요가 있다. 이러한 목적을 달성하기 위해서는 평소 수업을 연구해야 하며, 사전 연구planning가 아닌 수업 후 성찰reflection을 충실히 해야 한다.

지금까지 교내 연수는 일반적으로 수업 전 지도안을 며칠씩이나 열심히 검토하고, 수업 후 연구는 오히려 단시간에 끝내는 경향이 있다. 연구 목적이 '좋은 수업' 추구이고, 연구 방법이 '가설 – 검증' 모델이 지배적이기 때문이다. 그러나 1시간 수업 검토에 '가설-검증' 모델을 채택하는 것은 비과학적이고, 아무런 의미도 없다. 연구해야 할 내용은 '가설 – 검증'이 아니라 '사건(현상) 의미의 다양한 해석'이며, '사건(현상) 관계의 구조적 인식'이다. 그리고 '배움'의 창조를 목적으로 하는 수업 연구에서는 '어디에서 배움이 이루어지고 어디에서 배움이 주춤거리는가'를 중심으로 연구해야 하며, 교실에서 일어난 일(현상)을 면밀히 연구하는 것이 중심 과제이다. 교육 전문가로서 개성적인 성장을 촉진할 교내 연구에서 연구 주제는 개개인이 설정해야 하고, 통일적인 주제는 설정하지 않거나 설정한다 해도 최소한으로 제한해야 한다.

지금까지 교내 연수는 학교에서 하나의 연구 주제를 설정하고 그 통일된 주제를 교사가 구체화하여 연구하는 방식이었다. 혹시 대학이나 연구소에서 그 방식이 취해진다면 우스꽝스러울 것이다. 연구는 개인이 설정한 주제에 따라서 추진하는 것이고, 독자적 주제를 내세운 개인이 동료와 협력해서 추진하는 것이다. 학교에서도 마찬가지다. 교사의 실천적 연구는 개성적이고 다양해야 하며, 그 다양성을 교류함으로써 개개인이 전문가로서 성장하도록 촉진해야 한다.

3. 연구회 검토의 개선

동료성을 구축하는 교내 연수에서는 토의 방법을 개선할 필요가 있다. 지금까지 교내 연수에서는 참관자가 수업 개선점에 관해서 조언하고 의견을 서로 말하는 형식이 일반적이었다. 이 방식은 근본부터 개선되어야 할 것이다. 만약 어느 장면에서 수업자의 '교수법'에 관해서 참관자가 다른 '교수법'을 조언했다고 했을 때, 그 조언

은 어떠한 의미가 있을까? 어떤 장면에 한정했다 하더라
도 '올바른 교수법'은 100가지(아니 그 이상)이다. 수업자
의 '교수법'에 참관자가 다른 '교수법'을 조언했다 해도
그 조언은 참관자의 '교수법'을 제시한 것뿐이고 그 이
상의 의미는 없다. 자신의 '교수법'을 고집하는 참관자는
조언하기보다는 그 '교수법'으로 자신의 수업을 수행해
보이는 것이 좋다.

더욱 중요한 것이 있다. 수업 검토에서 수업자와 참관
자의 '보다-보여 주다' 관계는 일방적인 권력관계를 형
성하고 있다. 비전문가인 학생이라도 숙련된 수업자에게
'남 못지않은 의견'을 말할 수 있고, 수업자는 그 의견을
감수해야 하는 입장에 있다. 수업자는 공격이나 비판에
무방비 상태이고, 참관자는 재판관 같은 권력자 위치에
있다. 이 권력관계가 해소되지 않는 한 교내 연수에서 교
사가 수업자가 되기를 꺼리는 것은 당연하다. 그리고 이
권력관계가 해소되지 않으면 교내 연수에서 교사가 서로
배우는 것도 불가능하다. 이러한 점에서 지금까지 교내
연수는 근본적으로 실패했다고 생각한다.

내가 추진하고 있는 '동료성'을 구축하는 교내 연수의
대화 원칙을 아래에 나타내 보고자 한다.

①대화 주제를 '어떻게 가르쳐야 했는가?'에 두는 것이
아니라 '학생이 어디에서 배우고 있는가? 어디에서 배움
에 실패하는가?'의 사실에 둔다.

수업 연구의 목적은 '우수한 수업 만들기'가 아니고 '서로 배우는 관계 만들기'와 '수준 높은 배움의 실현'에 있다. 대화의 중심은 교재 해석이나 교사의 기술이 아니라 교실에서 학생 한 명 한 명이 배우는 구체적 사실에 두어야 한다. 그 성찰의 세세함과 확실성 그리고 풍부함이 창조적인 수업의 기초가 된다.

②대화에서 참관자는 '수업자에게 조언'하는 것이 아니라 그 수업을 관찰함으로써 자신이 '배운 것'을 말하고, 다양한 의견을 주고받으며 서로 배운다.

일반적으로 말해서 교사는 배움이 부족하다. 특히 동료 교사에게서 배우려고 하지 않는 것은 가장 큰 문제라고 말해도 좋을 것이다. 교사들이 서로의 일을 존중하고 서로 존경하는 관계가 형성되지 않은 직장에서 '동료성'이 성장할 수 없고, 교사 한 명 한 명의 성장이 이루어질 수 없다. 교내 연수에서 참관자에게 요구되는 것은 수업자에게 할 '조언'이 아니라 참관자 자신이 '배운 것'을 교류하는 것이다. 이러한 전환을 도모함으로써 교내 연수는 모든 교사에게 매력적으로 서로 배우는 장이 되고, 누구라도 솔선하여 수업자를 지원하는 연대가 형성된다.

③대화에서 참가자는 최소 한마디라도 의견을 제시해야 하고, 목소리가 큰 사람이나 지도적 위치에 있는 사람에게 지배받지 않는 민주적인 토의를 실현해야 한다.

어느 학교 교내 연수도 목소리가 큰 교사나 지도적으

로 행동하는 교사를 중심으로 대화가 이루어지고 있지만, 그들 교사가 실천적으로 뛰어난 경우는 드물다. 오히려 조용한 교사 중에 학생의 배움을 신장시키는 사람이 많다. 교사의 일은 본질적으로 조용한 일이다.

교내 연수를 활성화하기 위해서는 다양한 교사들의 다양한 목소리가 교류될 필요가 있다. 어딘지 모르게 조용한 교사의 솔직한 의견이 무엇보다도 귀중하다. 어떤 교사도 한마디는 발언한다는 최소한의 기준이 정해져야 한다. 애초에 수업을 참관하고 수업자에게 소감을 한마디 말하는 것은 최소한의 예의라고 생각한다. 그러나 이 최소한의 기준이나 예의가 지켜지지 않는 연구회가 많다.

사회자에게도 문제가 있다. 사회자의 역할은 어떤 교사도 발언할 수 있게 기회를 보장하되 될 수 있는 한 솔직하고 구체적인 발언을 끄집어내는 데에 있다. 보통 사회를 맡은 교사는 쓸데없는 개입을 지나치게 하여 지루하게 만드는 경향이 있다. 사회자가 화제를 압축하거나 의견을 정리해 버리는 광경을 자주 볼 수 있는데 오히려 침묵하여 한 명 한 명의 발언을 듣는 일이 중요할 것이다. 사회자는 역할 면에서 볼 때 대화의 초점을 압축하여 대화를 정리하는 데에 온 힘을 쏟고 있는데 그로 인해 대화가 경직되고, 내용이 얄팍해지는 경우가 있다. '압축하지 않기', '정리하지 않기'를 철칙으로 하여 사회를 맡는 것이 가장 좋다. 사회자가 '말 많이 안 하는' 연구회가 실속

이 있다.

마지막으로 위에 든 사항과 병행해서 학교 조직과 운영을 단순화하는 과제에 관해서도 한마디 하고자 한다. 한 학교에서 100회 정도 수업사례연구를 실시하려면 현재 학교 조직과 운영을 큰맘 먹고 단순화하지 않으면 안 된다. 오늘날 교사는 전문가로서 업무 이외에도 잡무와 회의에 쫓기고 있다. 학생과 교사의 배움을 중심으로 학교 조직과 운영을 대담하게 단순화할 필요가 있다. 그 개혁도 병행해서 진행하기 바란다.

배움의 전문가로서 교사
– 동료성에 의한 연대와 성장

1. 교사로서 배운다

교사들이 서로 배우고 성장하는 동료성을 교내에 형성하는 일이 교사가 성장하는 데 무엇보다도 효과가 있다. 그 실례를 하나 소개하고자 한다.

내가 협력하고 있는 지카사키 시 하마노고초등학교는 '배움의 공동체' 만들기를 추진하는 파일럿 스쿨로 알려져 있다. 이 학교에서는 매년 7월 말 토요일에 수업사례 연구를 중심으로 공개 연수를 실시하는 '쇼난湘南(가나가와 현 해안 지대) 세미나'를 개최하고 있다. 매년 각지에서 교사 약 200명이 참가하고, 이 학교 교사 두 명과 초청 교사 두 명이 실천 사례를 보고하는 것을 중심으로 연수를 실시했다. 올해 하마노고초등학교에서 실천 사례를 보고한 이는 야마자키 사토시 선생과 가와사키 다쓰오川崎達雄 선생이었다. 하마노고초등학교 설립 당시 야마자키 선생은 신임 교사로서 부임했고, 가와사키 선생은 다른 학교에서 전근하여 이 학교 교사로 근무하게 되었다.

하마노고초등학교는 1998년에 개교했다. 그동안에 이 학교를 방문한 교사는 2만 하고도 수천 명에 달한다. 이 학교는 어떻게 이 정도로 많은 교사들을 매료시킨 것일까?

하마노고초등학교 교사와 학생의 최대 특징은 아주 조용하다는 데 있다. 이 학교 수업 실천은 일반 교사의 상식으로 생각하면 아주 소극적이고 소박한 실천이다. 특별한 교육과정이 준비되어 있는 것도 아니고 특히 뛰어난 교사가 활약하고 있는 것도 아니다. 이 학교 초대 교장인 오세 도시아키 교장이 "수업을 잘하고 못함은 타고난 것"이라고 말하는 것처럼 교사들은 '수업의 능숙함과 서툶'에 대해 거의 관심을 두고 있지 않으며, 2대 교장인 다니이 시게히사 교장이 "아장아장 걸음마 떼는 하마노고"라고 말하는 것처럼 언제나 수업의 출발점으로 되돌아가 서툰 걸음마를 반복하고 있는 데 지나지 않는다. 그럼에도 불구하고 이 학교는 이 정도로 많은 교사들에게 관심을 받고 있고, 현재는 1천 개교 이상이 '하마노고 스타일'이라는 학교 개혁을 추진하기까지 큰 영향을 미치고 있다. 그 비밀을 두 교사의 실천 보고에서 찾아보자.

2. 서로 듣고 서로 배우는 관계

야마자키 선생 교실은 학생들이 차분한 분위기 속에서 서로 듣고 서로 배우는 교실로 알려져 왔다. 실제 하마노 고초등학교 개교 1년째에 '서로 듣는 관계'를 어느 교실 보다도 맨 먼저 실현한 것은 신임 교사인 야마자키 선생 교실이었다. 그 특징은 지금도 지속되고 있다. 그 비밀은 어디에 있을까?

이날 야마자키 선생이 제공한 수업 비디오 기록은 2학년 국어 수업, 교재는 그가 선택한 레오 리오니의 〈알렉산더와 태엽 쥐〉였다. 수업이 시작되기 전부터 많은 학생들은 수업을 즐거워했고, 제각기 앞 시간까지 공부한 교재를 소리 내어 읽고 있었다. "자, 시작해 볼까요?"라는 한마디에 수업이 시작되고, 본 시간 교재를 소리 내어 읽기가 시작되었다. 교재와 학생 한 명 한 명의 만남이 충분히 이루어진 뒤, "이야기를 들려줄까요?"라는 야마자키 선생이 흔히 하던 표현을 하자, 학생들이 서로 이야기하기 시작했다. 학생들은 "○○에서……" 또는 "○○ 이야기를 듣고 생각한 건데……"라고 말하듯이 자기가 이해한 것이나 소감을 교재에 나오는 얘기와 친구가 읽은 내용을 관련지으면서 발언하고 있었다. 그 발언의 연결을 듣고 있으면, 교실에서 읽기가 직물texture을 짜듯이 협동으로 생성되고 있다. '지그소 퍼즐(jigsaw puzzle, 물음의 의미 공간)'을 만들어 그 '지그소 퍼즐'의 괄호 속을 채우는 듯이 연쇄 발언이 생겨나는 것이다. 이와 같은 협력적 배움은 다른 사람의 목소리를 허심탄회하게 서로 듣는 관계가 아니고서는 성립하지 않는다.

왜 야마자키 선생 교실에서는 다른 사람의 목소리를 허심탄회하게 서로 듣는 관계가 성립하고 있는 것일까? 그것을 단적으로 보여 주는 장면을 수업 비디오 기록 속에서 발견할 수 있었다. 이 교실의 학생들은 정말로 친구 한 명 한 명의 말을 자세히 잘 듣고 있었는데 그 특징이 가장 잘 나타나고 있었던 것이 게이지와 마유미(둘 다 가명) 두 사람에 대한 야마자키 선생과 학생들의 대응이었다. 게이지와 마유미는 몇 번이나 손을 들었고, 야마자키 선생이 지명하여 발언 기회를 주었는데, 이 두 학생은 막상 발언할 기회를 얻으면 침묵해 버린다. 지명된 바로 그 순간 발언하려는 내용을 잊어버렸기 때문이다. 그렇게 오래 침묵하는 동안 야마자키 선생도 학생들도 꼼짝 않고 오로지 게이지와 마유미의 입에서 말이 나오기를 이제나 저제나 하고 기다렸다. 그러나 아주 긴 침묵 뒤에 게이지와 마유미의 입에서 나온 말은 "잊어버렸습니다"이다. 그런데도 이 두 학생은 몇 번이나 손을 들어 지명을 받았고, 같은 일이 반복되었다. '침묵'이라면 일반적으로 '의미 있는 침묵'으로서 말하는 경향이 있지만, 이 두 사람이 만들어 낸 '침묵'은 '의미 없는 침묵'이다. 그 '의미 없

는 침묵'이 교실에서 만들어지는 경우가 매우 중요하다고
생각했다.

수업이 중반 이상으로 접어들자 게이지와 마유미도 침
묵 끝에 "잊어버렸습니다"가 아니라 한마디 한마디 자신
이 느낀 점을 말하게 되었다. 그 발언을 듣고 교실은 웅
성거림으로 둘러싸인다. 게이지는 교재의 '보라색 보석'
에 관해서 말하고 마유미는 '도마뱀'에 관해서 말했다.
둘 다 교재의 관점에서 얘기하자면 주변적인 내용이다.
그 주변적인 내용과 교재에서 읽은 것의 관계를 찾고 교
실에 웅성거림의 소용돌이가 일어난 것이다.

이들 광경을 자세히 관찰하고 나는 야마자키 선생 교
실에서 서로 듣고 서로 배우는 관계가 훌륭하게 형성된
비밀을 새삼 알 수 있었다. 그 비밀은 수업 방식이나 기
술보다도 야마자키 선생의 문학 수업에 대한 철학에 있
고, 그 철학을 학생들도 공유하고 있다는 사실에 있다. 그
철학은 단적으로 말해서 두 가지 원리로 설명할 수 있다.
하나는 학생 한 명 한 명의 개성적인 배움과 다양한 읽기
를 존중하는 것이고, 또 하나는 교재가 말하는 것을 중요
시하여 배움의 발전성을 존중하는 것이다. 학생 한 명 한
명의 말을 존중하고 교재의 말을 존중한다. 단순화하면
그런 것이지만 야마자키 선생은 이 두 가지 원리를 수업
속에서 언제나 철저히 해 왔다.

따라서 야마자키 선생은 일반 교사에게서 볼 수 있듯

'좋은 발언'을 묶어서 수업을 조직하지 않는다. 야마자키 선생에게는 어떤 학생의 어떤 발언도 '좋은 발언, 훌륭한 발언'이다. 이 태도로 일관하고 있기 때문에 야마자키 선생이 담당하는 학급 학생들도 야마자키 선생과 같이 어떤 친구의 발언도 '좋은 발언, 훌륭한 발언'으로 서로 듣는다. 그것이 서로 듣는 관계를 형성하는 기반이 되고, 서로 배우는 기초가 된다.

하마노고초등학교는 개교 이래 지금까지 '한 명 한 명의 배움을 학생의 존엄으로 존중한다', '교재에 내재하는 배움의 발전성을 존중한다', '교사로서 자신의 철학을 존중한다'라는 세 요건을 근본 원리로서 수업 만들기와 교사 연수를 추진해 왔다. 이 세 요건 중 어느 하나를 관철하는 것은 쉬울 것이다. 실제 많은 교사들이 이 셋 중 한 가지를 실현하는 수업 만들기를 전개하고 있다. 그러나 이 세 요건을 모두 동시에 관철하는 것은 결코 쉽지 않다. 세 요건은 실천 장면에서 자주 충돌하여 서로 갈등을 일으킨다. 그 충돌과 갈등을 어떻게 극복해 가는가? 하마노고초등학교 교사들은 연간 100회에 이르는 수업사례연구를 축적하고 그 방법을 계속 탐구해 왔다. 그 구체적인 현상이 야마자키 선생 교실에서 학생들이 서로 듣고 서로 배우는 사실에 의해 나타난다. 그리고 야마자키 선생 수업은 이 세 요건을 관철함으로써 학생들 한 명 한 명이 다양한 개성적 읽기를 교류하고, 교재에 담긴 말의 다양성을 맛본다고 하는, 문학을 배우는 본질적인 경험을 실현하고 있다는 점이 중요하다.

3. 진정한 배움에로

가와사키 선생의 실천 보고 '원이란 무엇인가?'(4학년)는 하마노고초등학교에서 8년 동안 고투한 흔적을 더듬으면서 수업 만들기의 본질에 다가가는 감동적인 보고서였다. 가와사키 선생은 8년 전에 이 학교 최초 수업검토회에서 '삼각형의 합동'이라는 수업 실천을 제공했던 교사이다. 그 수업은 가와사키 선생 혼자 애쓰면서 파탄이 났고, "누구를 위한 수업인가?"라는 나의 물음을 기점으로 가와사키 선생은 수업 개혁이라는 악전고투를 시작했다. 가와사키 선생이 힘들게 싸운 벽은 '학원 우등생'으로 성장하고, '학원 강사'로서 활약하여 '학원 교수법'으로 실력을 자랑해 온 자신의 교육 경력에 파묻힌 벽이었다. 내부의 벽만으로 악전고투의 나날이 계속되었다. 그 8년 동안의 경위를 눈으로 봐 온 만큼, 이날 가와사키 선생의 보고는 겸허하고 사색이 풍부하며 솔직하여 지금까지 어느 실천 보고보다도 감동적이었다. 수업 만들기에 따른 교사 성장의 절차를 나타내는 점에서 시사하는 바가 크다.

가와사키 선생의 실천 '원이란 무엇인가?'는 "모두 둥 글다고 알고 있죠? 원의 반지름은 몇 개일까요?"라는 이 단원 도입 때의 질문에 대한 학생들의 반응을 출발점으 로 하고 있다. 학생들은 "네, 알아요. 반지름은 하나죠." 라고 이구동성으로 답을 말했다. 학생들은 교과서 그림을 생각해 내고 "반지름은 하나"라고 답한 것이다. 놀란 가 와사키 선생은 '원은 중심에서 같은 거리에 있는 점의 집 합'이라는 정의나 '원에는 선으로서 원circle과 면으로서 원disk 두 가지가 있다'는 개념을 이해하는 배움을 디자인 했다. 가와사키 선생이 준비한 것은 많은 이쑤시개와 요 리용 댓개비(대를 쪼개 가늘게 깎은 오리)이다. 이들 재료를 사용해서 '원을 만들어 보자'라는 활동을 통해 원의 개념 과 정의를 이해하는 것이 목적이다.

이쑤시개와 댓개비를 사용한 원 만들기는 모둠으로 진 행했지만, 가와사키 선생이 상정한 원을 만든 것은 몇몇 모둠뿐이었다. 어떤 모둠은 이쑤시개를 늘어놓은 중심 을 원형으로 하여 크고 작은 원 두 개를 만들었다. 다른 모둠은 댓개비를 반지름으로 사용하고 이쑤시개를 원주 로 사용하여 삼각형 집합에 따른 원에 가까운 형태를 만 들고는, 그것이 원에 비슷해지려면 어떻게 하면 좋을까 를 서로 얘기하고 있었다. 또 모둠을 벗어나서 요스케는 혼자 바닥에 눌러앉아 이쑤시개를 원주로 사용, 그 이쑤 시개 수를 점점 늘려서 동심원 같은 형상을 만들고 바깥

으로 넓어지는 만큼 원에 근접하는 모양을 확인했다. 학
생들은 '원은 중심에서 같은 거리에 있는 점의 집합이다'
라는 가와사키 선생이 설정한 내용 수준을 뛰어넘어 원
에 대한 적분적인 관점을 표현하여 원 면적을 구하는 방
법이나 원주율(파이)의 의미를 탐구하는 활동으로 발전시
켰다. 모둠 활동 후 대화가 아름다운 풍경을 드러낸 것은
말할 것도 없다.

같은 경우는 '구球' 수업에서도 일어났다. 가와사키 선
생은 구의 성질과 정의를 이해시키기 위해 교실에 점토
를 준비하고 "모둠마다 공부해서 구를 만들어 봅시다."라
고 소리쳤다. 그런데 교탁에 쌓아 놓은 점토를 이용하는
모둠은 하나도 없고, "이 앞에서 썼던 이쑤시개를 사용하
고 싶어요."라며 많은 모둠이 이쑤시개를 고무에 꽂아서
구 형태를 만들었다. 어떤 모둠은 "비닐 끈이 필요해요."
라며 봉봉bonbon(속에 위스키 등을 넣고 초콜릿 등으로 싼 과
자)을 만드는 요령으로 구 형태를 만들었다. 또한 다른
모둠은 "댓개비를 하나 주세요." 하고는 두꺼운 종이에
컴퍼스를 사용하여 크고 작은 수많은 동심원을 만들어서
오려 내고는 그 수많은 원들을 댓개비 하나로 뚫어 구형
球形을 만들었다. '원' 수업에서도 등장한 적분의 발상에
의한 구球 만들기였다.

가와사키 선생은 점토로 구球를 만든 후 4분의 1을 자
르고 그 단면을 보면서 구球의 성질과 정의를 가르칠 계

획이었다. 학생들은 창의성을 발휘해 예상 밖의 전개를 했다. '원' 수업과 마찬가지로 가와사키 선생의 예상을 뛰어넘은 수준 높은 풍부한 배움을 새로 만들어 낸 것이다. 가와사키 선생이 '원'과 '구球'에 관한 수업에서 보였던 전개는 그의 교실에서는 일상다반사이다. "학생에게 배워 가면서 함께 수업을 창조해 가는"일은, 8년 동안 하마노고초등학교에서 악전고투를 통해 수업 기본 철학으로 되었다고 보고했다. 이 보고는 가와사키 선생의 유머러스한 이야기이기도 해서 참가자의 감동을 불러일으켰다.

4. 교사들이 서로 성장하는 학교

가와사키 선생 수업에서 학생의 배움은 '수학을 하는 doing math 배움'이라 말해도 좋을 것이다. 수학 지식이나 기능을 가르치는teaching math 것이 아니라 학생들의 '수학적 활동'을 촉발하고 촉진하여 '수학을 하는 배움'을 실현하는 것을 가르치고 있었다teaching children to learn doing math. 야마자키 선생 교실에서는 이야기의 만남과 대화에 의한 '문학의 배움'이 '진정한 배움'으로서 실현되고 있었는데, 가와사키 선생 교실에서는 수학적 활동에 따른 수학적 추론의 커뮤니티를 창조하는 '수학을 하는 배움'

이 '진정한 배움'으로서 이루어지고 있다고 해도 좋을 것이다.

야마자키 선생과 가와사키 선생의 보고를 듣고 느낀 점은, 학생의 모습에서 '진정한 배움'을 배우고, 학생과 함께 수업 만들기를 추구하는 것은 두 교사만의 특징이 아니라 하마노고초등학교 교사들에게서 모두 찾아볼 수 있다는 것이다. 이 사실을 나는 새삼스럽게 재인식하고 있었다. 하마노고초등학교 수업이 언뜻 보면 소박한 것도, 외견상 '아장아장 걸음마'라는 소박한 전개를 보이는 것도 야마자키 선생이나 가와사키 선생 교실과 같은 '진정한 배움'의 실현이 수업 만들기의 핵심에 자리 잡아 왔기 때문이다. 이 학교가 8년에 걸쳐 축적한 수업사례연구는 이 학교를 방문할 때마다 깊은 감명을 주었지만, 그 견고함에 대해 재인식하게 한 세미나였다.

그런데 이 세미나는 나에게 또 한 가지 발견을 촉진하는 귀중한 경험이 되었다. 야마자키 선생 수업에서 학생의 배움이 '문학을 맛보는 배움appreciating literature'이고, 가와사키 선생 수업에서 배움이 '수학을 하는doing math 배움'이라는 것은 이미 지적했다. 그리고 이 배움의 스타일은 하마노고초등학교 어느 교실에서도 공유되고 있다고 말했다. 내가 발견한 것은 이 배움의 스타일 성립과 교내 연수에서 교사 담론discourse의 관련성이다. 교사들이 서로 배우는 스타일을 공유하는 것은 교내 연수에서 교사들이 나누는 수업과 배움에 관한 담론 스타일과 연동되어 있고, 무엇보다도 교사 자신의 실천에 대해 반성하는 말이나 다른 교사의 경험에서 배울 때의 이야기와 연동된다. 야마자키 선생과 가와사키 선생의 수업 만들기를 뒷받침하고 있는 것은 이 학교 교사들이 수업사례연구를 통해 형성한 교사들의 배움 스타일이고 그 말투라는 것이다.

하마노고초등학교에서 수업사례연구는 수업의 능숙함과 교수법의 옳고 그름이 아니라 끊임없이 학생 한 명 한 명에게 나타나는 배움의 사실(어디에서 배움이 이루어고 어디에서 배움이 좌절되는가?)에 대해 상세하게 검토해 왔다. 이 학교를 방문한 2만 명이 넘는 교사들이 감명을 받은 것은 교실에서 진지하게 서로 듣고 서로 배우는 학생의 모습이다. 그리고 한 수업에 대해 2시간에 걸쳐 학생 한 명 한 명이 배우는 사실을 서로 검토하는 연구회에서 교사들이 보여 준 자세한 관찰과 성찰이고, 동료 한 사람 한 사람에 대한 섬세한 배려이다.

통상 학교의 교내 연수에서 화제의 초점이 되는 것은 교재 다루기와 교수법이고, 그러한 교내 연수에서 검토하는 핵심은 '교재의 교수법how to teach math'이다. 그러나 학생의 배움을 중심으로 하는 수업에서는 '교재를 배우는 교수법how to teach children to learn math'이 교내 연수에서 주요 검토 대상이 되어야 한다. 더욱이 '진정한 배움'

을 교실에서 실현하려면 '수학을 하는(문학을 하는, 과학을 하는) 배움을 실현하는 방법how to teach children to learn doing math'이 교내 연수 담화를 형성해야 한다. 그리고 더욱이 하마노고초등학교와 같이 '진정한 배움'을 교실에서 실현하는 교사의 배움을 협력하여 추진하려고 하면 '수학을 하는(문학을 하는, 과학을 하는) 배움을 실현하는 교수법을 배우는 것learning how to teach children to learn doing math'이 교내 연수 담론을 형성해야 한다. 교사의 배움은 이와 같이 교실에서 실현하는 배움을 중심으로 복잡하지만 차곡차곡 쌓는 모양의 구조적인 배움에 의해 이루어진다. 하마노고초등학교는 이 복잡한 교사의 배움을 동료성으로 실현해 왔던 것이다.

이 책은 개혁의 물결을 배경으로 하여 집필했다. 가나가와 현 지카사키 시립 하마노고초등학교에 '배움의 공동체' 파일럿 스쿨이 탄생한 것이 1998년, 시즈오카 현 후지 시립 가쿠요중학교가 중학교에서 '배움의 공동체' 모델이 되는 실천을 저서 《공립중학교의 도전》으로 출간한 것이 2003년이었다. 두 학교에는 매월 전국에서 교사 수백 명이 찾아오고 현재로는 내가 아는 한에도 '하마노고 스타일'이라는 개혁에 도전하고 있는 초등학교는 2천 개교에 달하고, '가쿠요 스타일'이라는 개혁을 추진하고 있는 중학교는 1천 개교 이상이다. 이미 전국적으로 3천 개를 넘어섰다. 마치 번져 가는 들불과 같은 기세이다. 솔직히 말해서 '배움의 공동체' 구축이라는 학교 개혁 비전과 철학이 이 정도 규모와 속도로 학생, 교장, 교사, 학부모, 지역 주민의 지지를 획득하리라고는 예상하지 못했다. 많은 독자 중에는 그 비밀을 찾고자 했다고 생각한다.

이 책은 2004년 5월부터 2006년 3월까지 《총합교육기술》에 게재한 '학교의 도전, 배움의 공동체 구축'(21편)과 2005년 3월부터 9월까지 《일본교육신문》에 게재한 〈협력하는 배움〉(12편) 연재 원고에, 《교육과 의학》(2005년 4월호, 대학 부설 초등학교)에 게재한 논문을 기초로 보충하여 편집했다. 이 책의 논문을 집필한 2년 동안은 법인화 직후 도쿄대학교 교육학연구과장·학부장으로서 격무에 더하여 일본교육학회 회장 및 일본학술회의 회원(제19기 회원 및 제20기 제1부 〈인문과학〉 부부장))에 선출되어 중책 몇 개를 맡아 고투한 2년이었다. 그 제약에도 불구하고 이 책이 학교 개혁 희망의 단서를 서술하고 있다면 그 공적은 '배움의 공동체' 만들기를 추진한 한 학교 한 학교 학생, 교사, 교장 및 한 사람 한 사람의 성실한 일상적 일에 있다. 그들의 도전은 교육 연구와 철학적 사색의 풍부한 보고이고, 자칫하면 절망감에 빠지게 되는 교육 현황에서 고개를 떨구는 경향이 있는 나를 끊임없이 새로운 현실의 발견으로 이끌어 준 확실한 근거였다. 이 책에 등장하는 이들의 진지한 도전에 새삼 경의를 표명하고자 한다.